Roland Bauer · Schülergerechtes Arbeiten

Für meine Kinder Anke und Jan, an denen ich viel gelernt habe

Johann Heinrich Pestalozzi

*Reif werden lassen
ist der Weg der Natur
und die wahre Lehrart.*

Roland Bauer

Schülergerechtes Arbeiten in der Sekundarstufe I:
Lernen an Stationen

Cornelsen online http://www.cornelsen.de

Gedruckt auf chlorfrei gebleichtem Papier
ohne Dioxinbelastung der Gewässer.

Die Deutsche Bibliothek – CIP-Einheitsaufnahme

Bauer, Roland:
Schülergerechtes Arbeiten in der Sekundarstufe I:
Lernen an Stationen / Roland Bauer. – 1. Aufl. – 1997
Berlin: Cornelsen Scriptor
ISBN 3-589-21117-2

Dieses Werk berücksichtigt die Regeln der reformierten Rechtschreibung
und Zeichensetzung.

6.	5.	4.	3.	✓	€	Die letzten Ziffern bezeichnen
03	02	01	2000			Zahl und Jahr des Drucks.

Redaktion: Gregor Rauh, Berlin
Herstellung: Hans Reichert, Oberursel
Umschlaggestaltung: Studio Lochmann, Frankfurt am Main
Zeichnungen (wenn nicht anders angegeben): Klaus Becker, Frankfurt am Main;
Seite 69: Hans Traxler, Frankfurt am Main
Die Abbildungen auf den Seiten 123, 176, 177 und 189 sind Mathematik-Büchern des
Cornelsen Verlags, Berlin, entnommen. Wir danken der Mathematik-Redaktion des
Cornelsen Verlags für ihre freundliche Unterstützung.
Fotos: Roland Bauer, Gäufelden
Satz: FROMM MediaDesign GmbH, Selters/Ts.
Druck und Bindung: Clausen & Bosse, Leck
Printed in Germany
ISBN 3-589-21117-2
Bestellnummer 211172

Inhaltsübersicht

II. Das Lernen an Stationen

III. Übergreifende Gesichtspunkte und Auswirkungen

Anhang

Vorbemerkung

Die in der Hauptschule, der Realschule, der Gesamtschule, dem Gymnasium und allen anderen vergleichbaren Schulen derzeit vorhandenen Gegebenheiten betrachten und annehmen, das Wissen über Denken und Lernen einbeziehen und auf dieser Grundlage einen Weg zum schülergerechten Arbeiten in der Sekundarstufe I erkunden, das ist das Anliegen dieses Buches.

Lernen an Stationen stellt die Voraussetzungen der Schülerinnen und Schüler in der Sekundarstufe I wieder mehr in den Mittelpunkt des Unterrichts. Es strebt an, das Lernen und Leben in der Schule für alle Beteiligten zu verbessern und die Schule wieder stärker zu einem *Lern*ort zu machen.

Dabei wird den Lehrerinnen und Lehrern eine Möglichkeit für vielleicht neue Erfahrungen eröffnet: Schülerinnen und Schüler können ihr Lernen durchaus sinnvoll mitplanen und selbst gestalten. Sie lernen und leisten auch dann etwas, wenn nicht alle zur gleichen Zeit das tun, was ihnen im Unterricht über die Anweisungen und Vorgaben der Lehrerinnen und Lehrer aufgetragen wird.

Das Lernen optimieren, den Lernenden in den Mittelpunkt stellen und trotz immer noch steigender Klassengrößen die individuelle Beschäftigung mit einzelnen Schülerinnen und Schülern ermöglichen, dies sind die erklärten Ziele des hier beschriebenen Lernens an Stationen. Im Fachlehrersystem kann diese freiere Arbeitsform ebenso umgesetzt werden wie in einem (anzustrebenden) System, in dem die Klassenlehrerinnen und Klassenlehrer einen größeren Anteil als bisher unterrichten, manche Fächer dann auch fachfremd.

Damit wird eine Form selbstständigen Arbeitens dargestellt, bei der

- unterschiedliche Lernvoraussetzungen der Schülerinnen und Schüler,
- unterschiedliche Zugänge,
- das unterschiedliche Lern- und Arbeitstempo,
- häufig fächerübergreifendes Arbeiten sowie
- ganzheitliche Betrachtungsweisen

berücksichtigt werden.

Bisherige Erfahrungen im Zusammenhang mit schülergerechtem Lernen und dieser Arbeitsform können reflektiert, bestätigt oder gegebenenfalls optimiert werden. Demjenigen, dem diese Form noch neu ist, wird die Möglichkeit zum Kennenlernen und zu ersten Schritten eröffnet.

Es ist nicht das Ziel, lediglich vor wissenschaftlichem Hintergrund Gedanken und Ziele zu entwickeln, sondern die breite praktische Erfahrung und Reflexion des Autors darzustellen, Begründungen für schülergerechtes Arbeiten zu beschreiben und einen Ausblick auf umfassendere Möglichkeiten offenen Arbeitens in der Sekundarstufe I zu geben.

Die Gestaltung des Buches soll ebenfalls unterschiedlichen Ansprüchen gerecht werden. Häufig sind Inhalte auf mehreren Ebenen dargestellt, als zusammenhängender Text, als kurze strukturierte Übersicht sowie in bildlicher Form. Damit kann die Leserin und der Leser die Inhalte auf der Ebene aufnehmen, die für sie oder ihn ansprechend ist, analog zu dem hier beschriebenen Lernen in der Schule.

In diesem Buch sollen die Zusammenhänge zwischen einzelnen Inhalten klar herausgestellt werden. Sie zu erkennen bleibt jedenfalls nicht der Leserin oder dem Leser überlassen. Eine derartige Vorgehensweise bedingt scheinbare Wiederholungen, die jedoch zur Bewusstmachung der Inhalte in verschiedenen Zusammenhängen notwendig und sinnvoll sind.

Durch diese inhaltliche Strukturierung ist das vorliegende Buch für die zusammenhängende Lektüre, als Nachschlagewerk und Informationsquelle und gleichzeitig als Grundlage für Reflexionen, punktuelle Anregungen und Impulse geeignet.

Eine abschließende Bitte an Sie als Leserin oder Leser: Entscheiden Sie selbst, welche Darstellungsformen und welche Bearbeitungsart Ihrem eigenen Lerntyp am ehesten entsprechen; vielleicht erweitern Sie gerne Ihre Schwerpunktsetzungen für sich selbst und beziehen andere Darstellungsebenen und Lernmuster bewusster in Ihre Arbeit ein.

I. Ausgangssituation

1. Ausgangssituation allgemein

Kinder sind (heute) anders
Schülerinnen und Schüler sind heute anders

Diese Aussage entspricht fast dem Titel eines Buches, das Maria Montessori bereits 1950 vorstellte und das heute in der 22. Auflage vorliegt (siehe dazu auch: Maria Montessori, 1980). Damit wird deutlich, dass die Aussage nicht erst heute plausibel ist. In diesem Kapitel werden also nicht in aller Breite die „veränderte Kindheit" und die notwendigen Schlussfolgerungen dargestellt, denn dies ist in vielen Büchern sehr gut beschrieben. (Gerne verweise ich auf folgende Standardwerke, die es aus der Sicht der Grundschule gibt und die in ihren Grundaussagen sicherlich auch für die Sekundarstufe I zutreffen: Maria Fölling-Albers, 1989; Hans-Günter Rolf, 1990; Heiner Ulrich, Franz Hamburger, 1990; Gabriele Faust-Siehl und andere, 1996.) Die Zusammenhänge stelle ich dabei in Anlehnung an ein Bild dar, das ich im Folgenden parallel zu den Ausführungen entwickeln werde.

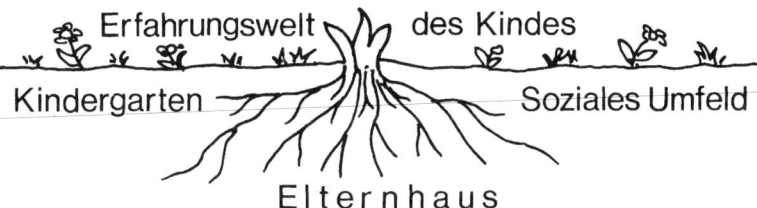

Kinder kommen in die Schule und sind zu diesem Zeitpunkt keine erfahrungslosen Wesen. Schülerinnen und Schüler kommen in die weiterführenden Schulen und bringen bereits eine meist mindestens zehnjährige Erfahrung aus ihrem Elternhaus, aus dem sozialen Umfeld, dem Kindergarten, der Grundschule und sicherlich auch den Medien mit. Gleichzeitig können sie auf eine große Lernerfahrung zurückblicken, in der sie sich (zunächst ohne schulischen Einfluss) bereits unzählige Kenntnisse und Fertigkeiten angeeignet haben. Denken wir nur an das Erlernen einer Sprache, des Essens, des Trinkens, an das Gehen, Rennen, Radfahren, das Bedienen von technischen Geräten, zum Beispiel von Fernbedienungen usw.

Dann haben sie eine Grundschule durchlaufen, die sich erfreulicherweise immer mehr an den Kindern und ihren Anforderungen orientiert. Sie lernen dort, sich selbst Inhalte zu erschließen, ihre Lernwege und -zeiten selbst zu gestalten und sich aktiv für Lerninhalte und deren Bearbeitung zu entscheiden. Sie hatten die Möglichkeit zu lernen, dass sie nun nicht mehr alleine im Mittelpunkt stehen, mit Mitschülerinnen und Mitschülern teilen müssen, nicht immer gleich eine Rückmeldung erhalten usw., wobei damit einige soziale Gesichtspunkte genannt sind.

Sicher ist jedenfalls, dass sich die Familienstruktur der Kinder nicht unbedingt mit der weit verbreiteten Vorstellung von der „Idealfamilie" (zwei Elternteile und möglichst zwei Kinder) deckt, wenn über die Hälfte der Familien mit Kindern so genannte Einkindfamilien sind und immerhin schon fast jedes sechste Kind in einer Einelternfamilie (Alleinerziehende) aufwächst.

Dadurch und selbstverständlich auch durch die veränderten (oft kinderfeindlichen) Wohnverhältnisse hat sich das soziale Umfeld gegenüber unserer eigenen Kindheit grundsätzlich verändert. Dies soll keine Wertung darstellen, sondern lediglich einen Zustand beschreiben. Trotz intensiver Bemühungen der Erzieherinnen in den Kindergärten und der Lehrerinnen und Lehrer in den Grundschulen treten Primärerfahrungen und grundlegende sinnliche Erfahrungen leider immer noch in den Hintergrund, Kenntnisse aus Medien dagegen sehr viel mehr in den Vordergrund. Die Aussage eines Kindes: „Das ist ja wie im Fernsehen" macht die Vorstellung von seiner Welt und die Einstellung dazu wohl besonders deutlich. Wir sollten uns auch hüten, die Lebensbedingungen der Schülerinnen und Schüler mit unseren eigenen gleichzusetzen. Nur etwa jeder fünfte Haushalt entspricht statistisch gesehen unserem in der „gehobenen Mittelschicht", in die uns die Soziologen einreihen.

Zusammenfassend: Wir haben Kinder in der Schule, die bereits viele Erfahrungen und Kenntnisse mitbringen, die bereits ein kräftiges Pflänzlein darstellen, das es anzunehmen und zu entwickeln gilt. Die Kinder haben eine hohe Kompetenz, die zu unterstützen und zu nutzen ist. Sie haben bereits Handlungsfähigkeit, bei deren Erweiterung wir mithelfen können.

Die Kooperation mit den Grundschulen ist aus meiner Sicht auf eine neue Ebene zu stellen: Sie dient dann nicht mehr vorrangig der gegenseitigen Information über zu hohe Anforderungen oder nicht erfüllte Erwartungen im Zusammenhang mit Sozialverhalten und Kenntnissen, sondern der gegenseitigen Information über Arbeitsweisen sowie kind- und schülergerechtes Lernen. Eine solche Kooperation trägt zu einem nahtlosen Übergang und zur Klärung des bisherigen Entwicklungs- und Lernstandes bei. Dann steht die

Frage im Mittelpunkt: Wo muss die weiterführende Schule weitermachen? Dabei betone ich: „weitermachen", nicht „wo muss sie anfangen", denn die Schülerinnen und Schüler stehen bereits irgendwo: Den Übergang in weiterführende Schulen und die Zeit darin sehe ich ebenso wie die Zeit in der Grundschule als Intervall in der Lernbiographie der Kinder und Jugendlichen.

Der Unterricht in der Sekundarstufe I

Bevor ich die Entwicklung meiner Zeichnung fortsetze, möchte ich Ihnen ein Detail daraus vorstellen: Vermutlich ist Ihnen noch nicht eindeutig klar, um was es sich handelt. Im Zusammenhang mit der Aufschrift vermuten Sie gegebenenfalls eine etwas missratene Ellipse, vielleicht auch einfach eine beliebige geometrische Figur oder grafische Darstellung. Ähnlich geht es den Schülerinnen und Schülern, die in der Schule Ausschnitte aus einem riesigen Wissensgebiet meist fachgebunden erfahren und den Zusammenhang zu anderen Inhalten nur schwer erkennen können. Wir vermitteln ihnen die Zusammenhänge sehr selten, da wir in hohem Maße eben auf unsere Anwendung, auf unsere fachgebundene Betrachtungsweise ausgerichtet sind. Die Skizze ist der Teil eines Ganzen, der Teil einer Blume, deren Blütenblätter sich als die einzelnen Fächer darstellen.

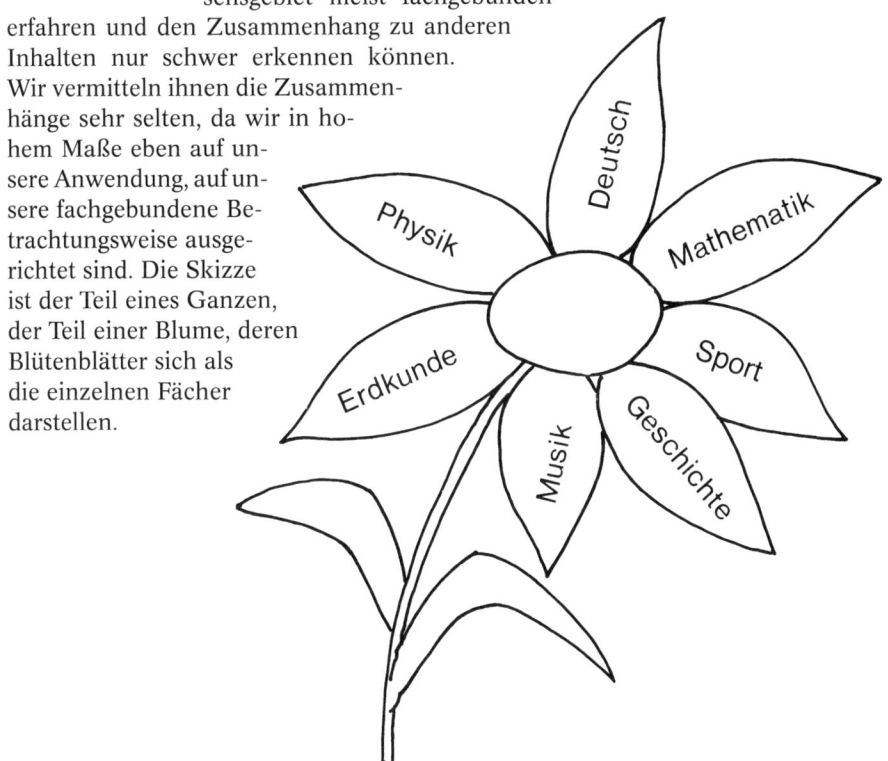

Im vorausgehenden Bild der Wiese (Seite 11) sind unterschiedlich große Pflanzen dargestellt, die sich in der Grundschule so entwickelt haben. Zum einen gibt es „blühende" Schülerinnen und Schüler. Sie haben bereits in der Grundschule Führungsfunktionen übernommen, ihr Lernen selbst organisiert und können in weiten Bereichen selbstständig arbeiten. Sie haben gemeinsam mit den anderen hoffentlich in der Grundschule gelernt beziehungsweise sind es schon gewohnt, dass sie sich für Inhalte entscheiden können und müssen und dass es nicht nur einen Lernweg gibt, der zum Ziel führt. Sie werden in zunehmendem Maße auch in den weiterführenden Schulen die Fortsetzung eines kind- oder schülergerechten Lernens einfordern oder aber bald resignieren.

Die andere Ebene des bisherigen Wachstums möchte ich jedoch ebenso betrachten: die noch zarten Pflänzlein, die meist in der Hauptschule oder einem vergleichbaren Bildungsgang landen. Sie waren in der Grundschule innerhalb der Leistungspalette immer im unteren Drittel zu finden. Sie hatten selten die Möglichkeit, sich intensiv und ausdauernd im Lernen zu üben. Auch grundlegende Entdeckungen und Erfahrungen wurden ihnen durch die „eifrigeren" Mitschülerinnen und Mitschüler dadurch verwehrt, dass diese schneller eine Lösung fanden oder Gedankengänge vorwegnahmen. Ihnen ging es meist so, wie es sich im Zusammenhang mit der Situation einer Bergwandergruppe einleuchtend darstellen lässt: Bei der Gruppe der Bergwanderer gibt es einige Mitglieder, die den Weg etwas mühsamer gehen. Sie machen einfach kleinere Schritte oder sind schlichtweg langsamer. Kommen sie an einem Aussichtspunkt, an einer Ruhebank an, um ebenfalls die Aussicht zu genießen oder sich auszuruhen, ist der „schnellere" Teil der Wandergruppe bereits mit der eigenen Verköstigung fertig und freut sich über die Ankunft der „Nachzügler" mit der Bemerkung: „Schön, dass ihr endlich da seid, dann können wir ja jetzt weitergehen!"

Arbeitsweisen für Hauptschüler, also für die noch schwächeren Pflanzen in meinem Bild, können im Rahmen einer Unterrichtshospitation in der Grundschule in geradezu optimaler Weise erfahren werden. Innerhalb der Grundschulklasse müssen zunächst die fünf bis acht Kinder aus der unteren Leistungsgruppe durch genaues Beobachten ausfindig gemacht werden. Sich danach Gedanken zu machen, wie diese Kinder hier optimal angesprochen und gefördert werden können, hilft Ihnen, genau den für diese Kinder später erforderlichen Unterricht zu beschreiben. Dies ist dann der Unterricht, der diesen Kindern in den weiterführenden Schulen gerecht wird, denn diese Gruppe bildet nachher eventuell mit zwei weiteren derartigen Gruppen aus anderen Grundschulklassen eine Hauptschulklasse oder einen entsprechenden Zug.

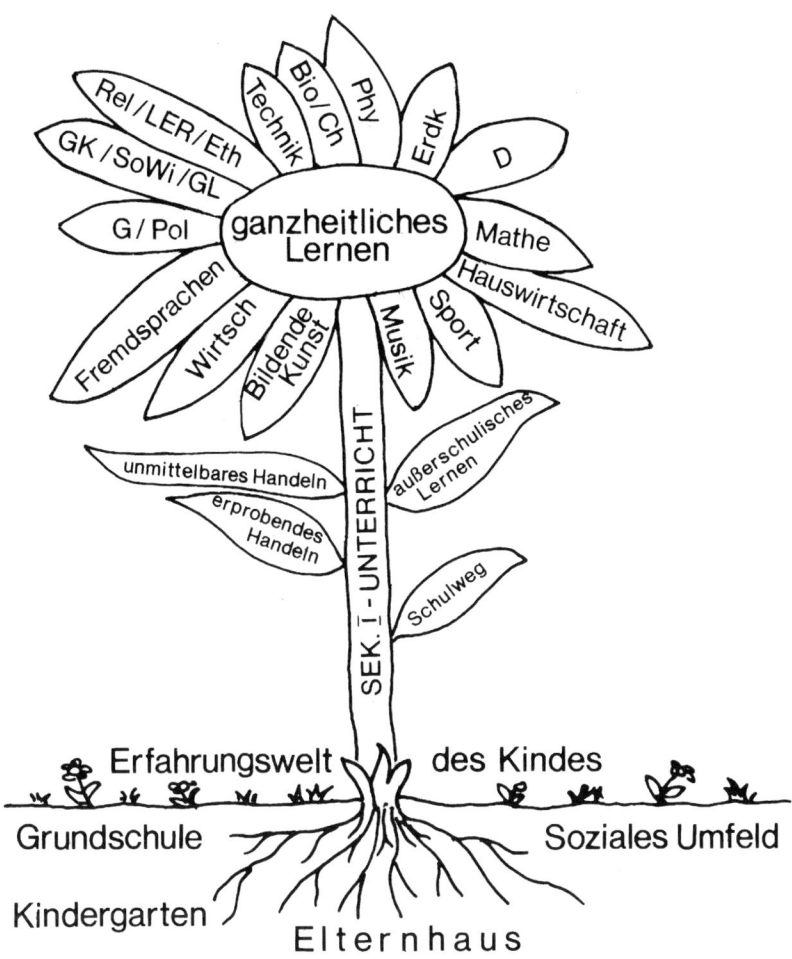

Unsere Aufgabe ist es also, die kleine oder schon kräftige Pflanze zu einer strahlenden Blume wachsen zu lassen, die ihre Blütenblätter im Laufe der Sekundarstufe I entwickelt. Der Sekundarstufenunterricht stellt dabei den Blütenstengel dar, die Blütenblätter sollen die einzelnen Fächer charakterisieren. An diesem Bild wird schon sehr deutlich, dass es wenig Sinn macht, immer nur einzelne Blütenblätter (also die Fächer) separat zu präsentieren und dem Betrachter selbst das Zusammenfügen zu einer ganzen Blume zu überlassen. Eine Schülerin oder ein Schüler (übrigens auch ein Erwachsener) wird die Schönheit einer Blume nie erkennen und genießen können, wenn immer nur einzelne Blütenblätter zur Anschauung vorgesetzt werden.

Daraus ergibt sich eine erste Schlussfolgerung auch für den Unterricht in der Sekundarstufe I: Sachverhalte sollten zunächst ganzheitlich betrachtet und beschrieben, interessante Dinge daran entdeckt und die Vielschichtigkeit erkannt werden. Erst danach erfolgt eine Fokussierung auf fachlich orientierte Betrachtungen. Das Ziel ist dabei, die Lebenswirklichkeit und die Anwendungsmöglichkeit in den Vordergrund zu stellen, uns einem Ausschnitt des Lebens zunächst mit dem Alltagsverstand anzunähern und erst dann den Bezug zu den Wissenschaften (allgemeinbildende Fächer) und den Künsten (musische Fächer) zu suchen. Den Ausgangspunkt für den Unterricht, für die Arbeit in der Schule, stellt dann die momentane Situation mit ihrer Sichtweise dar. Wir Lehrerinnen und Lehrer müssen uns vergegenwärtigen, dass viele Dinge für die Schülerinnen und Schüler noch gar keine Bedeutung haben und auch noch nicht mit fachspezifischen Sichtweisen in Zusammenhang gebracht werden. Sie bekommen diese Bedeutung erst, wenn wir ihnen in der Schule Bedeutung zumessen und wenn wir die Zusammenhänge zu fachspezifischen Betrachtungsweisen herstellen. Der Lernende muss ihnen jedoch Bedeutung und Beachtung zumessen und die Zusammenhänge erkennen, nicht wir, wenn ein optimaler Lernprozess in Gang kommen und ablaufen soll.

Hier hilft dann das Einbeziehen von örtlichen Gegebenheiten, die wir aber möglichst außerhalb der Schule suchen, und zwar nicht nur in Form von Beschreibungen, sondern zum Beispiel auch in Form von Bildern und Fotos, die Bezüge herstellen zwischen der Schul- und Wohnumgebung, dem Lebensumfeld, der Industrie und der Gesellschaft vor Ort/in der Region einerseits und den Inhalten in der Schule andererseits. Wenn irgend möglich, sollten wir dazu auch das Klassenzimmer und das Schulgebäude verlassen.

Außerschulisches Lernen, in das ich das Fernsehen und sonstige Medien gerne mit einbeziehe, lässt sich in schulisches Lernen gut integrieren, wenn dieses nicht immer nur auf den Moment bezogen ist und dann „abgehakt" wird, sondern eine längerfristige Angelegenheit darstellt.

Wir können und sollten ruhig zugeben, dass wir in der Schule das Informationsmonopol verloren haben, das die Schule vor einigen Jahrzehnten noch hatte, vielleicht auch während unserer eigenen Schulzeit. Damals konnte man andere Erdteile, politische und zeitgeschichtliche Begebenheiten, das Leben von Tieren und Ähnliches wirklich nur über den Film oder die Schautafeln in der Schule bildlich kennen lernen. Solche und viel spannendere und kompliziertere Dinge kennen die Schülerinnen und Schüler heute aus zahlreichen, sicherlich oftmals guten Fernsehsendungen oder Filmen, dem Computer und der passenden CD-ROM oder aus dem Internet. Zu wissen, wo Informationen zu finden sind und in welchen Zusammenhängen sie stehen, erhält einen viel höheren Stellenwert als das reine Faktenwissen, das schnell wieder vergessen wird.

Der Lehrplan, die Vorgaben

Eine Pflanze benötigt zum Wachsen auch Sonne. Diese habe ich hier zunächst in ihrem Kern mit einer angenehmen Lernatmosphäre in Verbindung gebracht.

Gleichzeitig gehören zu den wärmenden Strahlen dieser Sonne auch die Pflege anschaulichen Denkens, handlungsorientierte Unterrichtsformen, als besonderer Schwerpunkt das Lernen von Arbeitstechniken, Methodenvielfalt, entdeckendes Lernen, Anschaulichkeit und nicht zuletzt die Förderung der Lernfreude.

Sie mögen sich unter Umständen fragen, wie ich gerade zu dieser Auflistung komme. Es sind Aussagen, die sich in allen Bildungsplänen, Rahmenrichtlinien, Leitlinien beziehungsweise Lehrplänen der Bundesrepublik als Gemeinsamkeit für die Arbeit in der Sekundarstufe I finden, was ich durchaus als wärmende Sonne empfinde, da in allen Bereichen der Sekundarstufe ein schülerinnen- und schülergerechtes Lernen und Arbeiten gefordert wird.

Es liegt an uns, den Lehrerinnen und Lehrern, was wir aus den Bildungsplänen und Lehrplänen machen, welchen Umfang, welche Inhalte wir den einfachen Aussagen der Beschreibung von Lerninhalten in den Lehrplänen zuschreiben. Meist ist es viel mehr, als die Verfasser der Lehrpläne impliziert haben. Nicht umsonst findet sich dies unter dem Begriff „Heimlicher Lehrplan" wieder.

Einige Aussagen zu den einzelnen Schularten, wiederum ein Zusammenschnitt aus den Lehrplänen der Bundesrepublik, sollen die sehr schülerorientierten Bildungspläne und Arbeitsanweisungen dokumentieren. Sie sind jeweils in den Vorbemerkungen zu finden und können gerne als wärmende Strahlen in die Skizze und die Unterrichtsarbeit eingefügt werden.

Zur Hauptschule

- handlungsorientierte Unterrichtsformen
- Probleme des täglichen Lebens als Ausgangspunkte für den Unterricht wählen
- Lerntypen berücksichtigen
- originale Begegnungen einbeziehen
- individuelle Förderung gewährleisten
- lebensnahe Lernsituationen in den Mittelpunkt des Unterrichts stellen

Zur Realschule/Regelschule usw.

- lebensnahe Probleme zu durchdringen steht im Vordergrund
- anschauliches Denken pflegen
- von der Lebens- und Erfahrungswelt der Schülerinnen und Schüler ausgehen
- exemplarisches Lernen verstärken
- vertiefendes Lernen ermöglichen

▨ Arbeitstechniken zu lernen bildet einen besonderen Schwerpunkt
▨ Fähigkeit entwickeln, sich selbstständig weiterzubilden
▨ Freude am eigenen Tun ermöglichen

Zum Gymnasium

▨ Fähigkeit entwickeln, auch schwierige Sachverhalte zu durchdringen, Zusammenhänge zu durchschauen, zu ordnen und darzustellen
▨ Auseinandersetzung mit der Tradition und den Entwicklungen der Natur- und Geisteswissenschaften ermöglichen
▨ Freude am Beobachten, Experimentieren und Ordnen, Finden von Ursachen, Regeln, Lösungen und Gesetzmäßigkeiten ermöglichen
▨ der Altersstufe entsprechend angemessen in Methoden und Denkstrukturen der Fächer einführen
▨ das Verknüpfen von Fakten, das Denken in Zusammenhängen und das Herstellen von Beziehungen *muss* in allen Fächern geübt werden
▨ erschließendes und sinnsuchendes Fragen im Unterricht ist von zentraler Bedeutung

Überall ist sinngemäß folgende Aussage enthalten:

Die fachwissenschaftlichen Disziplinen dürfen nicht unreflektiert in die Schule übernommen werden.

Um es noch deutlicher zu beschreiben: Die so oft vorgeschobene Stoff-Fülle erzeugen wir, nicht die Lehrpläne. Vielleicht weil wir uns auch gerne und möglicherweise zu oft an den vorliegenden Schulbüchern orientieren und uns den dahinter stehenden Lernprogrammen und deren Aufgabenfülle unterordnen oder auch weil wir die von uns gelernte und so wichtige Fachstruktur in allen Einzelheiten betrachten wollen: „*Mut zur Gründlichkeit*" statt „*Mut zur Lücke*". Jeder Lehrgang verführt zur Vollständigkeit und damit zu Hast und Eile! Dinge, die einem sinnvollen Lernprozess nicht förderlich sind.

Die Fachstrukturen und ihre Inhalte wurden nicht irgendwann einfach gesetzt. Sie sind entstanden, in einem langen Prozess. Selbst der heutige Stand stellt nur einen momentanen „Endzustand" dar, vieles entwickelt sich weiter. Geben wir den Schülerinnen und Schülern doch die Möglichkeit, durch eigenes Erleben in von uns bereitgestellten offenen Phasen die Entwicklung von Fachstrukturen in Ansätzen nachzuvollziehen oder durch unsere Beschreibung zu erfahren. Dann sehen sie kein Endprodukt als Ausgangsbasis, das sie mit Inhalten füllen sollen, sondern erhalten Einblicke in den Prozess. Gewiss, unsere Erfahrungen, die wir selbst in der Schule gemacht haben, sind andere.

Muss die heutige Generation diese unbedingt nachvollziehen? Aus der Sicht
der Lehrpläne sicherlich nicht. Das sind dann wohl schon die Wolken, die die
Sonne manchmal verdecken:

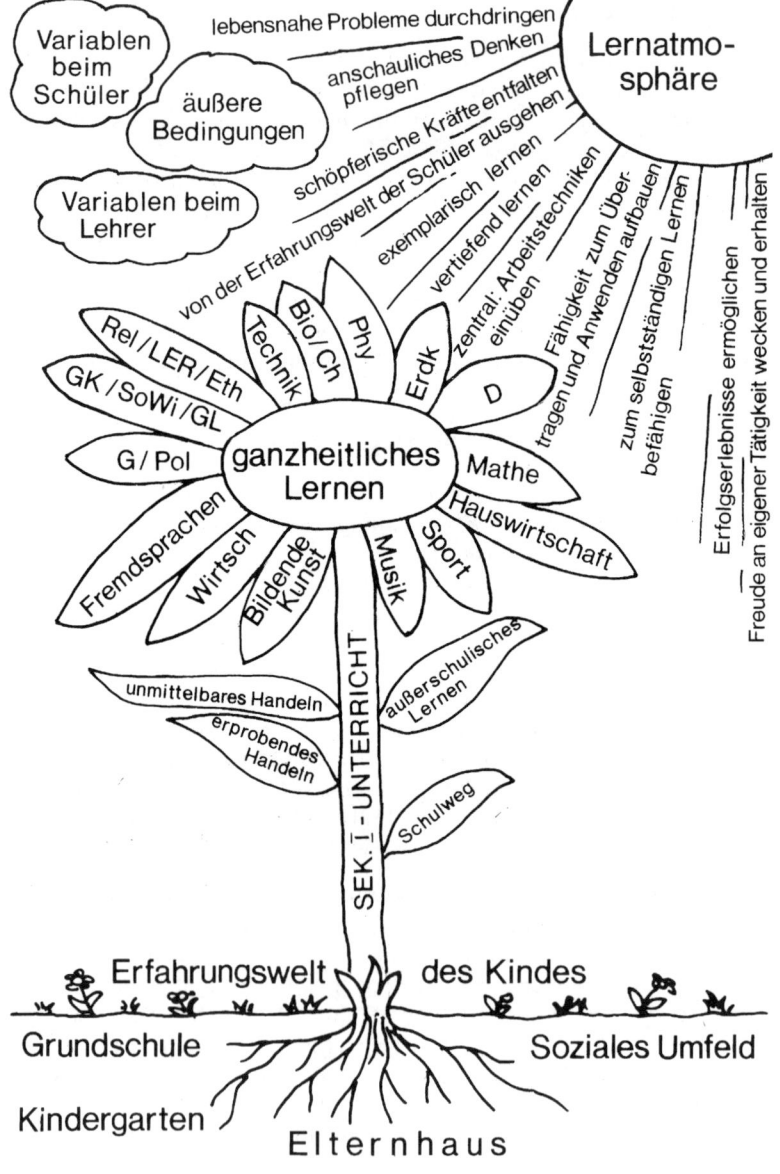

Äußere Bedingungen in der Schule

Bücher: Dienen sie als Leitfaden schlechthin, als Hilfsmittel oder als willkommene Fundgrube und Lernhilfe? Geben Sie die Antwort selbst.

Klassenzimmer/Lernumgebung: Wer optimal lernen soll, benötigt auch eine entsprechende Lernumgebung. In Grundschulen ist es heute fast keine Frage mehr, dass Klassenzimmer entsprechend ausgestattet, zur Lernumgebung geworden sind. Doch wie sehen diese in den weiterführenden Schulen aus? Ein Blick in ein Klassenzimmer, verbunden mit der Frage: Würde ich mich hier gerne mindestens sechs Stunden am Tag aufhalten?, kann eine erste Antwort und gleichzeitig Anregung zu einer freundlicheren Gestaltung geben. Gefragt ist neben der Gestaltung mehr Variabilität und nicht die optimale Ausstattung oder die optimale Sitzform. Es gibt keine allgemein verbindliche, optimale Sitzform (sonst wäre sie schon lange verordnet), aber es gibt für jeden Unterricht eine optimale Sitzform:

Die *Omnibussitzweise* ist sinnvoll, um von der Tafel etwas abzuschreiben. Für Gespräche ist sie jedoch absolut ungeeignet, vor allem wenn die Gesprächsbeiträge für alle in der Klasse Anwesenden bestimmt sind. Als häufiger Beobachter im Unterricht wird mir immer deutlich vor Augen geführt, welch demotivierende Angelegenheit es für eine Schülerin, einen Schüler sein muss, „hinten" zu sitzen und immer nur gegen Hinterköpfe zu reden. Wie abgestumpft sind Schülerinnen und Schüler schon, wenn sie sich nicht mal umdrehen, wenn ihnen eine Mitschülerin, ein Mitschüler hinter ihnen etwas erzählt. Für uns Lehrerinnen und Lehrer ist das nie ein Problem. Stehen wir vorne und die Kinder blicken nach vorne, dann sehen wir immer in das Gesicht von Sprechenden. Hier liegt für mich zumindest eine Ursache, warum sich Schülerinnen und Schüler in Unterrichtsgesprächen so desinteressiert und teilnahmslos zeigen; schon die äußere Form der Gesprächssituation macht deutlich, dass sie nicht miteinander oder füreinander reden.

Gruppentische in der Klasse sind optimal, um mit anderen etwas gemeinsam zu besprechen oder zu bearbeiten. Sie sind jedoch aus meiner Sicht eine enorme Zumutung, wenn Schülerinnen und Schüler in dieser für Gespräche und Blickkontakt optimalen Sitzform für sich alleine arbeiten sollen, womöglich noch alle am Tisch dasselbe, ohne miteinander sprechen zu dürfen. Lehrkräfte schaffen übrigens selbst eine derartige Anstrengung nur selten länger als wenige Minuten.

Der *Stuhlkreis* oder Sitzkreis ist verständlicherweise zum Schreiben ganz ungeeignet, er ist die optimale Form für Klassengespräche. So selbstverständlich wir für ein Gespräch einen Stuhlkreis bilden, so selbstverständlich sollten wir auch sonst unsere Sitzform in der Klasse verändern. Einfach umstellen!

Das können auch schon Erstklässler. Wenn wir uns die Zeit zum Üben nehmen und eventuell Hilfsmittel anbieten, dann können es auf jeden Fall auch die Schülerinnen und Schüler in der Sekundarstufe. Kinder müssen erst lernen, wie sie einen Tisch hochheben und wegtragen. Einer gibt das Kommando und Gemeinsamkeit macht stark. Wenn wir sagen, dass „unsere" Schülerinnen und Schüler das nicht können, sollten wir ihnen die Möglichkeit geben, dass sie es bei uns lernen oder vielleicht auch einfach nur zeigen können, dass sie es bereits können.

In allen Klassenstufen habe ich sehr gute Erfahrungen mit einer Wettbewerbssituation gemacht, bei der die Klasse eine neue Sitzform innerhalb der Stunden in möglichst kurzer Zeit herstellt. Die Schülerinnen und Schüler versuchen, die bisherige „Bestzeit" einzustellen oder zu unterbieten. Ein bis zwei Minuten stellen dabei absolute Obergrenzen dar, was im Vergleich mit der Zeit, die wir sonst für Ermahnungen und Hinweise im üblichen Unterricht benötigen, sicher vertretbar ist.

Durch eine für den momentanen Unterrichtsabschnitt optimale Sitzform entfallen viele bisherige Störfaktoren, die durch Hantieren mit Material, Weiterschreiben oder mangelnde Aufmerksamkeit bei Gesprächen entstehen. Um richtig verstanden zu werden: Es geht nicht darum, irgendwann eine „richtige" Sitzform zu installieren und diese zu belassen, sondern innerhalb einer Unterrichtsstunde die Sitzform durch Umstellen der Tische und Stühle zu ändern und dadurch den neuen Anforderungen einer anderen Arbeitsform anzupassen. Zu allem kann durch ein Umstellen innerhalb der Stunde auch noch der Bewegungsdrang der Schülerinnen und Schüler befriedigt, sogar gewinnbringend eingesetzt werden.

Wachsende *Klassengrößen* werden durch das Jammern darüber nicht beseitigt. Es gilt, Unterrichtsformen zu praktizieren, bei denen nicht mehr alle 30 Schülerinnen und Schüler auf eine Person, auf eine, die gleiche Sache ausgerichtet sind. Dreißig Kinder sind nicht längere Zeit und oft auf uns zu konzentrieren, aber jedes einzelne der dreißig vielleicht eher auf einen Partner, eine Sache, einen Lerngegenstand, für den Interesse besteht oder möglicherweise erst erzeugt werden muss.

Es steht *weniger Geld für die Anschaffung neuer Arbeitsmittel* zur Verfügung. Wir müssen daher die weiterführende Frage anschließen: Auf was könnten wir verzichten, wenn wir neue Arbeitsmittel, Spiele, Materialien unbedingt wollen? Müssen wir all die Bücher für jeden einzelnen Schüler, jede einzelne Schülerin haben? Bücher, die nur ab und zu benutzt werden und doch täglich die Schultasche und damit den Rücken belasten? Hier könnten auch Klassensätze viele Anforderungen erfüllen. Die Unzahl von Kopien, die mein Gedächtnis in Verbindung mit ganz vielen Unterrichtsstunden bringt, auch die Bilder vom konzentrierten Warten am Kopierer, Minuten vor Unterrichtsbeginn. Dabei sind es oft Kopien, die, mit wenigen Einträgen versehen, anschließend unter Umständen dauerhaft und auf Nimmerwiedersehen in einem Heft oder einem Ordner verschwinden. Würde es nicht auch genügen, dass nur ganz wichtige Dinge (zum Merken) dauerhaft in ein Heft oder einen Ordner eingehen? Aufschriebe, die jedoch nur gemacht werden, weil man beim Schreiben etwas lernt (zum Beispiel eine Fertigkeit), können nach dem Aufschrieb wieder „gelöscht" und neu beschrieben werden. Dann hat ein foliertes/kaschiertes Arbeitsblatt und die Beschriftung mit wasserlöslichem Stift eventuell viel größeren Wirkungsgrad und geringeren Papierverbrauch, nämlich nur eine Kopie. In diesem Fall muss eine Schülerin, ein Schüler nachher den Beweis erbringen, dass sie oder er beim Schreiben etwas gelernt hat, und nicht nur das Ergebnis in geschriebener Form vorweisen.

Unter wirtschaftlichen Gesichtspunkten ist das Kaschieren (Beziehen mit einer abwaschbaren Folie) von einem Blatt zudem wahrscheinlich preiswerter als ein Klassensatz Kopien.

Oft werden im Unterricht Dinge auch nur aufgeschrieben und im Heft mit nach Hause getragen, weil die Eltern auf diese Weise Einblick in die Schule wünschen und erhalten und weil wir auf diese Weise auch dokumentieren, dass bei uns gearbeitet wird.

Die „gemischten" Aufschriebe, die Merksätze und Aufgaben beinhalten, bilden für die Schülerinnen und Schüler meist für eine Nacharbeit außerhalb des Unterrichts wenig Hilfen. Aufgaben, gemeinsam oder einsam gelöst, werden abgeschrieben oder sind schon verstanden, sonst könnten sie nicht gelöst werden. In beiden Fällen taugen sie dann für eine Nacharbeit nicht. Wer es zuvor nur abgeschrieben hat, wird nun schwer ein Verständnis entwickeln können, und wer es zuvor bereits selbst und eigenständig lösen konnte, wird es wahrscheinlich nur in Ausnahmefällen nochmals betrachten oder durcharbeiten.

Oft fragen wir: „Was mache ich dagegen?" Es ist sinnvoller und in die Zukunft gerichtet, wenn wir stattdessen die Frage stellen: „Was mache ich damit?" Die Frage: „Was mache ich damit?" akzeptiert zunächst den Zustand und impliziert, dass ich mich damit auseinandersetze. Damit signalisiere ich auch, dass ich als Lehrerin oder Lehrer die Verantwortung für ein Umgehen mit Voraussetzungen übernehme. Die Aussage „Ich würde ja auch, wenn …" macht mein Handeln von den Vorleistungen anderer abhängig. Selbst aktiv werden, Dinge verändern, denn: *Wenn wir warten, bis andere dort sind, wo wir sein wollen, dann warten wir ewig.*

Variablen bei den Lehrerinnen und Lehrern

Unsere Biographie und unser heutiges Denken über das Lernen und Arbeiten, über die Schule insgesamt prägen unser Tun. Indem ich mir bewusst werde, was Lernen früher für mich war, welche Vorstellung ich vom Lernen habe, was für ein Lerntyp ich bin usw., kann ich auch andere Einstellungen und Verhaltensweisen besser verstehen. In unserer Ausbildung haben wir sehr wenig über das Lernen erfahren und gelernt, wir mussten es nur immer tun.

Frederic Vester hat in seinem Buch „Denken, Lernen, Vergessen" (1978) aktuelle Grundlagen der Gehirnforschung veröffentlicht. Beim Lesen dieses Buches wurde mir vor allem durch das Kapitel IV: „Die Katastrophe der schulischen Praxis" bestätigt, wie wenig ich in meiner Ausbildung darüber erfuhr und wie viele Katastrophen auch ich schon in den Köpfen der Schülerinnen und Schüler erzeugt habe.

Unser Leben ist üblicherweise geprägt durch ein stark stofforientiertes Lernen und Wissen. Zu unserer Zeit in der Grundschule war noch überwiegend ein kleinschrittiges und inhaltsorientiertes Vorgehen angesagt. Im Gymnasium und auf der Hochschule fand dies meist eine nahtlose Fortsetzung, zumindest die fast ausnahmslose Stofforientierung, und nun sollen wir uns davon gedanklich frei machen und *dem Weg neben dem Ziel den gleichen Rang einräumen.*

Es ist verständlicherweise sehr schwer, nicht nur das Ergebnis einer Aufgabe zu würdigen, sondern sich um Lösungswege, Umwege, andere Zugänge usw. gleichrangig zu kümmern. Hierin liegt jedoch auch die große Chance, denn Schülerinnen und Schüler können genau diese Wege öfters alleine gehen, Umwege suchen und gestalten, neue Betrachtungsweisen eröffnen und damit auch uns Hilfen anbieten. Wir müssen ihnen nur den Rahmen dazu zur Verfügung stellen.

In unserem Studium haben wir gelernt und in den ausführlichen Unterrichtsentwürfen auch immer so beschrieben, als ob wir immer und sehr gut wüssten, in welcher Form Dinge und Methoden für die Schülerin und den Schüler förderlich sind. Sind es möglicherweise diese tiefen Prägungen, die uns teilweise daran hindern, unsere sicherlich vorhandenen Wünsche nach anderem Arbeiten umzusetzen? Sind es die pädagogischen Traditionen, die uns als Lehrkräfte das Tun, die zielgerichtete Steuerung so fest in der Hand halten lassen? Die pädagogischen Traditionen der Reformpädagogik konnten wir selten an uns selbst erleben oder gar selbst konsequent umsetzen.

Célestin Freinet beschreibt in seinen „Pädagogischen Texten" (1980) die Situation sehr treffend:

„Adler steigen keine Treppen
Vom methodischen Treppensteigen

Der Pädagoge hatte seine Methode aufs genaueste ausgearbeitet: Er hatte – so
sagte er – ganz wissenschaftlich die Treppe gebaut, die zu den verschiedenen
Etagen des Wissens führt; mit vielen Versuchen hatte er die Höhe der Stufen
ermittelt, um sie der normalen Leistungsfähigkeit kindlicher Beine anzupassen; da und dort hatte er einen Treppenabsatz zum Atemholen eingebaut und
an einem bequemen Geländer könnten die Anfänger sich festhalten. Und wie
er fluchte, dieser Pädagoge! Nicht etwa auf die Treppe, die ja offensichtlich mit
Klugheit ersonnen und erbaut worden war, sondern auf die Kinder, die kein
Gefühl für seine Fürsorge zu haben schienen.

Er fluchte aus folgendem Grund: Solange er dabei stand, um die methodische
Nutzung dieser Treppe zu beobachten, wie Stufe um Stufe emporgeschritten
wurde, an den Absätzen ausgeruht und sich an dem Geländer festgehalten
wurde, da lief alles ganz normal ab.

Aber kaum war er für einen Augenblick nicht da, sofort herrschten Chaos und
Katastrophe! Nur diejenigen, die von der Schule schon genügend autoritär
geprägt waren, stiegen methodisch Stufe für Stufe, sich am Geländer festhal-
tend, auf dem Absatz verschnaufend, weiter die Treppe hoch – wie Schäfer-
hunde, die ihr Leben darauf dressiert wurden, passiv ihrem Herrn zu gehor-
chen, und die es aufgegeben haben, ihrem Hunderhythmus zu folgen, der durch
Dickichte bricht und Pfade überschreitet.

Die Kinderhorde besann sich auf ihre Instinkte und fand ihre Bedürfnisse
wieder: Eines bezwang die Treppe genial auf allen Vieren; ein anderes nahm
mit Schwung zwei Stufen auf einmal und ließ die Absätze aus: Es gab sogar
welche, die versuchten, rückwärts die Treppe hinaufzusteigen, und die es darin
wirklich zu einer gewissen Meisterschaft brachten. Die meisten aber fanden –
und das ist ein nicht zu fassendes Paradoxon – dass die Treppe ihnen zu wenig
Abenteuer und Reize bietet. Sie rasten um das Haus, kletterten die Regenrinne
hoch, stiegen über die Balustraden und erreichten das Dach in einer Rekord-
zeit, besser und schneller als über die so genannte methodische Treppe: Einmal
oben angelangt, rutschten sie das Treppengeländer runter ... um den abenteu-
erlichen Aufstieg noch einmal zu wagen.

Der Pädagoge macht Jagd auf die Personen, die sich weigern, die von ihm für
normal gehaltenen Wege zu benutzen. Hat er sich wohl einmal gefragt, ob nicht
zufällig seine Wissenschaft von der Treppe eine falsche Wissenschaft sein
könnte und ob es nicht schnellere und zuträglichere Wege gäbe, auf denen
auch gehupft und gesprungen werden könnte: ob es nicht, nach dem Bild von
Victor Hugo, eine Pädagogik für Adler geben könnte, die keine Treppen
steigen, um nach oben zu kommen?"

Lernen optimieren

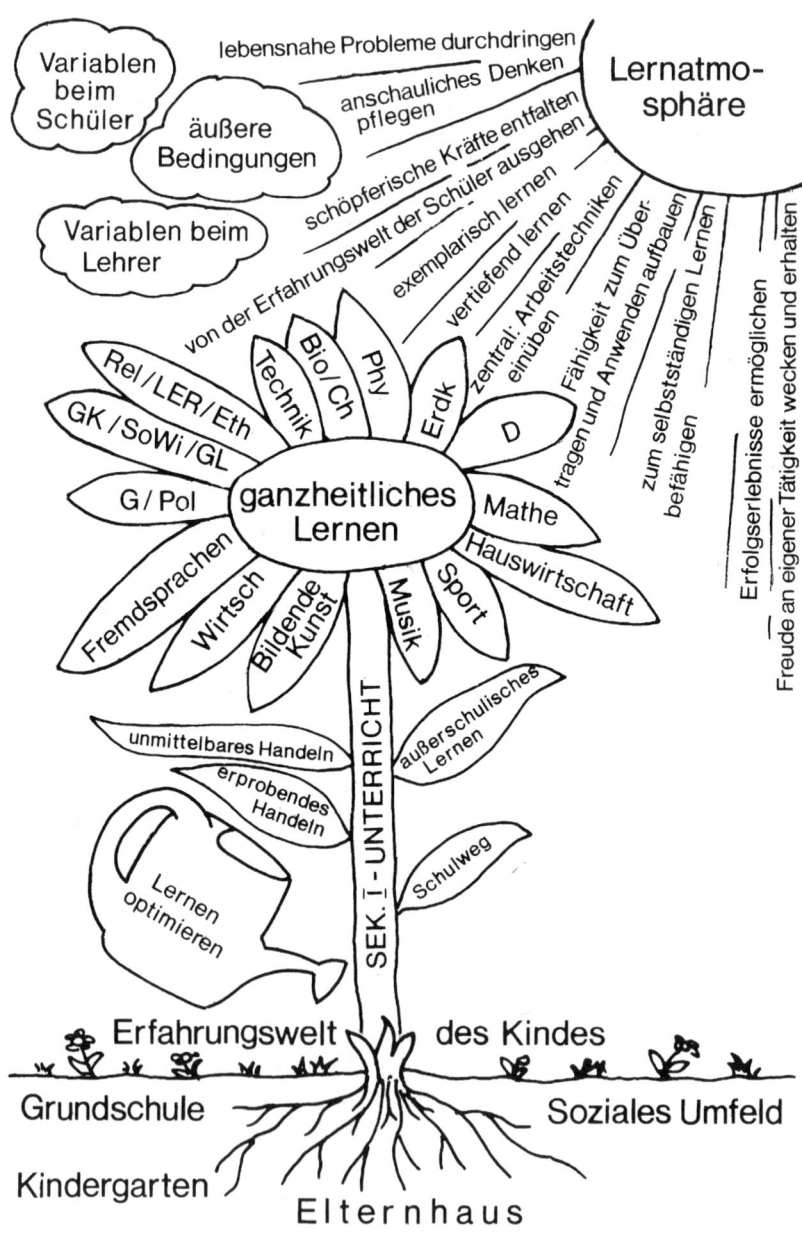

Nicht, dass ein falscher Eindruck entsteht: Wir benötigen in der Schule auch ganz gezieltes Belehren. Es gibt Dinge, die nicht selbst entdeckt werden können, die wir einfach vorgeben müssen. Regeln, vielleicht uneinsehbare, die einen Sachverhalt regeln oder beschreiben, sind vielleicht nur über gezieltes Belehren an die Schülerin und den Schüler zu bringen. Darbietende Unterrichtsformen haben und behalten ihren Stellenwert.

Gleichzeitig gibt es in der Sekundarstufe wie in der Grundschule viele Dinge, die intensiv geübt werden müssen. Beim Üben gibt es jedoch viele Wege. Bollnows „Geist des Übens" (1987) beschreibt sicherlich ganz wichtige Elemente, wenn er als Ziel des Übens das vollkommene Können setzt, wenn er die Freude am vollkommenen Können nach intensivem Üben nennt oder die dann entstehende innere Freiheit. Das empfehlenswerte Buch „Richtig üben macht den Meister" von Horst Speichert (1985) macht mit den Erkenntnissen Vesters und mit den Arbeitsweisen des Gehirns vertraut und liefert entsprechende praxisorientierte Beispiele. Ein Satz aus diesem Buch soll zum Nachdenken anregen und gleichzeitig den Charakter dieses Buches knapp umschreiben: „Fünfzigmal geübt und dabei an ????? gedacht – die Un-Kenntnis blieb ungetrübt, es hat ihr gar nichts ausgemacht." (Speichert 1985, Seite 56)

Wenn den Schülerinnen und Schülern bei ihrem Lernen mehr Verantwortung zugestanden werden soll, dann müssen wir auch Hilfen anbieten, damit sie den eigenen Lernweg finden, und ihnen Mut für Umwege und Sackgassen zusprechen. Wenn diese Anregungen und Hilfen individuell ausgerichtet werden, was ein gerechtfertigter Anspruch ist, dann sind sie schlecht in einen lehrgangsorientierten und lehrerorientierten Unterricht zu integrieren. Bei unterschiedlichen Bearbeitungsangeboten wird den Schülerinnen und Schülern jedoch „automatisch" Hilfe zu eigenen, sinnvollen und förderlichen Lernformen angeboten.

Eigenaktivitäten entfalten

Hier gleicht unsere pädagogische Arbeit der eines Gärtners: eine Pflanze zum Wachsen und Blühen bringen, bis sie Früchte trägt oder Ableger bildet. Das Ziel der pädagogischen Arbeit ist dieser Ableger: die Entfaltung von Eigenaktivitäten der Schülerinnen und Schüler. Wenn sie lernen, sich selbst Probleme und Themengebiete auszuwählen, sich einen Weg für die Erarbeitung zu suchen und festzulegen und dann diesen Weg auch erfolgreich zu gehen, ist dies aus meiner Sicht die „echte" Freiarbeit. Gleichzeitig ist damit auch die Studierfähigkeit beschrieben.

Es ist klar, dass dieses Ziel kaum sofort erreicht werden kann. Nur einige Schüler können im Rahmen von forschendem Unterricht und in jeder Form von offenem Unterricht solche Wege alleine gehen. Sie beherrschen schon viele

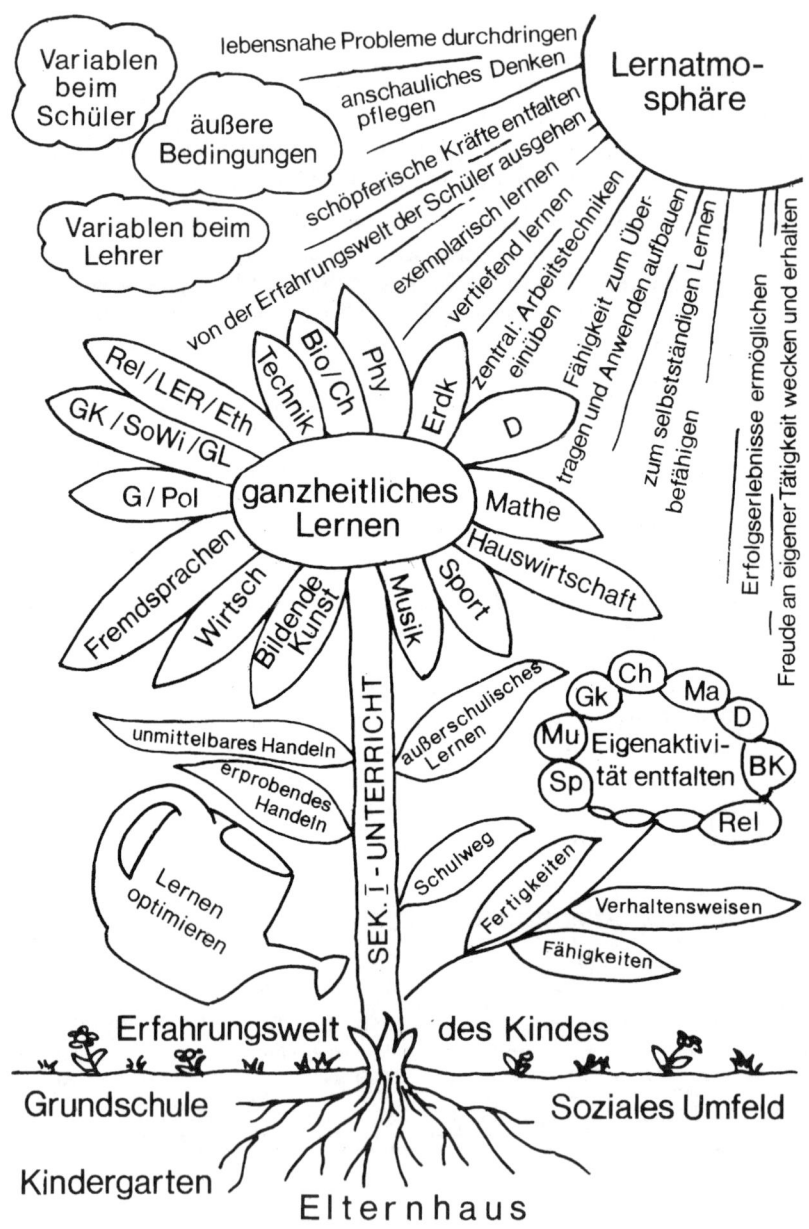

Fähigkeiten, Fertigkeiten und Verhaltensweisen, um dieses Ziel zu erreichen. Die meisten müssen diese erst durch aktives Tun kennen lernen und sich dadurch aneignen. Auch wir müssen uns mit den Leistungen, zu denen die Schülerinnen und Schüler bei entsprechenden Rahmenbedingungen in der Lage sind, erst anfreunden und unser Verhalten darauf abstimmen.

Zusammenfassung

Wenn Sie nun das ganze Bild nochmals betrachten, wird Ihnen wahrscheinlich zum einen die Fülle und die Komplexität auffallen und zum anderen das Bild des Gärtners wahrscheinlich nochmals sehr deutlich.

Die große Anzahl der Blütenblätter und die vielen Begriffe in diesen entsprechen genau der Fülle, die eine Schülerin, ein Schüler innerhalb einer Woche an unterschiedlichen Inhalten und Betrachtungsweisen erfährt. Dabei wird wahrscheinlich jede Kollegin, jeder Kollege von uns sein Fach genauso ernst und wichtig in den Mittelpunkt setzen, wie wir es tun. Dieses Bild verdeutlicht hoffentlich auch, dass wir im Interesse der Schülerinnen und Schüler Verbindungen schaffen, Verknüpfungen aufzeigen und damit ganzheitliches Lernen vorbereiten und ermöglichen.

Die vielen Aussagen, die strahlenartig von der Sonne ausgehen, sollten nicht den Schluss nahe legen, dass dies alles zusammen nicht mehr umsetzbar sei. Einige der Aussagen ergänzen sich gegenseitig und insgesamt stellen sie ein Themengebiet dar, das neben den meist stofflichen Betrachtungen, wenn überhaupt, dann nachrangig betrachtet wird. Die Angaben beziehen sich auf Arbeitsformen und Arbeitsweisen, auf Zugangsweisen, die nach meiner Erfahrung auch zu einem ganz anderen Umgang mit den Inhalten und den Fachstrukturen und vor allem zu mehr Selbstständigkeit der Schülerinnen und Schüler führen und ihnen damit beim Planen und Gestalten ihrer eigenen Lernwege helfen.

Das Lernen an Stationen ist nach meiner Erfahrung sehr gut geeignet, den Weg in mehr Selbstständigkeit zu begleiten, neue Erfahrungen und *gemeinsames* Lernen für die Schülerinnen und Schüler sowie für die Lehrerinnen und Lehrer zu ermöglichen.

Das Bild des Gärtners sei mit einem Zitat von Achermann (Achermann 1995, Seite 36) nochmals sehr treffend, zusammenfassend und nachdenkenswert beschrieben: „Lehrerinnen und Lehrer verstehen und spüren ihre Berufsaufgabe ganz verschieden. Es gibt zum Beispiel Dompteur-Lehrerinnen und -Lehrer Kumpel-Lehrerinnen und -Lehrer und Gärtner-Lehrer und -Lehrerinnen, und entsprechend gibt es Schulklassen, in denen die Kinder parieren, unverbindlich die Zeit totschlagen oder sich entwickeln. Die Hauptaufgabe der Gärtner-Lehrerinnen und -Lehrer ist es, zusammen mit der ganzen Kindergruppe und mit jedem einzelnen Kind eine Lernumgebung zu schaffen, in der jedes Kind und die Gruppe gut wachsen kann. Diese anspruchsvolle Aufgabe kann durchaus mit der Tätigkeit eines naturnahen Gärtners verglichen werden: Unter welchen Bedingungen wächst eine bestimmte Pflanze oder ein Kind am besten? Wie viel Wind oder Sonne erträgt es? Wann muss gegossen werden und wann braucht es einen Halt, um sich daran hochzuranken?

Ich habe noch nie eine Frau oder einen Mann angetroffen, die in ihrem Garten an einer Blume zerrten, damit sie schneller und besser wächst. Kinder aber, die herumgezerrt und -gestoßen werden, gibt es noch in vielen Familien und Schulen. Und ich ertappe mich selbst immer wieder dabei.

Warum nehmen wir auf die Natur der Pflanzen in unseren Gärten mehr Rücksicht als auf die Natur der Kinder in unseren Gemeinschaften?"

2. Voraussetzungen bei den Schülerinnen und Schülern

Ein Kind wird durch Wechsel von der Grundschule in eine weiterführende Schule zur Schülerin beziehungsweise zum Schüler einer Hauptschule, Realschule, einer Gesamtschule oder eines Gymnasiums, bleibt aber ein Kind. „Fünftklässler sind noch keine Gymnasiasten, allenfalls Kinder, die den Abschluss der Grundschule erreicht haben, Kinder, die von ihren seitherigen Lehrerinnen oder Lehrern für das Gymnasium empfohlen wurden, Kinder, denen auf Grund langfristiger Beobachtung und Leistungsmessung zugetraut wird, dass sie den Anforderungen der neuen, nun auf die Grundschule aufbauenden Schule gewachsen sein können ..." So schreibt Walter Lenk in seinem Aufsatz „Fünftklässler sind (noch) keine Gymnasiasten", in der Zeitschrift *Lehren und Lernen* (1/1991, Seite 11). Ich füge dem hinzu: ... oder die dem Wunsch ihrer Eltern entsprechend diese Schulart besuchen.

Die Veränderung liegt in den nun gewandelten Bedingungsfeldern; es verändern sich Erziehungsverhältnisse, Bezugspersonen, das ganze Umfeld, Räume und in meist gravierender Weise die Lernbedingungen. Hier fordere ich zunächst die Vertreter aller aufnehmenden Schulen auf, die Bedingungen zu erkunden und kennen zu lernen, welche die Schülerinnen und Schüler aus der Grundschule mitbringen: die Inhalte der ganzen Grundschule, die Lernweisen der Kinder in der Grundschule, den Umgang mit Gelerntem, die Auswirkungen des bisher Gelernten und die Art, auf die Kinder einzugehen, und nicht zuletzt einfach die Lern- und Lebensvoraussetzungen, die ein Mensch in diesem Alter mitbringt oder die sich in diesem Alter und bis zum Ende der Sekundarstufe I ausbilden. Es verändern sich also nicht nur die Rahmenbedingungen, in denen nun häufig ein anderes Lernen als in der Grundschule stattfinden soll, es ändern sich auch die Schülerinnen und Schüler selbst. Entscheidend für uns in der Sekundarstufe ist zunächst nur, dass wir die Schülerinnen und Schüler so annehmen und akzeptieren, wie sie auf uns zukommen beziehungsweise wie sie in der Schule sind.

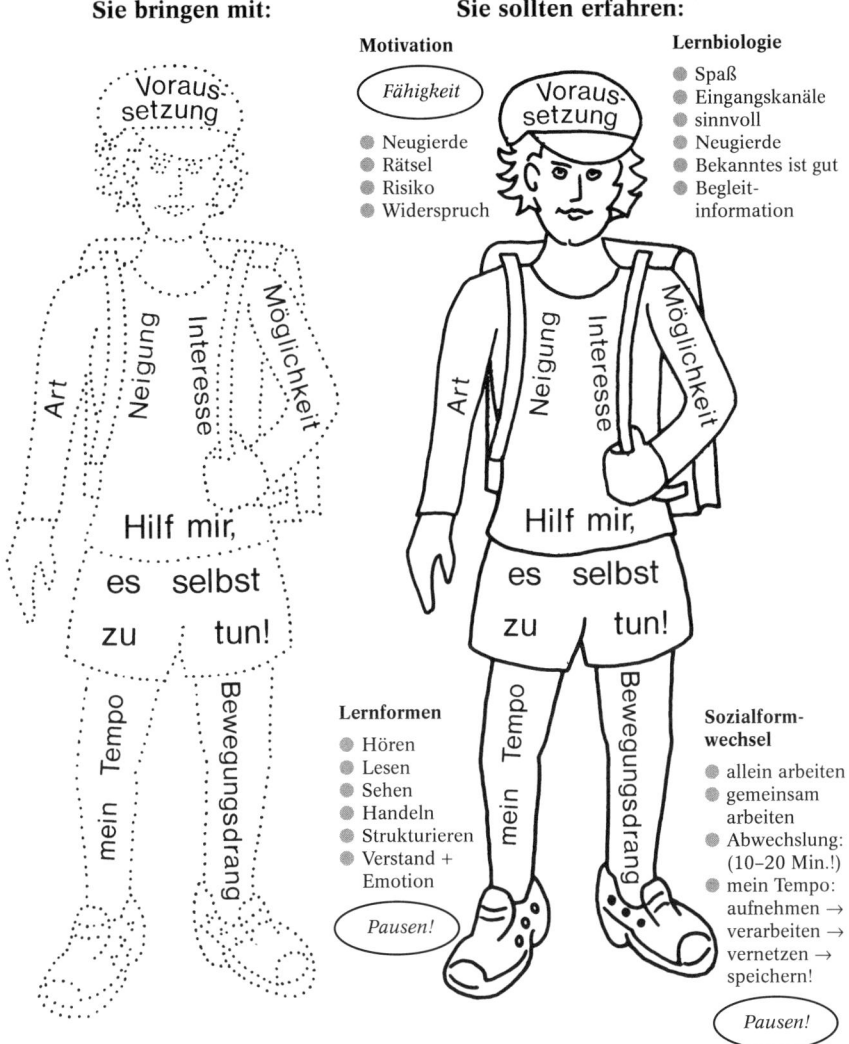

Sie bringen mit: **Sie sollten erfahren:**

Motivation

Fähigkeit

● Neugierde
● Rätsel
● Risiko
● Widerspruch

Lernbiologie

● Spaß
● Eingangskanäle sinnvoll
● Neugierde
● Bekanntes ist gut
● Begleit- information

Lernformen

● Hören
● Lesen
● Sehen
● Handeln
● Strukturieren
● Verstand + Emotion

Pausen!

Sozialform- wechsel

● allein arbeiten
● gemeinsam arbeiten
● Abwechslung: (10–20 Min.!)
● mein Tempo: aufnehmen →
verarbeiten →
vernetzen →
speichern!

Pausen!

Intellektuelle Voraussetzungen

Jede Schülerin, jeder Schüler hat andere individuelle intellektuelle Voraussetzungen. Die „Hardware" ist schon vorhanden, kann höchstens noch erweitert und durch „geeignete Software" besser genutzt werden. Jeder Mensch denkt anders, lernt anders, speichert anders, hat andere Lernmuster.

Auch wenn die Schülerinnen und Schüler nun schon „vorsortiert" sind, es gibt noch gewaltige Unterschiede. So wie wir das äußere Aussehen eines Menschen akzeptieren und nicht an Änderungsprozesse denken, sollten wir auch die „Voraussetzungen des Kopfes" akzeptieren und als ebenso einmalig stehen lassen, wie wir es für uns selbst in allen Bereichen auch in Anspruch nehmen.

Dasselbe gilt für den *intellektuellen Entwicklungsstand*. Der Entwicklungspsychologe Piaget hat aus seinen Beobachtungen und Forschungen folgende Erkenntnisse abgeleitet, die zwar teilweise modifiziert wurden, jedoch im Kern bis heute Gültigkeit haben: Mit Ausnahme von wenigen frühreifen Hochbegabten sind Fünftklässler im Stadium der konkreten Denkoperationen. Der Mensch in dieser Stufe kann im Kopf durchaus wichtige Denkleistungen wie das Klassifizieren, Generalisieren oder das Kombinieren durchführen. Seine Denkprozesse sind jedoch an Bilder oder Beispiele geknüpft. Nach der Meinung Piagets erreicht etwa ein Drittel bis ein Viertel der Bevölkerung die nächste, höchste Stufe des Denkens, die des formalen Denkens, gar nicht.

Das heißt aber, dass alle Schülerinnen und Schüler in den unteren Klassen der Sekundarstufe I auf Bilder und konkrete Beispiele angewiesen sind, um Denkleistungen zu vollbringen. Dies gilt wohl für die überwiegende Zahl aller Hauptschülerinnen und Hauptschüler. Sie können, wie die übrigen ihrer Altersklasse, nicht losgelöst von der Wirklichkeit denken und bekommen dort Schwierigkeiten, wo grammatikalische, mathematische oder naturwissenschaftliche Begriffe mit zu wenig Anschauungshilfen vermittelt werden. Solche Menschen können zwar Formeln und Regeln auswendig lernen und richtig memorieren, sie aber in konkreten Situationen nicht anwenden. Viele Jugendliche in dieser Altersgruppe müssen auch das Lernen erst noch lernen. Jedoch auch dies gelingt ihnen nicht in einem Trockenkurs, sondern nur eingebunden in die konkrete Arbeit.

Den Rückgriff auf die Stufe des konkreten Denkens können wir bei Jugendlichen und Erwachsenen beobachten, wenn sie zum Beispiel die Rückfrage stellen, ob sie sich einen Sachverhalt so oder so vorstellen sollen, und dabei Bilder, Vorgänge oder ähnliche konkrete Situationen anführen.

Frederic Vester (1978) betrachtet in seinen Untersuchungen und Darstellungen die Lernbiologie, die dem Menschen innewohnenden Eigenschaften beim Aufnehmen, Verknüpfen und Speichern, beim Denken generell. Er unterscheidet vier, andere Autoren sicherlich zu Recht noch mehr Lerntypen nach den Eingangskanälen, über die wir Wissen und Erfahrungen aufnehmen:

- Der *visuelle* Typ, der überwiegend über das Auge aufnimmt.
- Der *akustische* oder auditive Lerntyp, der über Hören und Sprechen zu guten Gedächtnis- und Denkleistungen kommt.
- Der *haptische* Lerntyp, der durch Anfassen, Fühlen oder durch praktisches Tun Erkenntnisse und Erfahrungen gut verarbeitet und abspeichert.
- Der *intellektuelle* Lerntyp. Er stellt sich immer neue Fragen und versucht, diese durch Denkleistung und Verknüpfung von bisherigem Wissen zu beantworten. Ihm genügt häufig eine Regel, eine Formel oder Ähnliches, um sich Sachverhalte und Erkenntnisse zu erschließen.
- Weitere Lerntypen: Immer häufiger kommen in letzter Zeit „Schmecken" und „Riechen" *(gustatorische und olfaktorische, geschmacks- und geruchsorientierte Lernmuster)* als weitere sehr ernst zu nehmende Eingangskanäle und Assoziationsmuster in den Blickpunkt der Lernbiologie: Ein bestimmter Geschmack oder ein bestimmter Geruch lassen sofort die Erinnerung an Gegebenheiten oder Erfahrungen aufkommen. Unsere eigene Erfahrung unterstreicht damit die Annahme, dass diese Eingangskanäle oder Lernmuster existieren.

Erfreulicherweise gibt es kaum idealtypische Ausprägungen, sondern meist Mischformen mit schwerpunktmäßiger Veranlagung, also zum Beispiel den audio-visuellen Typ, der durch Sehen und Hören lernt.

Individuelle Neigungen

Damit beschrieben und verknüpft sind die individuellen Möglichkeiten, Dinge zu bearbeiten, Probleme gedanklich zu durchdringen und rein mechanische Arbeiten durchzuführen. Jede Schülerin, jeder Schüler hat individuelle Neigungen und Interessen, die sich unter Umständen nicht mit den von uns momentan gewünschten decken. Eines können wir jedoch als fast sicher annehmen: Nur krankhaft veranlagte Menschen haben von Natur aus keine Interessen, entwickeln keine Neugierde und möchten nicht möglichst immer ihr Bestes geben. Wenn sich ihr Bestes nicht mit unseren Vorstellungen deckt, liegt dies nicht nur am Willen der Schülerinnen und Schüler, sondern manchmal auch an unseren Anforderungen, die ihre Leistungsfähigkeit wahrschein-

lich öfters überfordern. In anderen Worten: Wir müssen nicht versuchen, eine
Schülerin oder einen Schüler verändern zu wollen, es genügt häufig schon, den
Blick auf ihn und seine Arbeitsweise zu verändern! Gleichzeitig gilt dann
natürlich auch, dass ein Mensch Lob nicht nur für ein erreichtes Ergebnis
verdient hat, sondern schon die Anstrengung Lob und Anerkennung verdient.

Arbeits- und Lerntempo

In der täglichen Arbeit können wir permanent feststellen, dass sich in jeder
Klasse mindestens drei Entwicklungsjahrgänge befinden und das durchschnitt-
liche Arbeitstempo einzelner Schülerinnen und Schüler im Verhältnis eins zu
vier stehen kann. Das heißt, der langsamste Schüler benötigt für die Erledigung
einer bestimmten Aufgabe bis zum Vierfachen der Zeit, die der schnellste
Schüler dafür benötigt, wobei in diesem Fall die Bezeichnung Schüler selbstverständlich auch die Schülerinnen einschließen soll. Diese Beobachtung
wurde in den letzten Jahren durch viele Untersuchungen bestätigt.

Daraus folgt, dass die Ausrichtung am Durchschnittstempo und an den Durch-
schnittsanforderungen in einer Klasse eigentlich nur *den* Durchschnittsschüler
optimal bedient. Mathematisch gesehen sind dabei die Hälfte der Schülerinnen
und Schüler, minus einem, immer überfordert, die gleiche Anzahl Schülerinnen und Schüler auf der anderen Seite des Durchschnitts ist immer unterfor-
dert. Daraus ableitend sind individuelle Angebote zwingend notwendig.

Bewegungsdrang und Konzentrationsmöglichkeit

Kinder, Jugendliche und Erwachsene haben einen natürlichen Bewegungsdrang. Dieser deckt sich auch in der Sekundarstufe nicht mit dem üblichen
45-Minuten-Rhythmus normaler Schulstunden.

Fünfzehn bis zwanzig Minuten konzentrierter Arbeit beschreiben die übliche
Grenze der Leistungsfähigkeit und sind für eine Schülerin beziehungsweise
einen Schüler der Sekundarstufe I durchaus normal. Eine kurze Pause, eventuell kurz aufstehen und sich für etwas Neues entscheiden, lässt für alle eine
neue produktive Arbeitsphase mit etwa der gleichen Dauer beginnen und baut
den angestauten Bewegungsdrang sinnvoll ab.

Auch Erwachsene kommen übrigens nach 45 bis 50 Minuten an diese Leistungsgrenze. Wahrscheinlich haben Sie dieses Phänomen an sich auch schon
entdeckt, bei Vorträgen, im Theater, im Kino usw.: Durch eine kurze Zeit
mangelnder Aufmerksamkeit „verpassen" wir etwas und holen uns damit
indirekt unsere „Erholungspause" vor der nächsten Konzentrationsphase.

Im „normalen" Unterricht tauchen diese Erholungspausen selbstverständlich nicht zur gleichen Zeit auf, wir erkennen sie höchstens an der Unaufmerksamkeit einzelner Schülerinnen und Schüler oder an der allgemeinen Unruhe in der Klasse, die nach einiger Zeit konzentrierter Arbeit entsteht. Manchmal nehmen wir es vielleicht auch als Störungen auf. Störungen als Botschaften für den Lehrer, die unter Umständen verkünden, dass die Grenze der Leistungsfähigkeit erreicht oder überschritten ist oder dass sich der Bewegungsdrang steigert. Die erwähnten und notwendigen Erholungspausen betreffen dabei nicht nur die geistige Aufmerksamkeit, sondern genauso die körperliche Befindlichkeit und Befriedigung des Bewegungsdrangs.

Hinter Störungen stecken oft deutliche Botschaften der Schülerinnen und Schüler. Manche von ihnen sind in einem lesenswerten Aufsatz von Gottfried Bräuer (1993) dargestellt. Nach der Beschreibung von entwicklungspsychologischen und biologischen Grundlagen sollen nun genauere Betrachtungen und Folgerungen für den Unterricht dargestellt werden.

Berücksichtigung der Lernbiologie

Nach Frederic Vester bedingen unsere biologischen Voraussetzungen (unsere „Hardware") unterschiedliches und individuelles Lernen. So funktionieren die Verbindungen im Gehirn bei Spaß und Freude besonders gut, Stress bewirkt das Gegenteil. Neugierde, es ist kaum der Erwähnung wert, weil so selbstverständlich, fördert Denken, Lernen und Behalten. Wir beschäftigen uns gerne mit den Dingen, die vom Gehirn als interessant und „sinnvoll" erkannt werden, und unser Gehirn wird aufnahmefähiger. Frederic Vester kann als ein „Vater der Lernbiologie" angesehen werden.

Bevor ich näher auf Einzelheiten eingehe, liste ich einige Aussagen auf, warum die Lernbiologie so wichtig ist und welche Aufgaben sie erfüllt:

- Sie lässt uns das eigene Lernverhalten verstehen und führt zum Sinn des Lernens.
- Aus der Lernbiologie lassen sich Lerntechniken ableiten, die das Lernen einfacher und effizienter machen.
- Die Lernbiologie zeigt auf, dass oft falsches menschliches Verhalten für den ausbleibenden Lernerfolg verantwortlich ist.
- Die Lernbiologie ist die Grundlage für die Steigerung von Lernmotivation, Lernkapazität und Lernkompetenz.

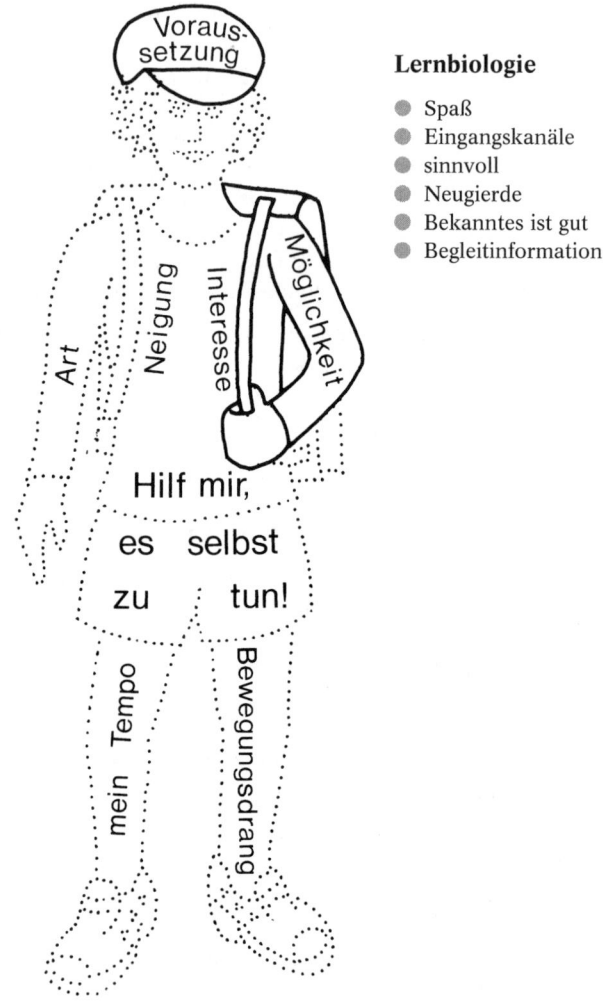

Lernbiologie

- Spaß
- Eingangskanäle
- sinnvoll
- Neugierde
- Bekanntes ist gut
- Begleitinformation

Auch den Schülerinnen und Schülern sollten solche Schwerpunktsetzungen bewusst sein oder durch uns bewusst gemacht werden. Dies kann erklärend, beschreibend oder zunächst bei Aufgabenstellungen durch Symbole verdeutlicht werden:

- ein stilisiertes Auge für den visuellen Typ,
- ein Ohr/Mund für den auditiven Lerntyp,
- eine Hand für den haptischen und
- ein Fragezeichen für den intellektuellen Lerntyp.

(Das Fragezeichen heißt dabei: sich selbst Fragen stellen und beantworten und sich dadurch weiterbringen.)

Entscheidend für einen Lernerfolg ist, dass den einzelnen Lerntypen auch adäquate Lernangebote zur Verfügung stehen: Ein optischer Lerntyp wird mit einer Strukturzeichnung oder einer kurzen strukturierten Auflistung beziehungsweise Zusammenstellung sehr viel mehr anfangen können als mit dem besten wohlformulierten Text. Einem akustischen Typ dagegen entsprechen solche Strukturen gar nicht. Er benötigt den wohlformulierten Text, den er sich entweder beim Lesen innerlich selbst vorspricht oder den er über das Ohr direkt aufnimmt. Was für den einen gut ist (zum Beispiel auch für die Lehrkraft), muss für den anderen, den anders veranlagten Schüler noch lange nicht gut sein. Wir Lehrerinnen und Lehrer, Sie als Leserin oder Leser bevorzugen unseren, Sie ihren optimalen Lernkanal, sowohl beim Aufnehmen als auch beim Arbeiten. Vielleicht hinterfragen Sie diesbezüglich auch mal Ihre Einstellung beziehungsweise nehmen Sie diese bewusst wahr.

Im Folgenden sollen noch einige weitere der von Vester aufgestellten Regeln aus der Lernbiologie genannt und bereits mit Folgerungen für die Unterrichtsarbeit verknüpft werden:

Der Lernstoff und seine Aufbereitung: Regeln aus der Lernbiologie nach F. Vester

1. Der Lernende soll die Lernziele kennen

Dem Lernenden müssen zu jedem Zeitpunkt Wert und Bedeutung eines Lernstoffes persönlich einsichtig sein. Nur dann werden Antrieb und Aufmerksamkeit geweckt, die Schüler zum Lernen motiviert, der Organismus auf „Aufnahme" gestimmt und der Inhalt sinnvoll gespeichert. Die Information wird „tiefer" verankert, weil dann über die kognitiven Verarbeitungsregionen der Gehirnrinde hinaus zum Beispiel auch das limbische System mit beteiligt ist.

■ Aus diesem Grunde ist es unabdingbar, dass wir den Schülerinnen und Schülern zu Beginn einer neuen Einheit neben dem Überblick über den Inhalt auch einen Überblick über die Arbeitsformen und die späteren Anforderungen beziehungsweise Lernziele ermöglichen.

| Anfangssituation | Mittelteil | Endsituation |

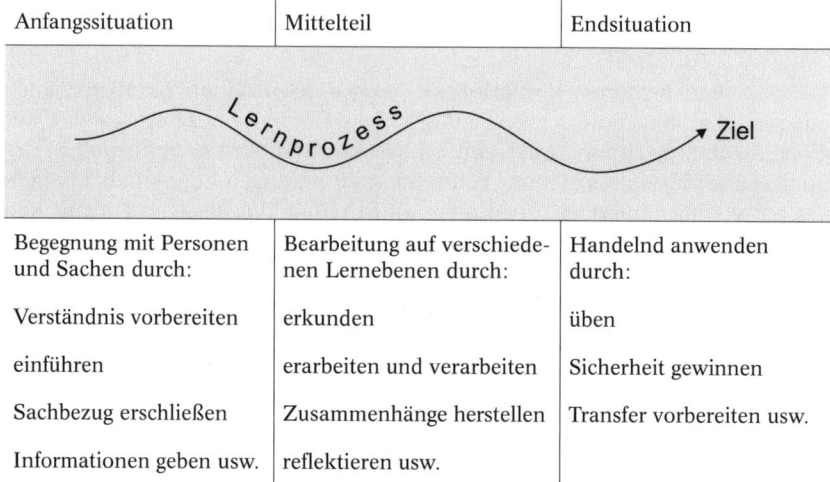

Begegnung mit Personen und Sachen durch:	Bearbeitung auf verschiedenen Lernebenen durch:	Handelnd anwenden durch:
Verständnis vorbereiten	erkunden	üben
einführen	erarbeiten und verarbeiten	Sicherheit gewinnen
Sachbezug erschließen	Zusammenhänge herstellen	Transfer vorbereiten usw.
Informationen geben usw.	reflektieren usw.	

2. Sinnvolles Curriculum: Das Wissen über die Nutzanwendung verbessert die Verankerung der Lerninhalte im Gehirn

Lernstoff, dessen Nutzanwendung weder aus seiner Beziehung zur Wirklichkeit noch aus vorhergehenden Lerninhalten einsehbar ist, wird bereits schlecht im Gedächtnis verankert (siehe oben). Darüber hinaus ist er später wertlos, da er isoliert gespeichert und deshalb für weitere Gedankenverbindungen nicht verfügbar ist.

Reihenfolge und Aufbau eines Themas oder Unterrichtsgebietes sind daher nach realen Lernzielen und nach ihrer Verständnisfolge zu gliedern und nicht nach fachsystematischen Gesichtspunkten.

■ Im Zusammenhang mit ganzheitlichen Angeboten wird den Schülerinnen und Schülern der Anwendungsbezug vorher oder spätestens mit dem Angebot aufgezeigt und damit die „Verarbeitung" und Speicherung erleichtert.

3. Aufbau von Neugierde kompensiert „Fremdeln"

Wo Neugier, Faszination und Erwartung fehlen, wird die so wichtige Lernbereitschaft für einen zunächst fremden Stoff nicht geweckt. Vielmehr löst die Konfrontation mit dem Ungewohnten dann über das Zwischenhirn und den Sympathikusnerv eine direkte Stimulation von Catecholaminen – auch in bestimmten Gehirnregionen – aus, was bei geringen Stressreizen vielleicht noch das Behalten, aber nicht das Verstehen ermöglicht und bei stärkeren Reaktionen zudem die Abwehrhaltung gegen den Lernstoff zementiert. Die

Konsolidierung und Verarbeitung der aufgenommenen Information kann nicht mehr erfolgen.

■ So sollte es den Schülerinnen und Schülern möglich sein, sich mit neuen Materialien, fremdem Stoff und neuen Lerninhalten auseinanderzusetzen und zu beschäftigen, bevor eine Aufgabenstellung formuliert wird und die Bearbeitung erfolgt. Mit dieser Vorgehensweise wird Neugierde aufgebaut.

4. Im Lernprozess ist es sinnvoll, Neues alt zu verpacken

Unbekannt = feindlich = Stress. Die dadurch ausgelöste negative Hormonlage blockert wie oben erwähnt das Denken und Kombinieren und verhindert, dass sich der Stoff assoziativ verankert. Vertraute „Verpackung" mildert dagegen die Abwehr gegen das Unbekannte und vermittelt darüber hinaus durch das Gefühl des Wiedererkennens ein kleines Erfolgserlebnis, und der Trend geht in Richtung lernpositiver Hormonlage.

■ Aus diesem Grund sollten im Unterricht und im Zusammenhang mit offenen Unterrichtsformen neue Inhalte in bekannten Lern- und Darstellungsformen angeboten werden. Wenn wir dagegen neue Lern- oder Darstellungsformen in den Unterricht einführen, ist es sehr sinnvoll, das im Zusammenhang mit einer bereits bekannten Thematik zu tun.

5. Das Skelett hat Vorrang vor dem Detail

Größere Zusammenhänge stehen hoffentlich immer irgendwie mit der alltäglichen Erlebniswelt, also mit Vertrautem, in einer direkten Beziehung. Eine solche Information ist durch ihre Einbettung in den Zusammenhang und die Einbindung in die Erlebniswelt der Schülerinnen und Schüler im Gegensatz zu fachgebundenen Details nie allzu fremd. Sie wird sich auf vielen Ebenen im Gehirn verankern können und ein empfangsbereites Netz für später angebotene Details bieten, sodass diese „saugend" aufgenommen werden.

■ Für den Unterricht heißt dies, dass sich die Schülerinnen und Schüler immer zuerst in einem Überblick ein Netzwerk bilden, in das später das Einzelwissen integriert wird. In einem freien Angebot erkennen die Schülerinnen und Schüler dies in der sichtbaren Struktur oder in der vorausgehenden überblicksartigen Vorstellung der Thematik. Die Beschäftigung mit anwendungsorientierten Fragestellungen, die der Vorbereitung auf die eigentliche Bearbeitung (auch der Schülerinnen und Schüler) dienen, unterstützt diese Netzwerkbildung ebenfalls.

6. Interferenz vermeiden

Zusatzwahrnehmungen ähnlichen Inhalts stören oft das Abrufen der innerhalb des Ultrakurzzeitgedächtnisses kreisenden Erstinformation. Sie lassen diese ohne feste Speicherungen abklingen und verhindern so das Behalten. Besser ist es, die Erstinformation ins Kurzzeitgedächtnis abzurufen, das heißt an bekannten Gedankeninhalten zu verankern, und dann erst „Variationen über das Thema" anzubieten.

■ Über ein offenes Angebot können sich die Schülerinnen und Schüler zunächst Erstinformationen abholen, Variationen sind dann zum Beispiel erst beim Bearbeiten der nächsten Arbeitsstation möglich, zeitlich außerhalb des Ultrakurzzeitgedächtnisses.

7. Erklärung von Zusammenhängen vor der Einführung von Begriffen

Durch eine Erklärung von Tatsachen oder Zusammenhängen (ohne noch den zu erklärenden Begriff zu nennen) werden entsprechend der fünften Regel bereits bekannte Assoziationsmuster geweckt, an denen dann der eigentliche neue Begriff – auf den man nun neugierig ist – fest verankert werden kann.

■ Ein Überblick, das Kennenlernen von Stoffgebieten, ohne sich bereits mit den Feinheiten zu beschäftigen, bahnt die Notwendigkeit und spätere Verwendung von Fachbegriffen an. Erst nach der ganzheitlichen Betrachtung erfolgt die Fokussierung auf Feinheiten und bei Beschreibungen erfahren die Schülerinnen und Schüler die Vorteile eindeutiger Begrifflichkeit sowie die dann mögliche Vereinfachung der Beschreibung.

8. Zusätzliche Assoziationen

Durch veranschaulichende Begleitinformationen und Beispiele erhält eine neue Information gleichsam ein Erkennungssignal für das Gehirn. Operationale (anschauliche) Darstellung lässt weitere Eingangskanäle und sonst nicht benutzte haptische und motorische Gehirnregionen mitschwingen. Das garantiert bessere Übergänge ins Kurzzeit- und Langzeitgedächtnis und bietet vielseitigere Möglichkeiten, die Informationen später abzurufen.

■ Denselben Sachverhalt auf verschiedenen Ebenen anzubieten lässt nach der Bearbeitung bei den Schülerinnen und Schülern neue Assoziationen und Denkmuster entstehen, welche die Speicherung und natürlich auch die „Speicherwiedergabe" verbessern.

9. Lernspaß

Spaß und Erfolgserlebnisse sorgen für eine lernpositive Hormonlage und damit für ein reibungsloses Funktionieren der Synapsen und des Kontaktes zwischen den Gehirnzellen. Daher werden mit positiven Erlebnissen verknüpfte Informationen besonders gut verarbeitet und verstanden und ebenfalls wieder vielseitig (und somit „anwendungsbereiter") im Gedächtnis verankert.

▣ Wer erinnert sich an die noch so schöne Einführung eines Stoffes in seiner eigenen Schulzeit? Es sei denn, eine sehr lustige Begebenheit lässt sich mit der damaligen Einführung verbinden. Spaß wird in diesem Zusammenhang mit Freude und Erfolgserlebnissen gleichgesetzt, unterstützt das Verankern und ist dann in einem differenzierenden Angebot für alle Schülerinnen und Schüler aufbaubar.

10. Viele Eingangskanäle

Den Lernstoff über möglichst viele Eingangskanäle anbieten, einprägen und verarbeiten. Je mehr Wahrnehmungsfelder im Gehirn beteiligt sind, desto mehr Assoziationsmöglichkeiten für das tiefere Verständnis werden vorgefunden, desto größer werden Aufmerksamkeit und Lernmotivation und desto eher findet man die gelernte Information wieder, wenn man sie braucht.

▣ Diese Regel spricht ausnahmslos dafür, dass derselbe Stoff, derselbe Lerninhalt auf möglichst vielen Wahrnehmungsfeldern angeboten werden sollte. Nur Texte oder nur Worte bilden dabei immer nur das Angebot für einen Eingangskanal.

11. Verknüpfung mit der Realität

Den Lerninhalt möglichst viel mit realen Begebenheiten verbinden, sodass er wie in Punkt 7 „vernetzt" verankert wird. Werden reale Erlebnisse angesprochen, so wird der Lerninhalt trotz zusätzlicher Information eingängiger (Aufnahme als „Muster" statt als „lineare Folge"). Bei der anschließenden Verfestigung des Gelernten (Konsolidierung) wirkt dann die reale Umwelt als unentgeltlicher und unbemerkter „Nachhilfelehrer", weil sie das Gelernte zum Mitschwingen bringt.

▣ In der Sekundarstufe I ist schon aus der Sicht des intellektuellen Wissensstandes nach Piaget die Verknüpfung der Lerninhalte mit konkreten Ansätzen und der Realität unabdingbar. Diese konstant gefragte Verknüpfung mit der Realität, also dem Leben in und außerhalb der Schule, erfährt ihre Notwendigkeit ebenfalls aus der Lernbiologie.

12. Wiederholung neuer Information in sinnvollen Abständen

Jeder Lernstoff sollte in Abständen wiederholt angeboten werden. Wenn eine Information wiederholt über das Ultrakurzzeitgedächtnis (aber nicht innerhalb der Zeitspanne des UZG) aufgenommen wird, kann sie mit mehreren vorhandenen Gedächtnisinhalten assoziiert werden. Vorstellungen und Bilder werden geweckt, die die vielen Wahrnehmungskanäle eines echten Erlebnisses teilweise ersetzen und eine Einkanal-Information wenigstens innerlich zur Mehrkanal-Information, quasi zu einem inneren Erlebnis, machen.

■ In einem offenen Angebot erhalten die Schülerinnen und Schüler schon alleine durch das Angebot selbst täglich eine Wiederholung. Durch ein umfassendes Angebot, also mehreren Aufgabenstellungen zu einer Thematik innerhalb unterschiedlicher Teilinhaltsgebiete, verstärkt sich dieser Effekt noch.

13. Dichte Verknüpfung

Eine dichte Verknüpfung aller Fakten eines Unterrichts, eines Buches oder einer Aufgabe miteinander stärkt die Punkte 4, 5, 8, 10 und 11, vermittelt Erfolgserlebnisse und fördert das Behalten wie auch das kreative Kombinieren ohne zusätzlichen Aufwand. Eine solche Verknüpfung und Abstimmung gilt natürlich auch für diese 13 Punkte selbst. Man sollte sie für jeden praktischen Fall abwägen und mit dem jeweiligen Lerntyp in Einklang bringen.

Entscheidend und zusammenfassend sind bezüglich der Eingangskanäle und der Lernbiologie folgende Gesetze heute unumstritten:

■ Die Beteiligung von möglichst vielen Sinnesorganen und damit Eingangskanälen beeinflusst Lernvorgänge positiv.

■ Ein Wechsel der Eingangskanäle ist trotz der individuell beliebtesten Lernart für den Lernprozess von Vorteil.

■ Individuelle Lerngewohnheiten können unter pädagogischer Anleitung weiter entwickelt und verändert werden, indem zum Beispiel andere Eingangskanäle stärker beachtet werden.

■ Unsere Sinne entscheiden über unsere Empfangsbereitschaft. Wir müssen daher alle Sinnestypen ansprechen – und in jedem alle Sinne.

■ Je sinnlicher die Botschaft, desto größer ist die Lust beim Empfänger, das heißt, unsere „Botschaften", unsere Angebote sollten strahlen, duften, schmecken, klingen und sich reiben.

■ Die direkte Auseinandersetzung mit dem Lerngegenstand, der Materie, ist durch keine Technik zu ersetzen. Der handelnde Umgang ist auch durch die beste Möglichkeit, sich das Fachwissen gedanklich anzueignen, nicht zu ersetzen. (Klavier spielen lernt man eben weder durch das Zuhören noch durch das Zusehen; mit vielen Unterrichtsinhalten verhält es sich genauso.)

Zusammenfassend sei zum Menschen und seinem Gehirn erwähnt, dass wir nicht nur zwei Augen und zwei Ohren, sondern auch einen zweigeteilten Geist haben. Sprechen, Lesen, Schreiben, Analysieren, logisches Schließen und Abstrahieren sind alles Dinge der linken Gehirnhälfte. Die rechte Hemisphäre dagegen beheimatet eher unsere intuitiven Kräfte. Mit ihrer Hilfe können wir träumen, erfassen wir Ähnlichkeiten, denken uns in fremde Welten hinein. Auch musische Begabungen resultieren meist aus einer rechtsseitig dominierten Gehirnstruktur, strenge Rationalisten sind meist linksseitig geprägt. Die Unterschiede beschränken sich jedoch nicht nur auf die verschiedenen Funktionen der beiden Hemisphären, sondern beeinflussen, ob wir lieber logisch oder analytisch, lieber ganzheitlich oder sprunghaft denken.

Wie immer wir aber auch denken: Jeder Mensch hat unterschiedliche geistige Stärken und Schwächen. Daher kommt es darauf an, seine Stärken durch die richtigen Aufgaben zu fordern und zu fördern. Eine kurze und zusammenfassende Darstellung der Schwerpunktsetzungen im menschlichen Gehirn, unter Beachtung der Hemisphärenspezialisierung ist bei Barbara Meister Vitale (1996, Seiten 10 und 12) zu finden. Gleichzeitig werden von dieser Autorin Erkennungsmuster für entsprechende Dominanzen und ganz praktische Hilfen für die Verbesserung des Lernens angeboten.

Linke Hemisphäre	Rechte Hemisphäre
Fähigkeiten unter dem Gesichtspunkt der Hemisphärenspezialisierung	
Handschrift	haptische Wahrnehmung
Symbole	räumliches Empfinden
Sprache	Formen und Muster
Lesen	Gesang und Musik
Laute	Farberkennung/-unterscheidung
Differenzierung von Details und Fakten	Mengen und mathem. Zahlenverständnis
einfaches Zahlenverständnis	künstlerischer Ausdruck
Erzählen und Berichten	kreative Eingebungen
Aufgaben erledigen	Visualisation
Zuhören	Gefühle
Gegenüberstellung von linken und rechten Bewusstseinsformen	
linear	holistisch/ganzheitlich
symbolisch	konkret
sequenziell	zufällig/planlos
logisch	intuitiv
verbal	nonverbal
realitätsorientiert	fantasievoll
zeitbezogen	zeitlos
abstrakt	analog

Bernard Cleveland bietet neben der Information über das Lernen und die Arbeitsweise des Gehirns in seinem Buch „Das Lernen lehren" (1992) ein umfangreiches Programm an, um erfolgreiche Unterrichtstechniken kennen zu lernen, die den unterschiedlichen Eingangskanälen und der Arbeitsweise des Gehirns besonders entsprechen.

Motivation

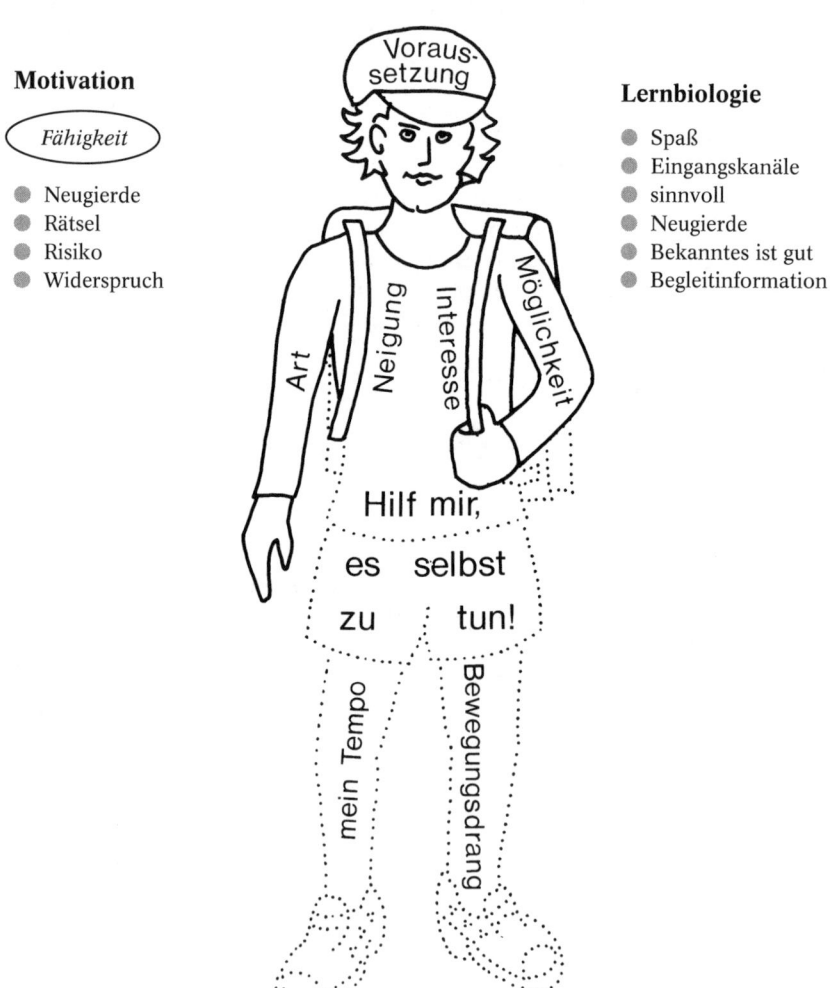

Motivation

(*Fähigkeit*)

- Neugierde
- Rätsel
- Risiko
- Widerspruch

Lernbiologie

- Spaß
- Eingangskanäle
- sinnvoll
- Neugierde
- Bekanntes ist gut
- Begleitinformation

Voraussetzung

Art Neigung Interesse Möglichkeit

Hilf mir, es selbst zu tun!

mein Tempo Bewegungsdrang

Voraussetzung für Motivation ist die Einsicht im Zusammenhang mit der Fähigkeit, die gestellte Aufgabe erledigen zu können. In anderen Worten: Wenn jemand sich *nicht* in der Lage fühlt, die von ihm erwartete Leistung auch zu erbringen, kann er keine Motivation aufbauen. Schon alleine diese Erkenntnis verlangt in der Schule unterschiedliche Angebote, damit – hoffentlich – jede Schülerin und jeder Schüler den Ausgangszustand der „Fähigkeitserkenntnis" erreichen kann.

Dieses Phänomen kann man im Unterricht oft und leicht beobachten: Ein auf den Durchschnitt der Klasse ausgerichteter Unterricht lässt bei etwa der Hälfte eine gute Motivation bei neu gestellten Aufgaben erkennen. Diese Schülerinnen und Schüler fühlen sich „fähig", die gewünschte Arbeit zu leisten, und nehmen dann bereits die in der Aufgabe steckende Motivation an. Die andere Hälfte der Schülerinnen und Schüler fühlt sich für die Erledigung der gestellten Aufgabe unfähig, ist eher desinteressiert, zeigt keine oder nur geringe Motivation. Sie sehen sich mit einer Aufgabenstellung konfrontiert, der sie sich nicht gewachsen fühlen. Sie haben keine „Fähigkeitserkenntnis" und bauen damit auch keine Motivation auf.

Je nachdem, ob dies nun die Neugierde ist, die zur Bearbeitung drängt, ein festgestellter Widerspruch, ein zu lösendes Rätsel oder einfach das Risiko, sonst nicht anerkannt zu werden oder nicht weiterzukommen, es sind damit nur die verschiedenen Arten der Motivation umschrieben, die noch etwas genauer definiert beziehungsweise beschrieben werden sollen:

Menschen sind grundsätzlich neugierig und wenden ihre Aufmerksamkeit gerne neuen und unbekannten Sachverhalten zu; dies nutzt der *Neuigkeitseffekt*. Im Umgang mit Schülerinnen und Schülern und mit Erwachsenen zeigt sich zum Beispiel, dass sie sich aus einem bereitliegenden Material eher um etwas bemühen, das versteckt liegt, als um eine Information, die frei zugänglich ist und damit als „bekannt" eingestuft wird.

Menschen setzen sich auch gerne mit schwierigeren Dingen auseinander, besonders wenn dies auch noch in spielerischer Form geschieht. Nur so ist die Freude an Ratespielen, Geschicklichkeitsspielen oder Kreuzworträtseln zu erklären. Diesen *Rätseleffekt* im Unterricht zu nutzen schafft bei den Lernenden die Motivation, sich auch mit schwierigeren Sachverhalten auseinanderzusetzen.

Menschen versuchen meist, die sie umgebende Welt gedanklich zu ordnen. Stoßen sie dabei auf Widersprüche, versuchen sie, diese aufzulösen. Wenn wir es als Lehrende schaffen, gedankliche Ordnungsmuster in Frage zu stellen, auf Widersprüche hinzuweisen oder diese zu initiieren, erzeugen wir Motivation, weil der Lernende um Auflösung beziehungsweise Erklärung bemüht sein wird. Eine Aufgabe darzustellen und drei Lösungen anzubieten nutzt zum Beispiel genau diesen Effekt aus, den Professor Dr. Diethelm Wahl in einem unveröffentlichten Manuskript als *Widerspruchseffekt* dargestellt hat.

Von ihm wurde auch der *Risikoeffekt* beschrieben: Menschen möchten sich weiterentwickeln, ihre Fähigkeiten steigern. Aus diesem Grund suchen sie immer wieder Herausforderungen, die selbstverständlich auch das Risiko des Scheiterns beinhalten. Derartige Herausforderungen in den Unterricht einzubauen schafft bei den Lernenden Motivation, sich diesem Risiko auszusetzen, und steigert damit die Anstrengungsbereitschaft erheblich.

Von der Verhaltenspsychologie wird noch die intrinsische (von innen kommende) und die extrinsische (von außen beeinflusste) Motivation unterschieden. Sicher ist, dass intrinsische Motivation, sie wirkt aus dem Menschen heraus, die größere ist und dass sie vor allem dauerhafter und tragfähiger ist. Extrinsische Motivation wirkt auf uns ein und verschwindet daher auch sehr schnell wieder, wenn die Wirkung von außen nachlässt. Im Unterricht lässt sich diese Situation sehr oft beobachten und äußert sich zum Beispiel im Verhalten von einzelnen Schülerinnen und Schülern oder einer ganzen Klasse, die sich zumindest zeitweise selbst überlassen ist. Wenn die Schülerinnen und Schüler an etwas arbeiten, ohne dass ein äußerer Druck (Anwesenheit der Lehrerin oder des Lehrers, angesagte Klassenarbeit oder Ähnliches) besteht, kann meist auf eine intrinsische Motivation geschlossen werden, unselbstständiges Arbeiten und nur bei dauerndem Druck oder bei „Draufsicht" lässt überwiegend extrinsische Motivation vermuten, sofern man dann überhaupt noch von Motivation reden kann.

Unsere Welt wird überwiegend von äußeren Motiven dominiert. Diese in innere Motive zu verwandeln ist die hohe Kunst der Menschenführung.

Aus all den bisher gemachten Aussagen lassen sich die Lernformen ableiten, die notwendig sind, um auf sicheren Beinen zu stehen.

Lernformen

Motivation

Fähigkeit

- Neugierde
- Rätsel
- Risiko
- Widerspruch

Lernbiologie

- Spaß
- Eingangskanäle
- sinnvoll
- Neugierde
- Bekanntes ist gut
- Begleitinformation

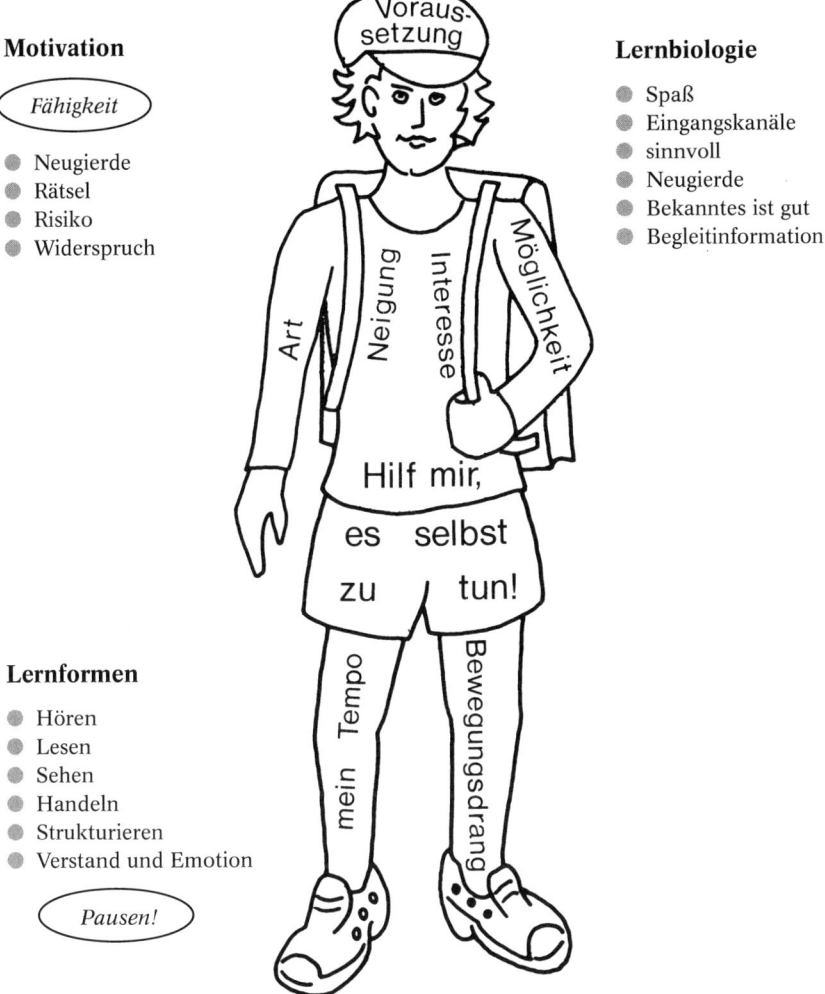

Voraussetzung

Art Neigung Interesse Möglichkeit

Hilf mir, es selbst zu tun!

mein Tempo Bewegungsdrang

Lernformen

- Hören
- Lesen
- Sehen
- Handeln
- Strukturieren
- Verstand und Emotion

Pausen!

Unterschiedliche *Lernformen* berücksichtigen die Vorgaben der Lernbiologie und sind daher in Kurzform beschrieben:

■ Angebote zum Hören, Lesen, Sehen, Beobachten, Handeln und Begreifen machen. Die folgende Grafik macht eine Aussage zur Speicherkapazität beim Durchschnittsmenschen:

Der Mensch speichert (behält) von dem, was er ...

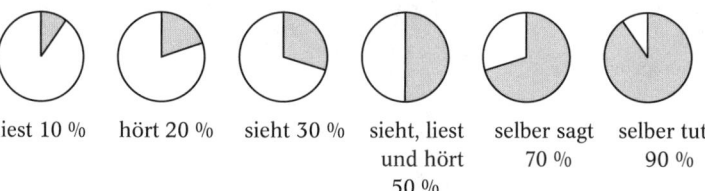

| liest 10 % | hört 20 % | sieht 30 % | sieht, liest und hört 50 % | selber sagt 70 % | selber tut 90 % |

■ Angebote, bei denen Inhalte strukturiert werden, müssen ebenfalls als Lernform berücksichtigt und akzeptiert werden. Lassen Sie nicht immer nur Inhalte ergebnisorientiert bearbeiten.

Menschen können komplizierte und vielfältige Lernstoffe besser verstehen und behalten, wenn sie geordnet und strukturiert sind. Selbst solche Strukturen zu finden heißt, dass ich nicht nur vorhandene Strukturen übernehme, sondern mich mit den Strukturen auch auseinandersetze. Damit ist eine Verknüpfung mit der individuellen eigenen Wissensstruktur besser möglich.

■ Verstand und Emotion beim Lernen beteiligen
Damit sind beide Gehirnhälften angesprochen und wirken zusammen. Wichtig ist nur, dass positive Gefühle (Freude, Interesse, Erfolg) vorherrschen, da sie das Lernen erleichtern, und negative Gefühle (Angst, Anspannung usw.) als lernhemmend vermieden werden.

■ Pausen als einen Teil des Lernens und damit auch als Lernform anerkennen.

Sozialformen

Motivation

(*Fähigkeit*)

- Neugierde
- Rätsel
- Risiko
- Widerspruch

Lernbiologie

- Spaß
- Eingangskanäle
- sinnvoll
- Neugierde
- Bekanntes ist gut
- Begleitinformation

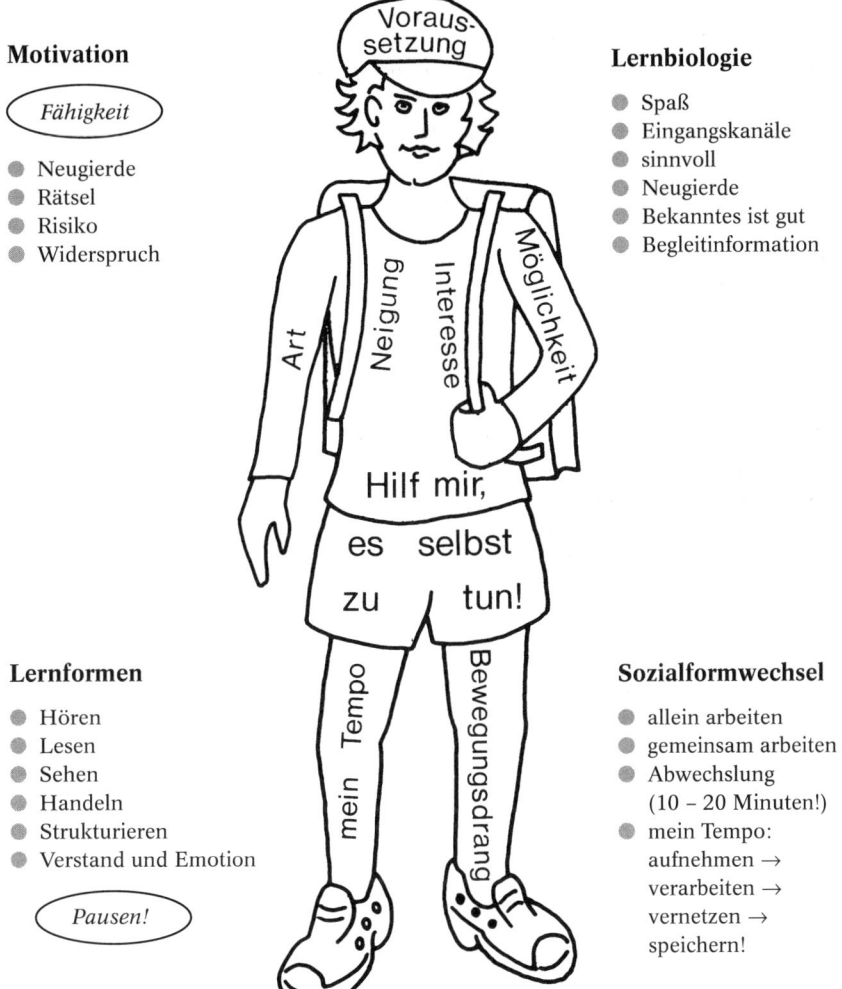

Lernformen

- Hören
- Lesen
- Sehen
- Handeln
- Strukturieren
- Verstand und Emotion

(*Pausen!*)

Sozialformwechsel

- allein arbeiten
- gemeinsam arbeiten
- Abwechslung
  (10 – 20 Minuten!)
- mein Tempo:
  aufnehmen →
  verarbeiten →
  vernetzen →
  speichern!

Nimm mich, wie ich bin!

Denselben Einfluss auf das Lernen haben auch die *Sozialformen,* die situationsbedingt gewechselt werden sollen.

Der Mensch ist beides, ein Einzelwesen und ein Gemeinwesen. Das heißt, dass ihm beide Sozialformen entsprechen und es notwendig ist, alleine zu arbeiten und gemeinsam zu arbeiten. Der Respekt vor dem einzelnen Schüler und vor der einzelnen Schülerin sollte uns daran hindern, die Sozialform immer festzulegen beziehungsweise zu bestimmen. Hier ab und zu mehr Offenheit anzubieten und den Schülerinnen und Schülern die Entscheidung zu überlassen kommt diesem Urbedürfnis entgegen. Vielleicht sind hier die üblichen fünfzehn bis zwanzig Minuten eine Richtschnur für eine Sozialform und vielleicht hatten „unsere" Schulräte bei Unterrichtsbesuchen gar nicht so Unrecht, wenn für sie der Sozialformwechsel eine so zentrale Bedeutung hatte. Heute, so denke ich, müssen wir dies nicht mehr immer von außen bestimmen. Bei entsprechender Offenheit finden Schülerinnen und Schüler ihren Rhythmus selbst. Nur bei extremen Beobachtungen, zum Beispiel wenn Schülerinnen oder Schüler laufend wechseln, nur alleine arbeiten, immer nur einen Partner oder eine Gruppe suchen, der sie sich anhängen oder die sie führen, dann sollten wir behutsam eingreifen. Selbstverständlich hat es eine andere Bedeutung, wenn ich zum Beispiel Gruppenarbeit an sich lernen oder üben möchte, dann ist eine Festlegung unabdingbar.

Möglicherweise lassen sich ja durch unterschiedliche Sozialformen Phasen des Aufnehmens, Verarbeitens, Vernetzens und natürlich des Speicherns geschickt einbauen und zum Teil auch innerhalb einer Gruppe ideal aufteilen. Bei freier Wahl der Sozialform kommt dem unterschiedlichen Lerntempo der Schülerinnen und Schüler nur noch untergeordnete Bedeutung zu. Jede Schülerin und jeder Schüler lernt zum Beispiel in Einzelarbeit in seinem eigenen Lerntempo, kann die Phasen für sich individuell gestalten: Phasen der Informationsaufnahme, des Verarbeitens und des Vernetzens. Wichtige Voraussetzung für das Lernen, für eine Anerkennung und Wertschätzung des Lernenden ist die von Maria Montessori formulierte Grundmaxime *„Hilf mir, es selbst zu tun"* und die Akzeptanz der Aussage eines beliebigen Menschen: *„Nimm mich, wie ich bin!"*

Besondere Beachtung schwächerer Schülerinnen und Schüler

In diesem Abschnitt will ich „dem Hauptschüler" und lernschwachen Schülerinnen und Schülern an weiterführenden Schulen besondere Aufmerksamkeit widmen, und zwar aus folgendem Grund:

Einem begabten und/oder lernstarken Menschen können eher auch unpassende Lernformen und Lerninhalte zugemutet werden als einem weniger begabten. Unabhängig davon sind die folgenden Aussagen sicherlich auf alle Schülergruppen übertragbar, ebenso das folgende Ziel:

„Es sollen dem Schüler besondere Hilfen zur persönlichen Entfaltung durch lebensnahe und schülergemäße Aktivitäten gegeben werden."

So steht es im Bildungsplan für die Hauptschule in Baden-Württemberg und sinngemäß in fast allen Leitlinien, Lehrplänen oder sonstigen Rahmenpapieren der Bundesländer für vergleichbare Schülergruppen.

Forderungen für inhaltliche Betrachtungen und die Unterrichtsgestaltung

Daraus leite ich in Anlehnung an die individuellen Voraussetzungen und die Lernbiologie einige Forderungen für inhaltliche Betrachtungen und die Unterrichtsgestaltung ab:

Wenn wir das im baden-württembergischen Bildungsplan genannte Ziel betrachten, so glaube ich, wird uns schnell klar, dass diese Aufgabe nicht durch punktuelle Ansätze zu verwirklichen ist; auch nicht durch einzelne Angebote im AG-Bereich oder sonstige zusätzliche Unterrichtsangebote. „Hilfe zur persönlichen Entfaltung" müssen wir wohl jedem Schüler immer wieder neu zukommen lassen. Sie muss ihn wohl ständig begleiten. Gleichzeitig bedeutet dieses Ziel, dass der Hauptschüler als Ganzes angenommen wird, ebenso wie alle Schülerinnen und Schüler der Orientierungsstufe und vermutlich der ganzen Sekundarstufe I.

Passt dazu eine Vorstellung von Schule, die sich vornehmlich am Unterrichten, am Weitergeben und Vermitteln von stofflichem Fachwissen orientiert und die meint, dass sie allein oder doch fast ausschließlich den richtigen Begriff davon habe, was der Schülerin und dem Schüler bekömmlich und förderlich sei?

Dies ist dann sicher eine Schule, die ein genaues Verständnis von sich und ihrem Wollen, von ihrem Angebot und den „optimalen" Vermittlungsweisen hat, die aber die Schüler und Schülerinnen oft weitgehend aus dem Blickfeld verloren hat.

Wer sich eher in die Position dessen einzufühlen bemüht, um dessentwillen Schule veranstaltet wird, dem kann nicht verschlossen bleiben, wie sehr sich Schule dort von den Schülerinnen und Schülern entfernt hat, wo ihr Angebot allein oder zumindest überwiegend von den Fachinhalten und ihren Vermittlungsweisen geprägt oder gar regiert wird.

Die Schule insgesamt und die Hauptschule im Besonderen muss deshalb darauf geprüft werden, ob sie sich auch tatsächlich an der Fragewelt, den Lebensproblemen und Interessen der Schülerinnen und Schüler entwickelt, ob sie deren Lebens- und Erfahrungsraum einbezieht.

Forderungen für die Gestaltung von Schule und Unterricht

Angebote müssen in der Thematik Schülerinteresse aufnehmen oder entwickeln.

Zum einen kommen wir sicher schon wesentlich näher an die Interessen der Schüler und Schülerinnen heran, wenn wir ihnen *öfters aufmerksam zuhören*, sie in Gespräche verwickeln, die nicht immer nur schulische Belange als einziges Thema kennen.

Zum anderen müssen wir ihr *Interesse entwickeln, ihre Neugierde anstacheln und sie motivieren, indem wir die Thematik für sie interessant machen.*

Beispiele könnten sein:

- „Wie funktioniert die Geschwindigkeitsmessanlage der Polizei", statt der einfachen Angabe „Geschwindigkeiten"
- „Was könnte ich aus meinem Taschengeld machen" oder „Zinsen sind auch Geld", statt der schlichten Feststellung „Zinsrechnung".
- „Mit dem Mikroskop in die Miniwelt" hat sicher einen höheren Aufforderungscharakter als …

Das oft latente Schülerinteresse braucht Hilfe zur Entwicklung und Formulierung.

Wir können das Schülerinteresse nicht einfach durch Fragebogen oder verbal abfragen, obwohl dies auch schon ein großer Fortschritt wäre. Schülerinnen und Schüler benötigen *Zeit, die behutsame Anleitung* der Lehrerin oder des Lehrers, *ihre Aufmerksamkeit, ihre Geduld, ihr eingebendes Hören*, um die eigenen Interessen und Neigungen, die vielleicht auch bisher schon schlummerten, zu erkennen und dann in Worte zu fassen. Wie Godjons (1986) auch mit anderer Blickrichtung formulierte: „Interessen sind nicht mit einem Schlag da, sie entwickeln sich insbesondere durch erste Handlungserfahrungen."

Angebote müssen ziel- und produktorientiert sein.

Hauptschüler und viele Schülerinnen und Schüler anderer Schularten, jedenfalls die meisten der Orientierungsstufe, lernen und arbeiten in der Regel nicht in dem Bewusstsein, dass sie etwas in ihrem späteren Leben einmal brauchen, sondern weil sie *jetzt* an einer Sache interessiert sind und weil sie bald ein Ergebnis sehen wollen. Dem müssen wir Rechnung tragen, dass sie Freude am Geschaffenen jetzt erleben wollen. Die Ausdauer und die Kraft für das auf fernere Zukunft gerichtete Lernen muss erst langsam wachsen.

Ergebnisse müssen für den Schüler einen Sinn haben und öffentlich werden.
Das Produkt der Arbeit muss eine *Funktion* erfüllen und einen echten *Sinn*
haben. Diesen gewinnt es, wenn es zum Beispiel in eine Ausstellung eingeht,
in die Schülerzeitung, als kleine Theateraufführung in einen Elternabend, in
die Arbeit der ganzen Klasse oder wenn es eine „Ernstfallaufgabe" darstellt.

Eine Arbeit hat auch dann einen Sinn, wenn die dabei gewonnene Einsicht,
Fertigkeit oder Geschicklichkeit zum Beispiel in die Fahrradreparatur im
„Privatleben" eingebracht werden kann. Öffentlichkeit bedeutet für die Schülerin und den Schüler Ernstfall, Bestätigung und Ansporn. Wir sollten sie
deshalb in der Schule auch nicht als reine Effekthascherei diffamieren.

*Angebote müssen dem Durchhaltevermögen der Schülerinnen und Schüler
angepasst sein.*
Hier sollten *begrenzte Aufgabenbereiche* im Vordergrund stehen. Deren Ziel
muss für Schüler erreichbar erscheinen und in einem absehbaren Zeitraum
verwirklicht werden können. Lieber nach bewusst gesetzter Zäsur ein anderes
Angebot, einen neuen Inhalt, eine Erweiterung bisheriger Erfahrungen anschließen, wiederum überschaubar und wiederum zeitlich begrenzt.

Angebote sollten handlungsorientiert sein.
Hier können wir Hilfestellung zur Entwicklung von Schülerpersönlichkeiten
bieten: Schülerinnen und Schüler der Hauptschule und leistungsschwächere
überhaupt haben ihre persönliche Stärke weniger in sprachlichen oder theoretischen Bereichen, sondern häufiger in praktischen Tätigkeiten. Die Hauptschule hat trotz allem scheinbar ein gerüttelt Maß an theoretischen Kenntnissen als Bildungsziele und bietet scheinbar nur wenige Bereiche, die die
praktische Veranlagung ihrer Schüler und Schülerinnen ansprechen. Deshalb
sollten bewusst Inhalte daraufhin durchleuchtet werden und derartige *handlungsorientierte Angebote* und Arbeitsweisen deutlich im Vordergrund stehen.

Die Schule muss sich nach außen hin öffnen.
Hier sind sicherlich vielfältige Überlegungen einzubeziehen: Auf der *Inhaltsebene* sind dies aktuelle Anlässe, das Umfeld der Schülerinnen und Schüler,
das Leben, in das sie und ihre Lehrerinnen und Lehrer eingebunden sind. Alles
interessante Angebote, die wir aufnehmen oder einbeziehen müssen.

Einbeziehung von Eltern als Experten oder als gleichwertige Helfer, die
mündige und Verantwortung tragende Mitgestaltung übernehmen.

Außerschulische Lernorte können ihr eigenes Lern- und Bildungsangebot
entfalten: Erkundungen, Besuche in Institutionen, selbstständige Recherchen
usw. helfen uns, die Ereignisse vor Ort zu erleben.

Sich die Unterschiede bewusst zu machen
Kein einziger Mensch auf der Welt denkt, lernt und speichert so wie ich, wie
Sie als Leserin oder Leser. Die gewünschte Akzeptanz meiner Art sollte ich
auch auf die Ansprüche meiner Mitmenschen übertragen.

Hauptschüler und Realschülerinnen denken und lernen anders als wir, sonst
gingen sie (in der heutigen Zeit besonders) genauso wie wir früher auf das
Gymnasium. Gymnasiasten haben vielleicht Grundlagen, die unserem Denken
und Lernen eher entsprechen. Jedoch haben auch sie unsere Lebenserfahrung
noch nicht und zusätzlich sind sie einfach (noch) anders als wir.

Zusammenfassende Aussagen über das Denken, das Lernen und das Üben

Als Abschluss der Überlegungen zu den Voraussetzungen bei Schülerinnen
und Schülern folgt hier eine Zusammenstellung der Kernaussagen dieses
Kapitels in Anlehnung an Vester (1978) und Speichert (1985, hier: Seite 13):

> *„Und vor allem müssen wir den Lehrerinnen und Lehrern sagen, dass
> es ganz normal ist, wenn sie wochenlang geübt haben und hinterher
> können die Schüler weniger als zuvor"*, schreibt Horst Speichert, *„nicht
> weil es so sein müsste, sondern weil es so häufig vorkommt."*

1. Ähnlichkeitshemmungen

Gemeint sind zunächst Unterscheidungsübungen, wie man sie oft in Büchern
findet und auch oft selbst praktiziert: „Unterscheide zwischen ... ss, ß und
weichem s" usw., was mit der reformierten Rechtschreibung zwar ein geringe-
res Problem, aber nicht beseitigt wurde. Die Folge derartiger Unterscheidungsübungen ist, dass über den richtigen Gebrauch der gerade geübten Kombinationen die totale Verwirrung ausbricht; selbst bei Schülern, die vorher schon
eine gewisse Sicherheit erworben haben, geht diese verloren.

2. Lernen mit allen Sinnen

Die Erinnerung ist nicht nur an Einzelheiten, an Begriffe, an Zahlen usw.
knüpfbar, sondern häufig auch an das Drumherum. Dieses Drumherum kann
auch eine Hilfe beim Verankern und beim Abrufen eines Lernstoffes sein. Was
nur über einen Eingangskanal in das Gehirn gelangt, hat dort auch nur einen
„Ankerplatz". Was dagegen über mehrere Eingangskanäle in unser Gehirn
gelangt, zum Beispiel über das Auge, das Fühlen der Hand, über die Nase,

vielleicht in Verbindung mit einer schönen Erinnerung an eine lustige Begebenheit, hat damit mehrere Ankerplätze, die zudem miteinander vernetzt sind.

Primär- und Sekundärinformationen sind nicht einfach voneinander zu trennen, da der eigentliche Lerninhalt sich während des Lernens mit den Wahr-
nehmungen und Gefühlen in der konkreten Lernsituation und damit auch mit
einer Vielzahl von weiteren Gehirnzellen und Erinnerungsfeldern verknüpft.
Dabei ist es besonders vorteilhaft, wenn neue Lerninhalte auch mit vertrauten
oder angenehmen Assoziationen verknüpft werden.

3. Die Beteiligung beider Gehirnhälften

Roger W. Sperry erhielt 1981 den Nobelpreis für seine Entdeckung, dass beide
Gehirnhälften unterschiedliche Aufgaben wahrnehmen:

a) Jede Gehirnhälfte steuert jeweils die gegenüberliegende Körperseite.
b) Die rechte Gehirnhälfte besitzt die Fähigkeit zum konkreten Denken, zum
   Erfassen räumlicher Zusammenhänge und zum Verständnis realer Situationen sowie für kreative und intuitive Entscheidungen.
c) Die linke Gehirnhälfte beheimatet die Aggressionen und auch die Fähigkeit
   zum analytischen Denken. Dort wird auch abstraktes Wissen (Begriffe und
   Wörter) abgelegt.

Dieses kognitive Wissen ist nur schwer wieder zu finden, wenn in anderen
Teilen des Gehirns nichts „mitschwingt". Dieses Mitschwingen, also die Beteiligung der rechten Gehirnhälfte, könnten wir in „künstlichen" Lernsituationen
erreichen, wenn wir uns von den eher abstrakten Inhalten konkrete Vorstellungen machen, die sie ergänzen. Das Lernen in der Wirklichkeit beinhaltet
dieses „Mitschwingen" bereits als eingebauten Automatismus.

So funktionieren auch die von alters her bekannten „Eselsbrücken", da Wohl-
klang und Rhythmus des Reims einen „Hof" um den Inhalt erzeugen und damit
andere Hirnpartien an der Aufnahme beteiligen.

4. Stress-Hormone blockieren das Gehirn
a) Die Bilder kommen gar nicht an.
b) Zu viel Fremdes macht Stress.

5. Das Gegenteil von Stress: Monotonie

Es entsteht eine Leere im Gehirn, die Lernen unmöglich macht. Monotonie
verhindert, dass im Gehirn überhaupt eine Tätigkeit entsteht, sie verhindert
Lernen. Monotonie beeinflusst außerdem die Einstellung zum Lernen negativ.
Selbst eine an sich gute Einstellung zum Lernen wird durch Monotonie
zerstört.

Dazu eine Aussage von Horst Speichert (1985, hier: Seite 40): „Es gibt Lehrer, die behaupten, dass die Erledigung von zahlreichen Aufgaben desselben Typs, also die Erzeugung von Monotonie, deshalb sinnvoll sei, weil die Schüler auf diese Art rechtzeitig daran gewöhnt würden, auch langweilige Tätigkeiten zu tun. Soll man sich mit solcher Menschenverachtung wirklich ernsthaft auseinandersetzen?"

6. Das Gehirn sucht sich, was ihm „passt"

Unser Gehirn kann nicht alles schlucken und speichern, was unsere Sinne wahrnehmen, und tut es auch nicht. Es wählt aus. Der Ultrakurzspeicher nimmt sehr viel auf und vergisst es wieder, wenn es nicht als etwas Besonderes erkannt wird oder mit vorhandenen Dingen sinnvoll verknüpft werden kann.

Eindrücke im Ultrakurzzeitgedächtnis sind genaue Abbilder der Situationsausschnitte, auf die wir gerade konzentriert sind. Sie zerfallen allerdings innerhalb von Sekundenbruchteilen.

Das Kurzzeitgedächtnis ist ein Zwischenspeicher, in dem Informationen geparkt und erst einmal überprüft werden: Wenn eine Teil-Information aus dem Ultrakurzzeitgedächtnis nicht sofort zerfallen ist, wenn sie also festgehalten wurde, weil sie eine emotionale Aufmerksamkeit oder ein anderes Interesse geweckt hat, dann ist sie auch bereits ins Kurzzeitgedächtnis übernommen. Gleichzeitig wird auf Grund dieses „Prüfergebnisses" eine Meldung an das Gehirn gegeben: „Achtung, es kommen Informationen!" Positive Informationen aktivieren das Gehirn im Sinne einer lustvollen Informationsverarbeitung, sehr fremde oder schon bekannte bedrohliche Informationen lösen Stress beziehungsweise Angstreaktionen aus, leider mit allen negativen Folgen.

■ *Wichtige Regel: Fremd, aber nicht zu fremd!*

Das Langzeitgedächtnis kann Informationen nicht einzeln aufbewahren, sondern nur in großen Zusammenhängen, in „Gedächtniswaben". Diese Erinnerungsnetze werden aktiviert, und zwar komplett, wenn sich in der Umwelt Informationen zeigen, die dazu passen. Wer bestimmte Informationen abrufen will, muss zunächst das entsprechende Erinnerungsnetz suchen und es in Schwingung versetzen, ehe es die Information „freigibt".

Folgerung: Sinnlose Silben lernen heißt Informationen aufnehmen ohne Netz. Das wiederum hat zur Folge, dass diese Informationen nicht abrufbar sind.

7. Verfrühung

Folgende Bemerkungen knüpfen lose an Piagets berühmte Begriffskette „Begreifen – Erfahren – Vorstellen" an. Dabei sind einzelne Stufen nicht überspringbar. Kinder lernen einfach anders als die „Großen"!

Viele Schüler und Schülerinnen erreichen die Stufe des formalen Denkens erst im Alter von zehn bis zwölf Jahren und etwa ein Viertel bis ein Drittel unserer Bevölkerung bleibt auf der Stufe des konkreten Denkens (Denken an Handlungen geknüpft: Piagets *Erfahren*) stehen und erreicht die Stufe des formalen Denkens gar nicht, darunter auch viele unserer Hauptschüler. Jedenfalls gilt für fast alle Schülerinnen und Schüler bis etwa zum sechsten Schuljahr und ich denke für alle Hauptschülerinnen und -schüler: „Ohne Be-greifen kein Begriff" und „Ohne Be-greifen kein Lernen!"

Sind damit schülergerechte Arbeitsweisen umschrieben?! Arbeitsformen verlangen Individualismus, positive Hormonlage, weitestgehende Einbeziehung von Handlungsebenen, Denken in Zusammenhängen und ...

Sie können diese Aufzählung gerne beliebig fortsetzen und sich über die daraus ableitbaren Arbeitsformen noch intensivere Gedanken machen. Eine schülergerechte Arbeitsform wird im Folgenden näher beschrieben. Um dazu eine Grundlage zu schaffen, sollen nun zuerst die Ursprünge, Begrifflichkeiten und erste Folgerungen dargestellt werden.

3. Ursprung und Entwicklung vom Lernen an Stationen

Die Begriffe „Lernzirkel", „Lernen an Stationen" sowie „Stationenlernen" können zunächst durchaus synonym verwendet werden. Unter Umständen prägen Sie anschließend für sich die richtige Beschreibung, zu ihrem individuellen gedanklichen Hintergrund passend.

Der Begriff „Zirkeltraining" oder auch scherzhaft „Training für das Hirn", von Frau Ilona Gnoth, Lehrerin an der Schallenberg-Grundschule in Aidlingen, so genannt, entstand meines Wissens an dieser Schule im Sommer 1980 als Folge eines Lehrgangs, bei dem Arno Piechorowski den Lehrerinnen und Lehrern Arbeitsmaterialien für einen vielfältigen Leseunterricht vorstellte. Diese Materialien, teilweise übernommen, meist jedoch selbst gefertigt, wurden den Kindern als Lernstationen im Unterricht zur freien Bearbeitung angeboten (vergleiche hierzu auch: Piechorowski 1985). An dieser Stelle soll nicht unerwähnt bleiben, dass die amerikanische Pädagogin Helen Parkhurst (1887–1959) schon Anfang unseres Jahrhunderts in Anlehnung an Maria Montessori den Lernzirkel als Arbeitsform praktizierte.

In der Aidlinger Grundschule wurde mit tatkräftiger Unterstützung des Rektors, Hans Mozer, dieses System freien Lernens weiter ausgebaut und verfeinert und im Schuljahr 1981/82 von einer Praktikantin, Frau Sigler, mit gestaltet. Sie stellte später als Lehreranwärterin auch den direkten Kontakt zum Staatlichen Seminar in Sindelfingen her.

Die Übertragung dieser Lernform auf immer neue Unterrichtsinhalte und verschiedene Fächer sowie die Ausdehnung auf fächerübergreifende Angebote wurden federführend von Uta Wallaschek, Fachbereichsleiterin am Seminar Sindelfingen im Anfangsunterricht, vorangetrieben und veröffentlicht. Andere Mitarbeiter, darunter auch ich, machten positive Erfahrungen in Mathematik und den Sachfächern der Grund- und der Hauptschule. In diesen Fächern kann ich inzwischen auf eine langjährige Praxis zurückblicken. Andere Lehrerinnen und Lehrer dehnten das Lernen an Stationen auf das Fach Deutsch und die Fremdsprachen aus. Neben der Beschreibung des Zirkeltrainings durch Uta Wallaschek in der Zeitschrift *PMP-Grundschule* (1988) und der Vorstellung des Lernzirkels in der Zeitschrift *Grundschule* (2/1989) erfolgte durch sie in dem Buch „Kinder-Schule: Lehrer-Schule" (Hg. Bernd Lehmann 1991, Seite 85) eine breite Darstellung.

Die Idee des Zirkels kommt ursprünglich aus dem Sportbereich. Das „circuit training", von Morgan und Adamson 1952 in England entwickelt, stellt im Sportbereich den Sportlern unterschiedliche Übungsstationen zur Verfügung, die sie der Reihe nach oder in freier Auswahl durchlaufen. Dabei dauert die Übungsphase an einer Station in der Regel zwei bis fünf Minuten, dazwischen liegende kurze Pausen dienen dem Wechsel und der Entspannung.

Begriffserklärung

Gabriele Faust-Siehl, zu dieser Zeit ebenfalls Mitarbeiterin am Sindelfinger Seminar, prägte den neuen Begriff „Lernen an Stationen" in einem unter diesem Titel erschienenen Aufsatz in Heft 3/1989 der *Grundschule*. Auch für mich beschreibt dieser Begriff besser die neue Arbeitsform, die für die Schülerinnen und Schüler eine neue Lernform ist. Hier schließe ich mich aus innerer Überzeugung ihrer Begründung an: „ ‚Lernzirkel' oder ‚Unterrichtszirkel' führen zu fehlleitenden Assoziationen an das zur sportlichen Leistungssteigerung eingesetzte und durch Rigidität gekennzeichnete Zirkeltraining." (Faust-Siehl 1989, Seite 23)

Ich selbst stelle bei mir in der Umgangssprache eine wechselnde Verwendung der Begriffe fest. Im Zusammenhang mit Üben rede ich häufig vom „Übungszirkel", beim selbstständigen und vertiefenden Erarbeiten von Inhalten vom „Lernen an Stationen" und zum Beispiel beim Aufarbeiten von Buchseiten von einem „Lernzirkel". Sie sehen, die Begrifflichkeit ist nicht so wichtig, viel wichtiger ist, was sich dahinter verbirgt. Für die Leserin beziehungsweise den

Leser ist nur wichtig, die Bedeutung der von mir verwendeten Begriffe eindeutig zu kennen, um sie im jeweiligen Zusammenhang richtig einzuordnen:

Lernstation ist ein einzelner Arbeitsauftrag, ein einzelnes Arbeitsangebot, welches den Schülerinnen und Schülern im Rahmen des Lernens an Stationen zur Verfügung gestellt wird.

Lernen an Stationen (oder auch Lernzirkel, Stationenlernen, Übungszirkel usw.) beschreibt jeweils das zusammengesetzte Angebot mehrerer Lernstationen, das die Lernenden im Rahmen einer übergeordneten Thematik (Unterrichtseinheit oder fächerverbindende Thematik) bearbeiten und unter Umständen teilweise selbst mitgestalten.

Grundidee der Arbeitsform

Bei all diesen Arbeitsformen werden den Schülerinnen und Schülern Arbeitsstationen angeboten, an welchen sie selbstständig, in beliebiger Abfolge, meist auch in frei gewählter Sozialform arbeiten. Diese Arbeitsstationen stehen oder liegen im Klassenzimmer, eventuell auch außerhalb, als Arbeitsanweisungen, Versuchsbeschreibungen, anregendes Material, Kopiervorlagen, Hinweise auf Buchseiten oder Aufgaben im Buch, Spielangebote usw. geordnet aus. Die Schülerinnen und Schüler wählen in einem von der Lehrkraft zur Verfügung gestellten zeitlichen und organisatorischen Rahmen für sie „passende" und hoffentlich interessante Angebote zur Bearbeitung aus. Die Auswahl des Angebots orientiert sich dabei unter anderem:

- an den Möglichkeiten der Schülerinnen und Schüler,
- an deren Vorerfahrungen,
- an den Möglichkeiten der Lehrerin beziehungsweise des Lehrers,
- an den (materiellen) Möglichkeiten der Schule,
- an den stofflichen Bedingungen,
- an den Notwendigkeiten schwacher Lernleistungen,
- an den Anforderungen lernhungriger und lernfähiger Schülerinnen und Schüler (soll es auch geben!).

Vereinfacht ausgedrückt: Was den Schülerinnen und Schülern bisher im Rahmen einer Unterrichtseinheit stückweise nach und nach über Buchaufgaben, Arbeitsblätter oder Anweisung der Lehrerin beziehungsweise des Lehrers im Unterrichtsgespräch angeboten oder aufgetragen wird, stellt das Lernen an Stationen bereits zu Beginn der Unterrichtseinheit und alles auf einmal zur Verfügung. Gleichzeitig erfolgt die Ausrichtung des Angebots nicht wie in einem lehrerzentrierten Unterricht meist üblich am Durchschnittsniveau der Klasse, sondern beachtet stärker die vorhandene Bandbreite der Fähigkeiten und Möglichkeiten der Schülerinnen und Schüler. Oberstes Ziel ist, den Schülerinnen und Schülern ein optimales Lernen zu ermöglichen, indem die Aktivität beim Lernen auch vom Lernenden, also von der Schülerin oder dem Schüler, ausgehen soll. Was dies heißt, soll im folgenden Kapitel in Kurzform dargestellt werden.

Chancen, Möglichkeiten, Risiken

Folgende Chancen, Möglichkeiten und auch Probleme beinhaltet diese Lernform beziehungsweise Arbeitsform für die Lehrerin oder den Lehrer:

- Der direkte Handlungsdruck im Unterricht wird abgebaut.
- „Störungen" sind keine Störungen mehr für den Unterricht allgemein, sondern höchstens für die Schülerinnen und Schüler in unmittelbarer Nähe des Störenfrieds.
- Der Lehrer erhält mehr Möglichkeiten zum distanzierten Beobachten.
- Die individuelle Auseinandersetzung mit einzelnen Lernenden oder Gruppen wird ermöglicht und stärker gefördert.
- Lernende und Lehrperson haben mehr Gestaltungsmöglichkeiten für produktive Arbeiten.
- Die produktiven Arbeiten der Schülerinnen und Schüler können als Aufträge für neue Lernstationen einbezogen werden.
- Die Schülerinnen und Schüler können ihre Arbeitsergebnisse in den laufenden eigenen Lernprozess und den der Mitschülerinnen und Mitschüler sinnvoll integrieren.
- Der Lehrer hat die Möglichkeit, sich aus dem Mittelpunkt des Unterrichtsgeschehens herauszunehmen.
- Unterschiedliches Arbeitstempo und eine unterschiedliche Art der Bearbeitung werden akzeptiert.
- Die direkte Beanspruchung im Unterricht wird geringer. (Der „Energieaufwand" sinkt.) (Selbst eine intensive Vorbereitung von Lernstationen erfordert trotz höherem Zeitaufwand weniger Energie als die täglichen Anforderungen in einem eher lehrerzentrierten Unterricht und der Umgang mit auf die ganze Unterrichtsarbeit gerichteten Störungen.)
- Gerne können Sie selbst jetzt oder später noch weitere Chancen und Möglichkeiten hier anfügen, zumal das Höchstziel, das eigentliche Ziel, in der Antike schon beschrieben ist: *sich als Lehrender selbst überflüssig zu machen.*

Selbstverständlich sind mit derartigem Lernen auch Risiken oder Schwierigkeiten verbunden:

- Der Vorbereitungsaufwand wird zunächst als enorm empfunden. Er
  ist sicherlich am Anfang auch größer, zumindest zeitlich umfangrei-
  cher. Allerdings wird der höhere zeitliche Aufwand auch nur subjektiv so empfunden, weil mit der Vorbereitung eines Lernzirkels
  eine komplette Unterrichtseinheit oder Übungssequenz vorbereitet
  wird. Im Gegensatz dazu werden sonst häufig nur Einzelstunden für
  den Folgetag vorbereitet.
- Die direkte und dauernde Überprüfung der Schülerinnen und Schüler ist nicht möglich.
- Der Überblick über den Leistungsstand der Klasse geht eventuell
  (zumindest zunächst) verloren.
- Eltern bekommen vorübergehend Schwierigkeiten mit dieser Art
  schulischer Arbeit.
- Die Leistungsmessung wird schwieriger (zumindest scheinbar).
- Aktivität und Verantwortung müssen abgegeben werden, was manchen sehr schwer fällt.
- Nach längerer Arbeit mit dieser Methode, mit dieser Lernform,
  bekommt man als Lehrerin oder Lehrer Schwierigkeiten, einen eher
  lehrerorientierten Unterricht noch durchsetzen zu können oder zu
  wollen (zumindest geht es mir so).
- Die „Schere" im Leistungsvermögen der Klasse klafft durch derar-
  tiges Arbeiten bald noch mehr auseinander. Aus meiner Sicht wäre
  diese sich stärker öffnende Schere im Leistungsgefüge durchaus
  gewollt, ja sie ist sogar unsere Pflicht, wenn wir das allen Kindern
  und Jugendlichen zustehende Grundrecht und die Beschreibungen
  der Landesverfassungen und Schulgesetze betrachten. Nach diesen
  soll jeder Mensch entsprechend seinen Möglichkeiten, Fähigkeiten
  und Leistungen eine optimale Ausbildung erfahren.

*Jeder Mensch hat ein Recht auf ihm angemessene schulische Ausbil-
dung und Förderung. Wir haben die Pflicht, dieses Recht allen Schülerinnen und Schülern zu ermöglichen, wir haben jedoch nicht das Recht,
ihn dazu zu verpflichten! Wir können nur zum Schulbesuch verpflichten, lernen muss jede Schülerin und jeder Schüler selbst, denn Lernen
ist ein aktiver Part.*

4. Folgerungen für das Lernen an Stationen

„Das alles soll ich in meinem Unterricht leisten?" könnten Sie verständlicherweise fragen. „Kann man mit dem Lernen an Stationen einige der Anforderungen erfüllen?"

Ich meine: „Ja!", und möchte dies als Übersicht darstellen. In der folgenden Auflistung finden Sie neben der Beschreibung von Anforderungen und Möglichkeiten jeweils kursiv gedruckt Verweise auf die entsprechenden inhaltlichen Ausführungen dieses Buches.

- Die Einbeziehung der Schülerinnen und Schüler in die Planung von Unterricht ist über ein Planungsgespräch möglich, das einer Einheit vorausgeht.
  → *Planungsgespräch, Möglichkeiten und Folgen (S. 93 ff.)*

- Fragestellungen können bei den Schülerinnen und Schülern über das Planungsgespräch angeregt werden. Wenn sich während der Arbeit an einem Thema neue Fragestellungen ergeben, können Schülerinnen und Schüler diese an einer speziellen Lernstation notieren und damit an die Klasse weitergeben.
  → *Erstellung weiterer Lern- oder Arbeitsstationen (S. 94, 97)*

- Offene Eingangssituationen und die Offenheit während der Bearbeitung ermöglichen den Lernenden und Lehrkräften gemeinsam, weitere Zugänge zu den jeweiligen Inhalten aufzuspüren, festzulegen und zu beschreiten. Schülerinnen und Schüler sowie Lehrkräfte können während der Arbeit an Stationen weitere Lernstationen ausarbeiten und einfügen.
  → *Erstellen weiterer Lern- und Arbeitsstationen (S. 93 ff., 97)*
  → *offene Aufgabenstellungen (S. 96 f.)*

- Angebote für verschiedene Eingangskanäle (zum Sehen, Hören, Lesen, Beobachten, Handeln und Begreifen) ermöglichen eine individuelle und optimierte Bearbeitung und ein ebensolches Lernen.
  → *Schwerpunktsetzung bei der Gestaltung von Lernstationen (S. 106 ff.)*
  → *Berücksichtigung der Lerneingangskanäle (S. 41, 107)*
  → *Besondere Ansprüche an Stationen, die Übungszwecken dienen (S. 129 ff.)*

▪ Beim individuellen Bearbeiten wird dem eigenen Arbeitstempo der
   Schülerinnen und Schüler Rechnung getragen.
   → *Anzahl der zur Verfügung stehenden Lernstationen (S. 75, 89)*
   → *Wechsel der Arbeitsstation (S. 76 ff.)*
   → *Berücksichtigung des unterschiedlichen Arbeitstempos*
      (S. 34, 109)
   → *Arbeitsweisen der Schülerinnen und Schüler (S. 73)*
   → *Unterschiedliche Zugänge anregen (S. 99)*
   → *Qualitative Differenzierung berücksichtigen (S. 99 f.)*

▪ Dem natürlichen Bewegungsdrang wird diese Arbeitsform schon
   dadurch gerecht, dass die Schülerinnen und Schüler ihre Arbeitsaufträge im Klassenzimmer selbst auswählen, eventuell abholen und
   anschließend wieder zurückbringen.
   → *Arbeitsaufträge bereitstellen (S. 68)*

▪ Erholungspausen sind sowohl durch den Wechsel zwischen den
   einzelnen Stationen gegeben als auch eventuell durch sogenannte
   Entspannungsstationen, die als fester Bestandteil innerhalb der
   Arbeit eingebaut und damit legitimiert sind.
   → *Materialien zur „Entspannung" (S. 122)*

▪ Durch das Angebot der ganzen Lerneinheit erhält die Schülerin
   oder der Schüler einen Gesamtüberblick über das entsprechende
   Stoffgebiet beziehungsweise das Rahmenthema.
   → *Laufzettel/Fortschrittsliste (S. 76 ff.)*
   → *Ordnungskriterien (S. 71 ff.)*

▪ Über eine farbliche Gestaltung oder Kennzeichnung einzelner Teile
   eines Lernzirkels kann ebenso die Grundstruktur des Inhalts vermittelt werden wie über die Verwendung von entsprechenden Überschriften.
   Dadurch wird den Schülerinnen und Schülern bereits über die
   Darstellung des Angebots auch die Struktur des Lerngegenstandes
   verdeutlicht. Die von der Lernbiologie geforderte Strukturierung
   vor dem Detail wird hier erfüllt.
   → *Hinweisschilder (S. 70)*
   → *Ordnungskriterien (S. 71 f.)*
   → *Laufzettel/Fortschrittsliste (S. 76 ff.)*

■ Durch das Bereitstellen der Angebote bereits vor Beginn der Bearbeitung und die kontinuierliche Beobachtungsmöglichkeit innerhalb des Bearbeitungszeitraumes wird das Entwickeln von Interesse gefördert, Neugierde geweckt und befriedigt sowie „Fremdeln" kompensiert (Lernbiologie).
→ *Die „Einführung" (S. 88)*
→ *Arbeitsaufträge bereitstellen (S. 68)*

■ Unterschiedliche Schwierigkeitsgrade und Anforderungen ermöglichen Erfolgserlebnisse für (fast) alle Schülerinnen und Schüler.
→ *Schwerpunktsetzungen beim Lernen an Stationen (S. 106 ff.)*
→ *Gestaltung von Arbeitsaufträgen (S. 95 ff., 102)*

■ Das Strukturieren von Inhalten kann auch darüber erfolgen, dass Schülerinnen und Schüler ihre Ergebnisse selbst in eine Struktur bringen, Ergebnisse selbst gestalten usw.
→ *Qualitative Differenzierung ermöglichen (S. 99 f.)*
→ *Vertiefendes Erarbeiten und selbstständiges Bearbeiten (S. 104 f.)*

■ Ein Sozialformwechsel beziehungsweise die von der Schülerin oder vom Schüler selbst zu wählende Sozialform ist durch das Stationenlernen an sich schon gegeben.
Zu ein und demselben Lerninhalt können entweder Angebote für unterschiedliche Sozialformen bereitgestellt werden oder aber die Schülerinnen und Schüler legen dies für sich selbst bei der Bearbeitung einzelner Stationen fest.
→ *Arbeitsweisen der Schülerinnen und Schüler (S. 73)*
→ *Besondere Ansprüche an Stationen, die Übungszwecken dienen (S. 129)*
→ *Qualitätskriterien für das Lernen an Stationen (S. 150 ff.)*

■ Der Grundansatz: „Hilf mir, es selbst zu tun" ist damit Leitfaden schlechthin. Allerdings trifft dies nur dann in vollem Umfang zu, wenn bei den einzelnen Lernstationen nicht nur Aufgabenstellungen und Arbeitsaufträge vorgegeben, sondern jeweils auch Hilfen zur Selbsthilfe angeboten werden.
→ *Hilfen anbieten (S. 100 f.)*

■ Der Einsatz von Spielen innerhalb des schulischen Lernens ist beim Stationenlernen leichter möglich. Spiele, die eventuell nur einmal vorhanden sind, bieten als ein Angebot im Laufe der Zeit Zugang für alle. Durch die längerfristige Anlage von Lernzirkeln oder des Lernens an Stationen können auch Spiele eingesetzt werden, die über eine längere Dauer gespielt werden.
   → *Gestaltung von Lernstationen (S. 95 ff.)*
   → *Anforderungen an das Material (S. 114 ff.)*
   → *Gestaltung von Arbeitsaufträgen (S. 95 ff., 102)*
   → *Schwerpunktsetzungen beim Lernen an Stationen (S. 106 ff.)*
   → *Grundlagen für die Gestaltung von Arbeitsstationen (S. 111 ff.)*

■ Auch bei mangelnden Materialvoraussetzungen an den Schulen können Schülerinnen und Schüler im handelnden Umgang mit Dingen ihre praktischen Erfahrungen machen. Fast alle Materialien, die für eine Demonstration im Unterricht vorhanden sind, können für die Gestaltung einer Lernstation verwendet werden. Das heißt, ich benötige Materialien nicht mehr für jedes Kind, für jede einzelne Lerngruppe, sondern eben einmal. Durch die längerfristige Bereitstellung wird allen Lernenden oder Gruppen im Laufe der Zeit eine Bearbeitung ermöglicht.
   → *Gestaltung von Arbeitsaufträgen (S. 102)*
   → *Anzahl der zur Verfügung stehenden Stationen (S. 75, 89)*

■ Die Überprüfung von Lernergebnissen sollte möglichst über Selbstkontrolle erfolgen.
   → *Gestaltung von Arbeitsstationen (S. 95 ff., 102)*

■ Emotionale Zuwendung, Zeit für Gespräche, Möglichkeit zur Mitarbeit bei einzelnen Schülerinnen, Schülern oder Gruppen, Beobachtungen, das Entdecken von fruchtbaren Momenten im individuellen Lernprozess – dies umschreibt ganz grob die Wünsche und Möglichkeiten der Lehrerin und des Lehrers beim Stationenlernen.
   → *Veränderte Rolle von Lehrerin und Lehrer in einem schülerorientierten Unterricht (S. 157 ff.)*

II. Das Lernen an Stationen

Übersicht über Zusammenhänge

Die folgende Übersicht verdeutlicht die Zusammenhänge, die sich mit dem Lernen an Stationen, dem Lernzirkel ergeben.

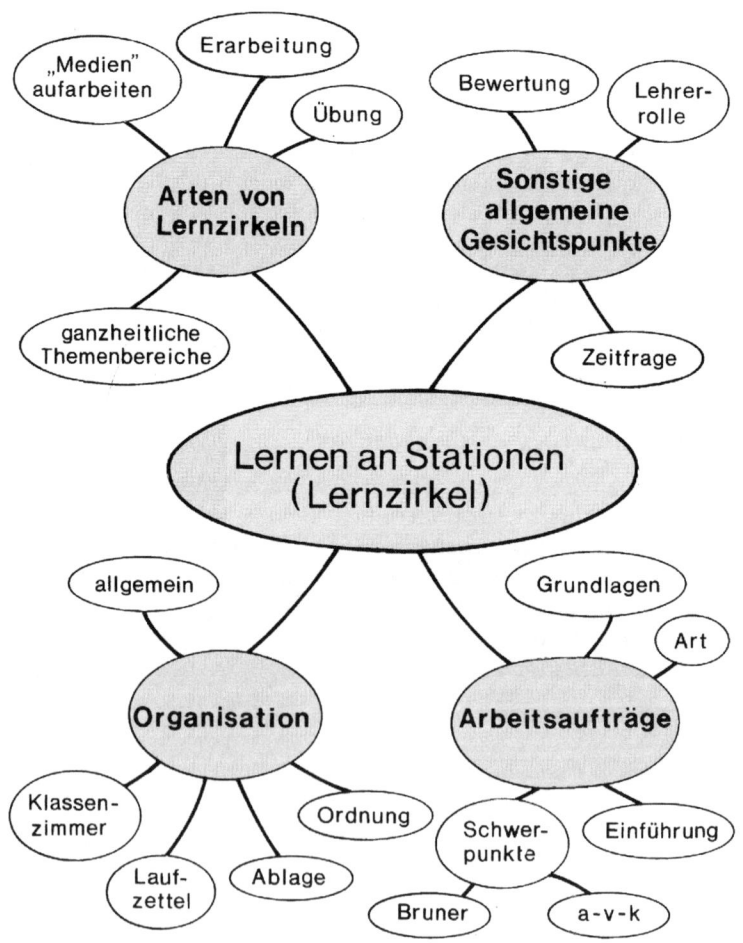

5. Äußere und innere Organisation

Aus der Grundbeschreibung des Lernens an Stationen ergeben sich die Schlussfolgerungen für die Organisation: *Beim Lernen an Stationen sind einzelne Arbeitsstationen im Klassenzimmer und eventuell im Außenbereich bereitgestellt, die Arbeitsaufträge oder Arbeitsblätter zur selbstständigen Bearbeitung durch die Schülerinnen und Schüler bereithalten.*

Obwohl die Inhalte innerhalb dieses Kapitels teilweise schwer voneinander zu trennen sind und sich sicher auch deutlich überlappen, wird versucht, die organisatorischen Hinweise inhaltlich zu gliedern. Einen Überblick verschafft folgende Skizze.

Klassenzimmer gestalten

Das Klassenzimmer muss für diese Organisations- und Arbeitsform nicht grundsätzlich umgestellt werden. Es kann den Schülerinnen und Schülern überlassen werden, ob sie zum Beispiel an einer Tischgruppe zusammenarbeiten oder sich die Arbeit separat an einem Einzeltisch in Ruhe gestalten wollen. Die entsprechenden Voraussetzungen können sich die Schülerinnen und Schüler durch individuelles Umstellen jederzeit situationsgerecht selbst schaffen.

Arbeitsaufträge bereitstellen

Die Arbeitsaufträge werden im Klassenzimmer in Form schriftlicher Arbeitsanweisungen, als Skizzen mit Aufforderungscharakter, als Arbeitsblätter, als Hinweise auf Buchseiten oder durch Versuchsaufbauten beziehungsweise sonstiges Material zur Verfügung gestellt.

In Prospekthüllen gesteckt, sind die Seiten länger haltbar und können gut aufgehängt werden.

Stapelbare Ablagekörbe eignen sich sehr gut für die Bereitstellung der Aufträge und eventuell notwendiger Materialien. Sie sind in Haushaltswarengeschäften preiswert zu haben. Fachlehrerinnen und Fachlehrer können sie im Bedarfsfall zu jeder Stunde sehr schnell aufbauen und anschließend wieder ineinander gestapelt mitnehmen und transportieren. Der Transport dieser ineinander gestapelten Ablagekörbe kann durch das Zusammenbinden mit einem Lederriemen oder einem starken Gummiband erleichtert und gesichert werden.

Zur Bereitstellung des Materials eignen sich außerdem:

- *Pinnwände,* zum Aufhängen von Prospekthüllen, in denen sich Arbeitsaufträge befinden;
- *Nagellatten,* zum Beispiel gehobelte Dachlatten mit Nägeln oder Haken im Abstand von circa 15 bis 20 cm, sie werden an die Wand gedübelt und eignen sich ebenfalls hervorragend zum Aufhängen von Prospekthüllen;
- *die Fensterbank,* zum Ablegen von Materialien, Ablagekörben oder Arbeitsaufträgen;
- *Flächen* unter der *Tafel,* an der *Seitentafel,* an *Wänden* oder auf *Schranktüren* sowie an den *Fenstern* zum Aufhängen von Plakaten oder Arbeitsaufträgen, die nicht an den Arbeitsplatz mitgenommen werden müssen oder an die Arbeitsergebnisse angeheftet werden sollen;
- *Stühle,* überzählige Stühle sind hervorragende Bereitstellungsflächen für Arbeitsaufträge, Arbeitsblätter, Bücher oder auch einfache Materialien, für die nicht unbedingt ein Tisch oder eine sonstige große Fläche erforderlich ist. Gleichzeitig besteht die Möglichkeit, an der Rückenlehne des Stuhls Hinweis- oder Stationsschilder zu befestigen

Die Skizze eines Klassenzimmers soll die Möglichkeiten der Stationenvertei-
lung nochmals optisch verdeutlichen, die Nummern kennzeichnen dabei die
einzelnen Stationen.

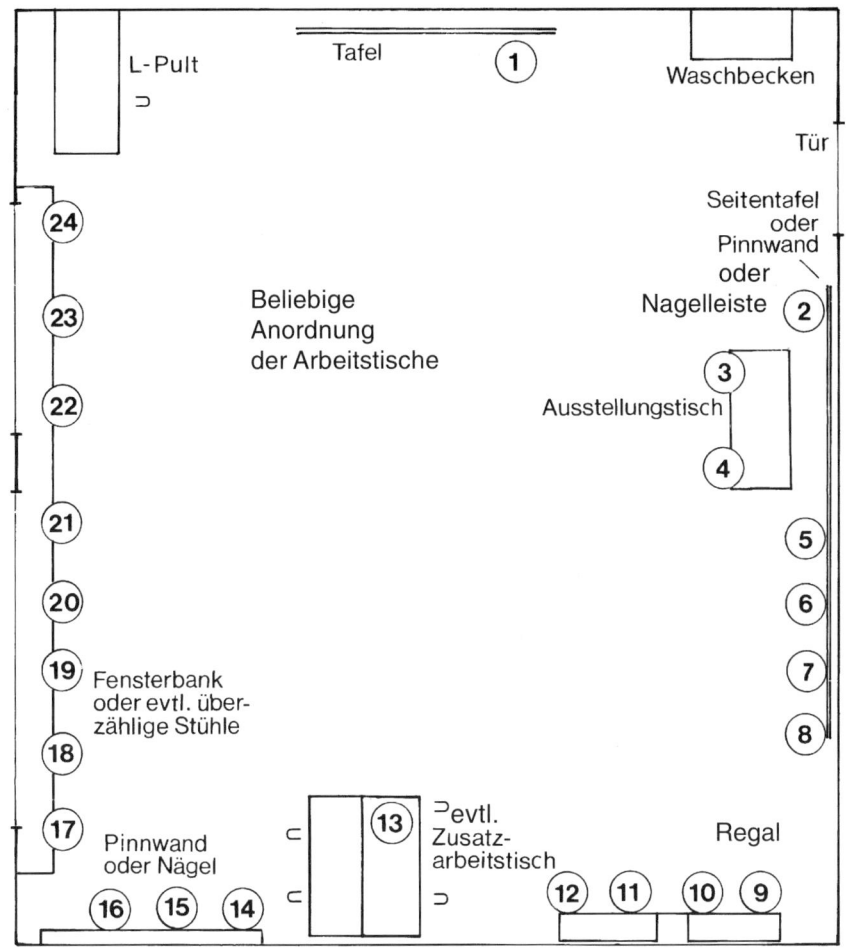

Hinweisschilder anbringen

Für die Schülerinnen und Schüler ist es wegen der Übersichtlichkeit sinnvoll, wenn sie die Hinweisschilder zu den Stationen oder die Stationen selbst von ihrem Arbeitsplatz aus erkennen können. Diese Hinweisschilder können große Ziffernkarten oder aus der Ferne lesbare Überschriften sein.

Auf diese Weise werden die Struktur der Inhalte und die Gestaltung des jeweiligen Lernzirkels aus der Ferne schon erkennbar. Gleichzeitig unterstützt diese offensive Darbietung der einzelnen Stationen den Überblick für die Schülerinnen und Schüler sowie einen „Kontrollgang" durch die Lehrerin oder den Lehrer.

Schülertische einbeziehen

Meines Erachtens sollten die Schülertische für die Bereitstellung der einzelnen Stationen nicht einbezogen werden, da dies eine längerfristige Bereitstellung behindert oder einen täglichen Auf- und Abbau erzwingt. Die Beeinträchtigung durch sonstige Materialien auf dem Tisch ist ebenfalls ernst zu nehmen. Sie spricht gegen die Bereitstellung der Stationen auf Schülertischen. Bei „festen" Stationsplätzen gibt es diese nicht. Für die Schülerinnen und Schüler sollte auch grundsätzlich der eigene Platz als „Heimat" bestehen bleiben. Er kann freiwillig verlassen werden, muss es aber nicht. (Wie wichtig den Menschen eine derartige Heimat ist, lässt sich zum Beispiel an den „Stammplätzen" im Lehrerzimmer beobachten.)

Bei Gruppenarbeit entstehen manchmal ernst zu nehmende Störungen, wenn vom fremden Platz aus noch Materialien aus der eigenen Tasche oder vom eigenen Tisch geholt werden müssen. Diese Störungen sind beim Lernen an Stationen durch das „Wandern" der Schülerinnen und Schüler von Station zu Station verstärkt zu beobachten.

Jedenfalls hat sich bei mir aus diesen Gesichtspunkten und der praktischen Erfahrung heraus die Erkenntnis durchgesetzt, dass es *nicht sinnvoll* ist, Arbeitsaufträge auf den Schülertischen aufzubauen. Bei eingeschränkten Platzverhältnissen im Klassenzimmer und bei absoluter Notwendigkeit des Materialaufbaus an einem Gruppentisch mag sich eine andere Sachlage ergeben. Doch auch dann zeigt sich rasch ein weiterer Nachteil, der im täglich notwendigen Aufbau liegt: Für die Lehrerin, den Lehrer fehlt häufig die erforderliche Zeit, vor der Stunde einzelne Arbeitsstationen „schnell" aufzubauen beziehungsweise nachher wieder abzubauen.

Dies ist für Prüfungslehrproben machbar, weil dort der Aufwand auf eine Stunde konzentriert wird und lediglich diese Stunde Beachtung findet, weniger die Frage nach dem sinnvollen „Davor" und „Danach". Im Schulalltag wird durch eine derartige Vorgehensweise nur Hektik und eventuell anschließender Frust erzeugt. Sicherlich können Schülerinnen und Schüler sehr rasch in den Auf- und Abbau integriert und damit sogar zusätzliche Lernfelder berücksichtigt werden. Wichtig ist mir, hier auf die Gefahr möglicher Organisationsschwierigkeiten hinzuweisen. Diese Schwierigkeiten mögen unter Umständen mit wachsender Erfahrung gar keine mehr sein, können einen Anfänger aber durchaus rasch zum Aufgeben bringen.

Ordnungskriterien sichtbar machen

Ordnungskriterien beim Aufbau helfen den Schülerinnen und Schülern bei ihrer Orientierung. Das Durchnummerieren der einzelnen Stationen ist eine Möglichkeit. Sie kann zum Beispiel durch Ziffernkarten erfolgen, die durch Prospekthüllen geschützt werden und dadurch immer wieder verwendbar sind. Den Schülerinnen und Schülern wird so das Auffinden einzelner Stationen erleichtert. Gleichzeitig erkennen sie bereits am Auftauchen der Ziffernkarten, dass es sich wieder um ein Lernen an Stationen handelt.

Eine Farbkennzeichnung kann die inhaltliche Struktur oder organisatorische Betrachtungsweisen hervorheben und unterstützt die Lernart von optisch orientierten Lerntypen. Gleiche Farben können zum Beispiel stehen für die gleiche Sozialform, die Inhalte eines Teilgebietes, die unterschiedliche Berücksichtigung der Eingangskanäle usw. Es ist möglich, Farbpunkte aufzukleben oder farbiges Kopierpapier für die Arbeitsaufträge zu verwenden (siehe hierzu auch „Weitere praktische Tipps").

Selbstverständlich sind unterschiedliche Kennzeichnungen auch mischbar. Eine bestimmte Farbe steht zum Beispiel für einen Teilbereich des aktuellen Themas und die gleichzeitige Zuordnung von Nummernkärtchen erleichtert den Überblick.

Ich selbst verwende fast ausschließlich die Mischform, weil damit auf der einen Seite den Schülerinnen und Schülern die Struktur der Inhalte über die Farbe vermittelt werden kann und ihnen bewusst wird und gleichzeitig die Orientierung über den Stand der eigenen Arbeit und die Anordnung im Klassenzimmer selbst erleichtert wird.

Jeder Arbeitsauftrag erhält einen festen Platz im Klassenzimmer, seinen Stammplatz. Dazu wurden einmalig Ziffernkärtchen gestaltet, die durch Aufhängen den Stammplatz der Stationenbeschreibung, des Arbeitsauftrages, markieren und gleichzeitig das Zurückbringen wesentlich erleichtern. (Ordnung kann nur halten, wer einen Ordnungsrahmen erhält.)

Hinweis: Um Arbeitsaufträge in anderen Zusammensetzungen wiederverwenden zu können, sind die Ziffern nicht direkt auf den Arbeitsauftrag geschrieben, sondern entweder direkt auf die Prospekthülle oder auf ein Ziffernkärtchen, das in die Prospekthülle gelegt wird.

Unterschiedliche Arbeitsweisen ermöglichen

Die Schülerinnen und Schüler holen sich den Arbeitsauftrag oder, falls nötig und möglich, das entsprechende Material an ihren Platz und bearbeiten es dort. Häufig ist eine Bearbeitung direkt an der Station möglich und sinnvoll. Es sind auch Arbeitsplätze auf dem Boden (Hygieneansprüche beachten) und außerhalb des Klassenzimmers möglich. Außerhalb des Klassenzimmers müssen sich die Schülerinnen und Schüler auf der einen Seite beaufsichtigt fühlen und gleichzeitig Verantwortung für ihr Tun übernehmen können. Dies ist nur möglich, wenn sie auch den dafür notwendigen Freiraum von uns erhalten. Wichtig ist, dass wir uns im Klaren sind, dass Aufsicht nicht Draufsicht heißt.

Auf dem Gang an einem dort bereitgestellten Tisch zu arbeiten, außerhalb etwas zu erkunden und zu beschreiben gibt den Schülerinnen und Schülern die Möglichkeit und den Rahmen verantwortlich zu handeln oder dies zu erlernen. In Montessori-Schulen oder zum Beispiel der Bodenseeschule in Friedrichshafen gibt es für alle Klassen von eins bis zehn im Klassenzimmer die Phasen der stillen Freiarbeit. Dort darf nur geflüstert werden. Arbeiten mit höherer Geräuschentwicklung sind dort auf den Gang verlagert. Ich habe mit der Umkehrung bessere Erfahrungen gemacht: Arbeiten, für die Ruhe notwendig ist und die ohne Belästigung anderer Schülerinnen und Schüler oder Klassen draußen zu erledigen sind, sollten auch dort getan werden. Dabei erhält zunächst jede Schülerin und jeder Schüler die Möglichkeit, auch draußen zu arbeiten. Dieses Privileg kann bei von mir festgestelltem Regelverstoß wieder verloren werden, zumindest für eine bestimmte Zeit.

Die Sozialform sollte den Schülerinnen und Schülern weitestgehend freigestellt werden. Warum soll ein Schüler unbedingt in der Form arbeiten, die aus meiner Sicht die beste ist, die aus seiner Sicht für ihn aber nichts taugt? Wenn mir daran gelegen ist, dass Schülerinnen und Schüler auch mal mit einem Partner arbeiten oder sich einer Anforderung selbst stellen sollen, begründe ich dies in einem direkten Hinweis oder einem kurzen Gespräch. Das Lernen an Stationen lässt der Lehrkraft die Zeit für solche Beobachtungen und Gespräche. Wichtig ist nur, dass für diese Arbeitsform geltende Regeln mit den Schülerinnen und Schülern gemeinsam vereinbart werden.

Arbeits- und Verhaltensregeln gemeinsam verantworten

Wenn wir *mit* den Schülerinnen und Schülern zusammen neue Arbeitsformen erproben wollen, sollten wir es auch ernst nehmen, mit ihnen zusammen die Rahmenbedingungen zu gestalten, also auch Regeln zu erarbeiten. Dies bitte nicht in einem „Trockenkurs" oder als Vorlauf, sondern parallel zur Arbeit selbst.

Darin stecken folgende Annahmen: Es könnte ja durchaus sein, dass wir viele Dinge gar nicht erst regeln müssen, weil sie nämlich gar nicht als Problem auftauchen. Für Schülerinnen und Schüler werden viele Vereinbarungen und die Notwendigkeit dafür erst einsichtig, wenn sie es an einer aktuellen Situation, an einer Störung erfahren. Allgemeine Vereinbarungen oder Regelungen sind häufig nur Absichtserklärungen mit wenig Sinn und haben mit *gemeinsamer* Vereinbarung wenig zu tun. Was wir als Lehrerinnen und Lehrer aus unserer Sicht gerne regeln wollen, verkaufen wir dann als *gemeinsame* Regel, obwohl es eine Festlegung von uns ist. In solchen Fällen bleibt dann verständlicherweise auch die Verantwortung dafür bei uns und kann von den Schülerinnen und Schülern selbst nicht übernommen werden.

Nach meiner Erfahrung ist es sehr viel besser, eine aktuelle Situation aus der Arbeit an Stationen aufzunehmen und im Gesprächskreis mit den Schülerinnen und Schülern nach Lösungen zu suchen. Dieselbe Vorgehensweise gilt auch im Zusammenhang mit den Ansprüchen der Lehrerin oder des Lehrers.

Dazu gehören zunächst genaue Beobachtungen einzelner Schülerinnen und Schüler und ihrer Verhaltensweisen. An diese konkreten Situationen lassen sich dann unsere Wünsche oder Befürchtungen beschreibend angliedern und wir suchen gemeinsam nach Möglichkeiten oder Festlegungen. Andererseits können diese Ausgangspositionen und Beobachtungen natürlich der Anlass sein, um aus Lehrersicht eine ganz klare Festlegung vorzugeben. Dann ist es eine Festlegung, die wir nicht mehr als gemeinsam vereinbarte Regel „verkaufen", sondern für die *wir* die Verantwortung übernehmen sollten.

Eine Regel, eine gemeinsame Vereinbarung ist nur so gut wie die gleichzeitige Vereinbarung, was bei einem Regelverstoß geschieht. Diese Folgevereinbarung gehört zu einer Regel, zum Zeitpunkt des Aufstellens, sie sollte nicht der aktuellen Situation und eventuell der momentanen Befindlichkeit der Lehrkraft überlassen sein. Kinder, Jugendliche und Erwachsene müssen wissen, auf was sie sich einlassen, wenn sie gegen eine für sie gültige Regel verstoßen.

Einige wenige Hinweise auf Regeln, die sich aber vermutlich mit den Vorstellungen aller Lehrkräfte decken, seien als Anhaltspunkte genannt:

- Angefangene Arbeiten müssen auch zu Ende geführt werden, zumindest muss eine klare Aussage über die voraussichtliche Beendigung gemacht werden.
- Die Freiheit des Einzelnen hört dort auf, wo die Freiheit eines anderen eingeschränkt wird. Als Schlussfolgerung bleibt dann, dass eine Beeinträchtigung auch genannt werden muss, zum Beispiel: „Ich kann mich nicht konzentrieren, wenn du so laut bist." Es sollte also nicht mit einem unerläuterten Imperativ reagiert werden, der hier heißen würde: „Sei jetzt

ruhig!" Hier denke ich nicht nur an unsere, sondern auch an die Sprache der Schülerinnen und Schüler untereinander, die sich im Laufe der Zeit in diese Richtung entwickeln sollte.

Ordnung an den Arbeitsstationen muss zur Aufgabe der Schülerinnen und Schüler werden. Nur wer die schmerzhafte Erfahrung von unvollständigen oder vermischten Arbeitsmaterialien gemacht hat, wird sich künftig eher für die notwendige Ordnung einsetzen. Am Ende jeder Stunde, jedes Bearbeitungsintervalls gibt es feste Zeiten für das Aufräumen. Diese Aufräumzeit kann den Schülerinnen und Schülern auch in der Sekundarstufe I bis in obere Klassen zum Beispiel durch ein akustisches Signal mitgeteilt werden. Eine auf ein Holzbrett montierte Fahrradklingel ist hier sehr geeignet.

Anzahl der Stationen und der Arbeitsaufträge festlegen

Es ist aus inhaltlichen Gründen sinnvoll, mehr Arbeitsaufträge anzubieten, als von den Schülerinnen und Schülern mindestens bearbeitet werden müssen. Damit können die Schülerinnen und Schüler auswählen und gleichzeitig unterschiedliche Zugänge und vor allem qualitative Differenzierungsgesichtspunkte berücksichtigt werden.

In der Summe müssen mindestens so viele Arbeitsaufträge vorhanden sein, dass gleichzeitig alle Schülerinnen und Schüler einen Arbeitsauftrag bearbeiten können. Daraus folgt, dass unterschiedliche Bedingungen die Anzahl der Stationen beeinflussen:

1. Es müssen aus inhaltlichen und Differenzierungsgründen so viele Aufträge vorhanden sein, dass sich sowohl die schwächeren Schülerinnen und Schüler adäquat angesprochen fühlen als auch die leistungsstarken in der Klasse Angebote erhalten, die ihrem Leistungsvermögen entsprechen.
2. Es müssten zumindest theoretisch so viele Aufträge da sein, wie Schüler in der Klasse sind.
3. Es können weniger Aufträge als Schüler in der Klasse sein, wenn einige Aufträge auch die Bearbeitung in Partner- oder Gruppenarbeit vorsehen.
4. Es sind auch nur wenige Stationen möglich oder sinnvoll, wenn zum Beispiel Differenzierung und Inhalte dies nicht bedingen und der Umfang des Stationenbetriebes insgesamt kleiner sein soll. Diese Aufträge liegen dann jeweils in mehrfacher Fertigung vor, damit die Summe aller Angebote wieder mindestens die Anzahl der Schüler ergibt. Mit sechs Arbeitsaufträgen, die jeweils fünfmal kopiert sind, können so theoretisch 30 Schülerinnen und Schüler „beschäftigt" werden.

Laufzettel einplanen

Für alle Beteiligten, die Schülerinnen und Schüler und die jeweilige Lehrkraft, bietet ein Laufzettel die notwendige Orientierung über den Inhalt und die Struktur der aktuellen Stationen sowie über den Stand der Arbeiten einzelner Schüler. Auf dem Laufzettel sind entweder die Ziffern der einzelnen Stationen oder die Kombination von Ziffer und Inhalt als Übersicht dargestellt, gleichzeitig sind Möglichkeiten für Bearbeitungs- und Erledigungsvermerke vorgesehen.

Einen Laufzettel kann individuell jede Schülerin und jeder Schüler haben oder er wird zusammengefasst als Übersichtsplan für die ganze Klasse zur Verfügung gestellt. Ein Übersichtsplan für die ganze Klasse veröffentlicht auch die Einzelleistung (zumindest unter quantitativen Betrachtungsweisen) und schafft damit Konkurrenzsituationen. Gleichzeitig bietet er jedoch einen Überblick über den „Stand" innerhalb der Klasse.

Ich habe meist mit dieser Form begonnen, wenn es mir darum ging, die Schülerinnen und Schüler über die Quantität ihrer Arbeit an die gewünschte Qualität heranzuführen. Dies sei mit folgendem Beispiel belegt:

Ein Schüler wird von mir beobachtet, wie es gleichzeitig zwei Kreuze in der Fortschrittsliste (Übersicht) anbringt, obwohl nur eine Station bearbeitet wurde. Nachdem ich dem Schüler meine Beobachtung beschreibe und ihm gleichzeitig eine Brücke anbiete: „Wahrscheinlich geht es dir nicht so gut, weil du erst so wenige Kreuze hinter deinem Namen hast", bejaht der Schüler diese Aussage. Anschließend versehe ich in Vereinbarung mit dem Schüler alle Kästchen mit einem Kreuz, um künftig ein „ruhiges und unbeschwertes" Arbeiten zu ermöglichen. Damit sollen nicht Tür und Tor dem Nichtstun geöffnet, aber es soll allen Schülerinnen und Schülern deutlich werden (weil es sich ganz schnell herumspricht), dass nicht die Anzahl der Kreuze wichtig ist, sondern die Tatsache, dass jemand für sich etwas gelernt hat und danach mehr kann oder weiß als vorher.

Der Übersichtsplan zum Thema „Geometrische Körper" für eine fünfte Klasse ist auf der nächsten Seite abgebildet.

Die Kopfzeilen der Themenabschnitte sollten mit denselben Farben unterlegt sein wie ihre korrespondierenden Arbeitskarten beziehungsweise Kopiervorlagen. Damit wird die Differenzierung und die Struktur des Lerngegenstands „augenfällig". Die Kopfzeile enthält die schwerpunktmäßigen Gesichtspunkte und Inhalte, die bei der Bearbeitung dieses „Stationenbetriebs" berücksichtigt werden: Zum Thema „Körper herstellen" sind drei Lernstationen angeboten (mir eingefallen), die Ziffer ganz unten (2) beschreibt die Anzahl der Stationen, die innerhalb dieses Themengebietes bearbeitet werden müssen, also zwei der

	Körper herstellen ①			Verschiedene Körperformen ②					Körpernetze ③			Kanten, Ecken, Flächen ④					Mit Würfeln bauen ⑤			
	a	b	c	a	b	c	d	e	a	b	c	a	b	c	d	e	a	b	c	d
Asmahan																				
Kathrin																				
Ümmügül																				
Nadin																				
Dagmar																				
Selda																				
Claudia																				
Mehtana																				
Melanie																				
Tina																				
Aysel																				
Stefanie																				
Susanne																				
Michaela																				
Harald																				
Dominik																				
Metin																				
Anestis																				
Benni																				
Stephan																				
Thomas																				
	2			3					2			3					2			

drei zur Verfügung stehenden Arbeitsaufträge. Die drei Arbeitsaufträge weisen insgesamt, vom Umfang und dem verlangten Schwierigkeitsgrad her, deutliche Unterschiede auf.

Zum Thema „verschiedene Körperformen" sind fünf Stationen zur Verfügung gestellt, drei davon müssen bearbeitet werden. Dasselbe Verfahren gilt selbstverständlich für die drei restlichen Teilthemen „Körpernetze", „Kanten, Ecken, Flächen" und „mit Würfeln bauen".

Der Laufzettel auf der nächsten Seite wurde ursprünglich von Rita Binder, Lehrerin an der Grundschule Flacht, für eine gemeinsam geplante Übungsphase an Stationen für ein erstes Schuljahr hergestellt. Durch seine Einfachheit und gleichzeitige Offenheit fand er sowohl in dieser Klasse als auch durch mich schon in vielen anderen Lernzirkeln (bis hin zum neunten Schuljahr) als Übersichtsplan Verwendung. Die Kinder beziehungsweise Schülerinnen und Schüler kennzeichnen nach erfolgter Erledigung eines Einzelauftrags die entsprechende Ziffer auf dem Laufzettel durch Ankreuzen oder noch besser durch farbiges Anmalen. Wenn gleichzeitig die einzelnen Stationen durch Farbmarkierungen gekennzeichnet sind, sind diese Farben beim Anmalen zu berücksichtigen. So erhalten schon Erstklässler, und auch alle anderen Schülerinnen und Schüler, die Möglichkeit, Strukturen zu erkennen und die notwendige Anzahl selbst zu kontrollieren.

In diesem konkreten Fall waren die einzelnen Stationen durch Farbaufkleber gekennzeichnet. Es gab beispielsweise fünf grüne Kennzeichnungen. An einer zentralen sichtbaren Freifläche (zum Beispiel an der Tafel) waren drei grüne Farbpunkte angebracht, welche signalisierten, dass von den fünf zur Verfügung stehenden „grünen" Stationen drei zu erledigen sind. Als Kontrolle mussten später also drei grüne Luftballons auf dem Laufzettel vorhanden sein.

Der folgende Laufzettel auf Seite 80 ist von Petra Prigl zum Stationenbetrieb Thema „Kartoffel" gestaltet, er kann stellvertretend für viele Bereiche angesehen werden, bei denen Inhalte auf unterschiedlicher Ebene, mit unterschiedlichen Zugängen erarbeitet werden. Diese Form ist meines Erachtens vor allem für die Orientierungsstufe sehr geeignet, für einen Zeitraum, in dem einzelne Schülerinnen und Schüler noch auf unterschiedlichen Denkebenen (Piaget) arbeiten beziehungsweise unterschiedliche Darstellungsebenen im Sinne der Bruner'schen Stufen erfordern. Der Laufzettel stellt die Grundanliegen und die inhaltliche Struktur in anderer Weise dar: Insgesamt steht jede Kartoffel für einen Themenbereich, jeder Punkt auf der Kartoffel steht für eine der zur Verfügung stehenden Arbeitsstationen.

Stationen zum Thema 1 beschäftigen sich zum Beispiel mit der Kartoffelpflanze. Den Kindern standen drei Arbeitsaufträge zur Verfügung, mit Berücksichtigung unterschiedlicher Zugänge beziehungsweise Arbeitsweisen. An ei-

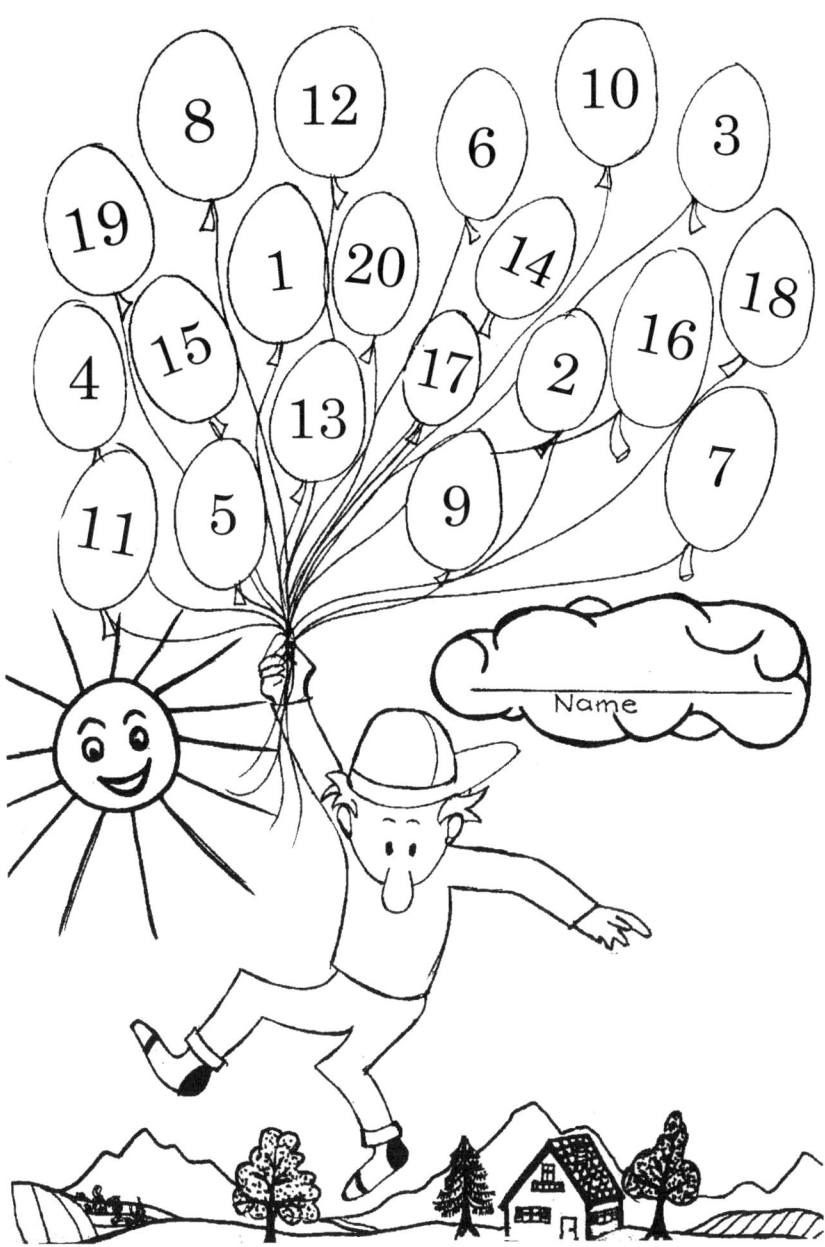

Name

von Rita Binder

Kartoffel

Name: _____

von Petra Prigl

ner Station sollte zum Beispiel die Kartoffelpflanze nach einer Vorlage gezeichnet und beschriftet werden. Eine weitere Station stellt die Pflanzenteile jeweils als Teile einer Zeichnung und Begriffskärtchen zum Ausschneiden zur Verfügung. Alle Teile wurden von einer Schülerin oder einem Schüler ausgeschnitten, richtig zusammengefügt, aufgeklebt und eventuell noch farbig gestaltet. Im Rahmen der dritten, alternativ zur Verfügung stehenden Station müssen Begriffskärtchen auf einem Klebebild richtig zugeordnet werden.

Der Laufzettel verlangt nun, zu jedem der acht Einzelthemen mindestens eine Station zu bearbeiten. Die Schülerinnen und Schüler wählen die Station aus, die ihrem Leistungsvermögen und ihren Ansprüchen am ehesten gerecht wird. Diese Vorgehensweise widerlegt übrigens meist die Annahme, dass sich Kinder immer die einfachsten Dinge aussuchen und damit den Weg des geringsten Widerstandes gehen.

Immer dann, wenn die individuelle Leistung im Vordergrund steht und in der Klasse das gegenseitige Beobachten einen hohen Stellenwert einnimmt, empfehle ich grundsätzlich die Verwendung von personenbezogenen Laufzetteln. Diese Laufzettel können von den Schülerinnen und Schülern anschließend auch abgeheftet werden und dokumentieren damit in ihren Unterlagen die geleistete Arbeit.

Zeitlichen Umfang beim Lernen an Stationen betrachten

Beim Lernen an Stationen ergibt sich die Gesamtarbeitszeit aus der Anzahl der Stationen und der zur Verfügung stehenden Zeit pro Station beziehungsweise der benötigten Zeit für die gewünschten Mindestleistungen. Sie orientiert sich inhaltlich an den Vorstellungen der Lehrerin oder des Lehrers und, falls auf ein Fach begrenzt, auch an den Möglichkeiten des Lehrplans. Der Stationenbetrieb zu einem bestimmten Thema kann sich so schnell über einen zweistelligen Stundenumfang erstrecken. Es ist nicht sinnvoll, das Lernen an Stationen auf enge Zeiträume zu begrenzen. Die großen Vorteile dieses Lernens liegen ja gerade darin,

- dass jede Schülerin und jeder Schüler in seinem Tempo die Mindestanforderungen erfüllen kann,
- dass sich eine Schülerin beziehungsweise ein Schüler auf die Fortsetzung am nächsten Tag einstellen kann,
- dass durch die längerfristige Anlage erst ein gegenseitiger Ansporn, gegenseitige Hilfe und das Entwickeln von Interessen möglich werden usw.

Gleichzeitig soll aber auch die Konzentrationsfähigkeit einzelner Schülerinnen und Schüler auf ein Thema nicht überfordert werden. Ich halte es für sinnvoll, das Lernen an Stationen zumindest am Anfang auf jeweils eine

Unterrichtsstunde pro Tag zu begrenzen. Aufhören, wenn es am schönsten ist, erhält den Wunsch, an dieser Sache an einem der Folgetage weiterzuarbeiten.

Dauert eine intensive Arbeit länger als 45 bis 60 Minuten, lassen die Begeisterung, die Intensität der Arbeit und die Freude insgesamt nach einiger Zeit nach. Am nächsten Tag muss dann unter Umständen wieder mühsam motiviert werden, sofern es überhaupt noch möglich ist. Dabei liegt dieser Motivationsabfall nicht in der Sache, sondern eher in der zeitlichen Überforderung der Leistungsmöglichkeiten begründet.

Im stundenbezogenen Unterricht wird die Motivation immer am Beginn aufgebaut und die Stunde möglichst „rund" wieder abgeschlossen. Somit wird der bedingte „stündliche" Motivationsaufbau zur Notwendigkeit. Die folgende Skizze kann dies verdeutlichen:

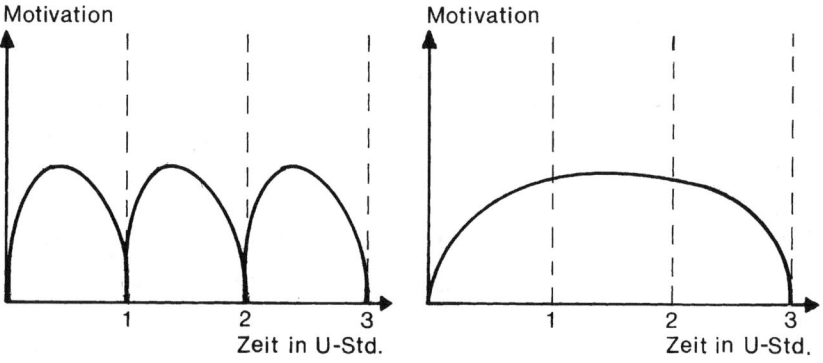

Sie beschreibt die Aufteilung des entsprechenden Themas in Einzelstunden und den jeweiligen Motivationsablauf. In der rechten Skizze wird bewusst eine Abrundung nach jeder Stunde vermieden. Hier wird durch den Stundenrhythmus an der Schule oder durch einen modifizierten Ablauf des Schulalltages, jeweils nach einer vertretbaren Zeit, die tägliche Zäsur gesetzt, um die Motivation auch zu erhalten.

Ablagemöglichkeiten schaffen

Die Schülerinnen und Schüler arbeiten unterschiedlich lange an einzelnen Stationen und sind bei der oben erwähnten täglichen Zäsur meist nicht an einem klaren Ende bei der Bearbeitung des letzten Auftrages. Auch die Ergebnisse, der Laufzettel usw. müssen sinnvoll aufbewahrt werden können. Sie sollen am Folgetag wieder zur Verfügung stehen. Aus meiner Sicht hat sich dafür zumindest für die Arbeit in einer Klasse mit festem Klassenzimmer eine

Hängeregistratur mit je einer Hängemappe pro Schülerin/Schüler sehr gut bewährt. Dort lagern sie ihre Zwischenergebnisse, den Laufzettel und auch Fertigprodukte, sofern überhaupt Fertigprodukte erstellt werden. Sie stehen am nächsten Tag wieder zur Verfügung und geben zudem der Lehrerin oder dem Lehrer die Möglichkeit, sich jederzeit über den Stand einzelner Schülerinnen und Schüler ein Bild zu machen, eventuell auch ihre Ergebnisse zu kontrollieren oder ihnen eine Rückmeldung zu geben.

Rückmeldungen an die Schülerinnen und Schüler vorsehen

Kinder in der Grundschule ebenso wie Schülerinnen und Schüler der Sekundarstufe I (und Erwachsene) freuen sich darüber, wenn sie bezüglich ihrer Arbeit eine Rückmeldung erhalten. Dies ist über die Hängeregistratur durch das Einlegen von Zetteln gut möglich.

Folgende Formulierungen habe ich zum Beispiel schon verwendet:

> *„Herzlichen Glückwunsch!*
>
> *Du hast in den folgenden Teilgebieten_____ schon alle Pflichtaufgaben erledigt. Ich freue mich sehr darüber. Hoffentlich hat es dir Spaß gemacht und du hast dabei etwas gelernt oder geübt. Weiter so!"*

> *„Du warst fleißig und hast schon einige Aufgaben erledigt. Allerdings hast du aus meiner Sicht noch nicht alle Aufgaben gemacht, die in diesem Bereich für dich notwendig wären. Woran lag es wohl?*
>
> *Ich bin sicher, dass du noch einige der Pflichtaufgaben erfüllen kannst oder gemeinsam mit mir Lösungen findest. Ich würde mich freuen!"*

Helfersystem aufbauen

Schülerinnen und Schüler helfen sich gerne gegenseitig und erklären sich auch Inhalte und Sachverhalte teilweise besser, als wir das können (was sich bei der Erledigung von Hausaufgaben täglich zeigt). Ihre Denk- und Arbeitsweisen ähneln sich untereinander wahrscheinlich mehr als der unsrigen. Das Helfersystem kann durch direkte Zuweisung erfolgen. Dies entspricht dann zum Beispiel dem von Jürgen Reichen im Werkstattunterricht bevorzugten „Chefsystem": Jeder Schüler bekommt dort eine Station zugewiesen. In diese hat er sich einzuarbeiten und ist dann Chef dieser Station. Der Chef hilft, erklärt und bewertet. Jürgen Reichen hat nach seinen Berichten sehr gute Erfahrungen damit gemacht. Ich selbst habe festgestellt, dass in der Grundschule Kinder mit einer so umfangreichen Aufgabe überfordert oder gar überlastet sind. Für Jürgen Reichen ist dieser Zustand durchaus erstrebenswert, weil sich die Kinder dann auf neue Lösungsmöglichkeiten im Zusammenhang mit ihrer Überlastung besinnen (vgl. Reichen 1991).

In den Klassen der Sekundarstufe jedoch hat sich ein Chefsystem vor allem dort sehr bewährt, wo zum Beispiel im naturwissenschaftlichen Unterricht Versuche aufgebaut und durchgeführt werden sollen. Mit diesem Helfersystem entsteht dann zumindest in Partner- oder größeren Schülergruppen ein Unterricht, den Schülerinnen und Schüler für Schülerinnen und Schüler gestalten. Aus meiner Sicht eine Hochform des Lernens, wenn Schüler einander Sachverhalte erklären und näher bringen können.

Auch wenn es nach Kindergarten
oder Grundschule klingt und vielleicht belächelt wird, hat sich folgen-
des System in meiner Praxis bis in die
Klasse zehn bewährt: Für den freien
Aufbau eines Helfersystems verwende ich Namenskärtchen, die zur besseren Befestigung mit einer Wäsche-
klammer versehen sind. Schülerinnen
und Schüler heften ihr Namensschild
nach eigenem Ermessen an die jeweilige Station und signalisieren damit,
dass sie sich hier auskennen und bereit sind, Hilfen zu geben. Selbstverständlich können sie ihr Hilfsangebot
durch Abnehmen des Namenskärt-
chens wieder zurücknehmen.

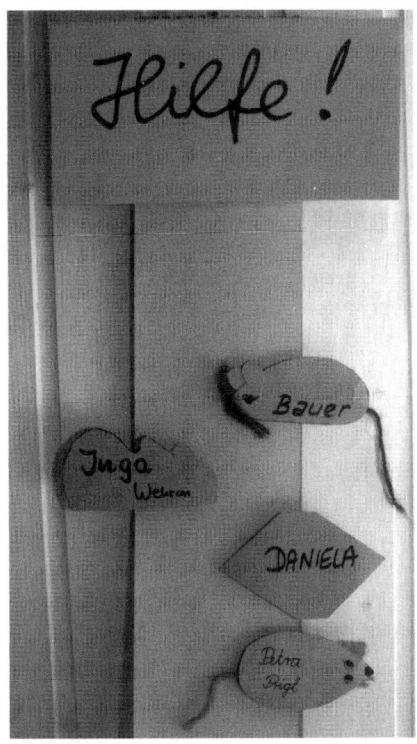

Solche Namensschilder helfen zum
Beispiel auch bei der Koordinierung
der angeforderten Hilfe der Lehrkraft. Ein Kartonstreifen mit der Aufschrift „Hilfe!" dient dem Anheften
einzelner Namensschilder. Diese Namensschilder sollen immer unterein-
ander angeheftet werden, um das Abarbeiten in der richtigen Reihenfolge
durch die Lehrerin oder den Lehrer zu gewährleisten. Die Schülerinnen und
Schüler erkennen selbst sehr schnell den Zusammenhang mit der entstehen-
den „Wartezeit" und entscheiden sich dann jeweils selbst, ob sie diese Zeit durch
Warten überbrücken oder zwischendurch eine andere Aufgabe erledigen.

Gesprächsrunden einplanen

Durch das Lernen an Stationen soll selbstverständlich das individuelle Lernen
im Vordergrund stehen. Gleichzeitig sind jedoch auch Möglichkeiten des
sozialen Lernens, des Berichtens und des Zuhörens, also des Miteinanders, zu
integrieren. Der Gesprächskreis stellt dazu einen guten Organisationsrahmen
dar. Im Gesprächskreis können die Schülerinnen und Schüler berichten, sich
austauschen, zurückfragen oder auch einfach nur zuhören. Für andere Mitschülerinnen und Mitschüler hat die Schilderung von guten Erfahrungen oder
Schwierigkeiten Signalwirkung, die Aufmerksamkeit weckt oder Motivation
erzeugt. Teilweise bieten derartige Schilderungen auch Entscheidungshilfen

für die Fortsetzung der Arbeit. Für die Lehrkraft sind sowohl die Aussagen über die Befindlichkeit als auch über die Verfahren oder Stoffinhalte optimale Informationsquellen und Grundlagen für Bewertungen und Beurteilungen der Schülerinnen und Schüler.

Es scheint mir nicht angebracht, den genauen und sinnvollen Ort solcher Besprechungen in den einzelnen Bearbeitungsphasen zu beschreiben, auch soll nicht das Postulat aufgestellt werden, dass jede Arbeitsstunde beim Lernen an Stationen einen Gesprächskreis enthalten muss. Solche Dinge kann und muss jede Lehrkraft für sich und ihre Klasse täglich neu entscheiden und begründen. Einige Aspekte sollen diese Entscheidung erleichtern oder die bisherige Praxis reflektieren helfen.

Eine Arbeitsstunde mit einem Gesprächskreis zu beginnen ermöglicht auf jeden Fall einen gemeinsamen Beginn. Die Lehrkraft und die Schülerinnen und Schüler sammeln sich und stimmen sich auf das aktuelle Thema täglich neu ein. Gleichzeitig werden damit die Vorteile eines gleitenden Beginns der Arbeit vergeben.

Vorteile eines gleitenden Beginns sind:

- Schülerinnen und Schüler beginnen nicht immer punktgenau nach der Aufforderung der Glocke oder der Lehrerin mit ihrer Arbeit, sondern mit einer offenen Anfangsphase oder bereits während der vorausgehenden Pause.
- Schülerinnen und Schüler, die zum Beispiel nach der Pause oder zu Beginn der Stunde nicht pünktlich sind, stören nicht gleich die Arbeit der gesamten Klasse.
- Die Schülerinnen und Schüler übernehmen mit ihrer Entscheidung für den Beginn auch selbst die Verantwortung dafür.

Die Verantwortung, sich selbstständig für eine Arbeit zu entscheiden und diese auch zu beginnen, würde durch den fast obligatorischen Auftrag am Ende der einführenden Gesprächsrunde: „Arbeitet jetzt bitte an den Stationen weiter", dann doch wieder federführend durch die Lehrkraft übernommen.

Eine Gesprächsrunde am Schluss einer Arbeitsphase ermöglicht eine Reflexion der Arbeit und hilft Sachverhalte zusammenzufassen. Gleichzeitig ist sie meist durch das Stundenende oder die anschließende Pause zeitlich vorgeprägt und damit häufig eingeschränkt. Ein Klassengespräch kann oft zusätzlich für anschließende Arbeiten motivieren. Wenn das Gespräch am Schluss der Stunde stattfindet, bezieht sich die Motivation erst auf eine Stunde am Folgetag und kann daher ihre volle Wirkung nur selten entfalten.

Aus meiner Sicht haben sich Gesprächsphasen bewährt, die in den laufenden Prozess integriert sind. Sie unterbrechen dann zwar die aktuelle Arbeit der

Schülerinnen und Schüler, ermöglichen jedoch anschließend eine (fast) naht-lose Fortsetzung.

Die Ausführungen lassen erkennen, dass es für alle Arten der zeitlichen Anordnung von Gesprächsphasen Rechtfertigungen, Vor- und Nachteile gibt. Alle Arten sind möglich und sollten situativ begründet eingesetzt werden. Wichtig ist nur, dass sie stattfinden. Die Schülerinnen und Schüler haben ein Recht auf Rückmeldung, die sie durch andere oder auch durch die Lehrkraft erhalten. Diese Rückmeldungen helfen ihnen bewusst zu machen, was gear-beitet wurde und was hätte entdeckt werden sollen oder können. Dann werden Handlungen zu Denkprozessen im Sinne von Piaget, der „Denken als verin-nerlichtes Handeln" beschreibt. Aus meiner Sicht kann diese Besprechung, die Versprachlichung von Erfahrungen oder möglichen Erfahrungen durchaus auch ab und zu von der Lehrerin oder dem Lehrer übernommen werden, zumal ein Ziel ist, Erfahrungen bewusst zu machen. Allerdings gilt auch hier, dass ein Mensch, der etwas selber spricht, erzählt, zusammenfasst zum einen die entsprechende Denkleistung selbst erbringt und zum anderen von dem, was er spricht, in der Regel etwa 70 Prozent im Gehirn speichert, gegenüber 20 Prozent des bloß Gehörten.

Inhaltliche Prägung der Gesprächsphasen beeinflussen

Nach meinen Erfahrungen entwickeln sich nicht vorgeprägte Gesprächskreise fast immer gleich: Die Schülerinnen und Schüler berichten über ihre Erfah-rungen, Meinungen und Einstellungen. Diese helfen bei der Verinnerlichung der Handlungen und sind im Sinne Piagets der begrüßenswerte Teil eines Lernprozesses beziehungsweise das Denken überhaupt. Nur in seltenen Fällen sind die Gespräche inhaltlich strukturiert. Aus der Sicht der Lehrerin, des Lehrers bleiben dann inhaltliche Betrachtungen eher im Hintergrund.

Als Ergänzung zu offenen Gesprächsphasen, die sehr wichtig für die innere Einstellung der Schülerinnen und Schüler sind, können daher vorher verein-barte inhaltliche Gesichtspunkte im Mittelpunkt stehen. Schülerinnen und Schüler, die den zu besprechenden Inhalt schon bearbeitet haben, geben in diesen Gesprächen dann eine Rückmeldung über den Lernzuwachs, für die anderen sind sie eher eine vorausschauende Anregung und weniger im Sinne einer Reflexion zu verstehen. Die Reflexion über die inhaltlichen Dimensionen macht den Lernenden erst bewusst, ob sie auch die richtigen Erkenntnisse und Erfahrungen gemacht haben. Durch die unterschiedliche Abfolge der Arbeiten ist dies jedoch selten (außer am Schluss einer Einheit) zu gewährleisten.

Hinweise oder Rückfragen auf den Anweisungen der Lernstationen, was hier gelernt oder entdeckt werden sollte, ermöglichen den Schülerinnen und Schülern auf dieser Ebene eine individuelle Reflexion. Auf der Basis eigener Betrachtungen und Erfahrungen oder solcher, die gemeinsam mit einem Partner oder einer Gruppe gemacht sind, sollten Reflexionsphasen angeregt und durch Einzelgespräche unterstützt werden. Konkret heißt dies, dass einzelne Arbeitsaufträge mit Hinweisen zu versehen sind, die auf den Lernzuwachs hinweisen, zum Beispiel: „Hier solltest du bemerkt haben, dass sich Metalle beim Erwärmen unterschiedlich ausdehnen."

Die „Einführung" vereinfachen

Mit drei oder mehr Erklärungen durch die Lehrerin oder den Lehrer ist die Aufnahmefähigkeit von unruhigen Schülerinnen und Schülern wahrscheinlich schon überfordert. Ein Schüler, das sich nach ersten Erklärungen bereits für den späteren Beginn an einer Station entschieden hat, hört beim Rest nicht mehr zu und wird unruhig. Wer auf seinen „Leckerbissen" wartet, lässt bisherige Erklärungen einfach an sich „vorbeiziehen".

Mir erscheint es daher wenig sinnvoll, dass die Lehrerin oder der Lehrer einzelne Stationen vorstellt. Auf andere, weniger anstrengende Weise können die Schülerinnen und Schüler ohne lange Erklärungen an neue Stationen herangeführt werden. Die Reihenfolge entspricht dabei keiner Wertung:

Die natürliche Neugierde wird geweckt durch

- die Bereitstellung der Arbeitsstationen ein bis zwei Tage vor dem tatsächlichen Arbeitsbeginn;
- die Bereitstellung der Arbeitsstationen vor Unterrichtsbeginn, wobei die Weckung der Neugierde dann nur noch bedingt gilt;
- einen „Ausstellungsrundgang", bei dem die Schülerinnen und Schüler vor dem Arbeitsbeginn die einzelnen Angebote betrachten und im Überblick kennenlernen können.

Auf diese Weise können die Schülerinnen und Schüler bereits vor dem eigentlichen Arbeitsbeginn die einzelnen Stationen betrachten und für sich jeweils diejenige ausfindig machen, für die sie während der Anfangsphase keine weitere Hilfe benötigen.

Die Anfangsstation festlegen

Die Befürchtung, dass Schülerinnen und Schüler sich schwer oder unkontrolliert für den Beginn ihrer Arbeit entscheiden können, führt meist dazu, dass viel geregelt wird. Grundsätzlich kann ich allen nur Mut machen, den Lernenden diese Selbstregelung zuzutrauen und zu ermöglichen. Die freie Auswahl der Arbeitsstationen ist während der Arbeit sowieso gegeben, warum also nicht auch zu Beginn. Verständlicherweise dauert es einige Minuten länger, bis alle bei der Arbeit sind, sie haben damit jedoch schon eine große eigenverantwortliche Tätigkeit hinter sich, nämlich die, sich selbst für eine entsprechende Arbeit zu entscheiden. Wem dies doch mit zu viel Unsicherheit oder Unruhe verbunden ist, der kann zum Beispiel

- die Anfangsstation auf dem Laufzettel oder der Übersicht kennzeichnen;
- einzelnen Schülerinnen/Schülern oder Schülergruppen direkt den Beginn an einzelnen Stationen zuweisen;
- einen „leeren" Laufzettel zur Verfügung stellen. Schülerinnen und Schüler finden und formulieren dann bei einem informativen Rundgang für die einzelnen Stationen eigene Überschriften oder Kurzbeschreibungen. Erst danach beginnen sie ihre Arbeit an einer frei zu wählenden Station.

Anzahl der Stationen aus der Sicht der Schülerinnen und Schüler

Nach meinen bisherigen Erfahrungen ist eine Beschränkung auf wenige Stationen auch bei einem ersten Bekanntwerden mit dieser Arbeitsform weder nötig noch sinnvoll. Wenn den Schülerinnen und Schülern die Stationen wie oben geschildert am selben Tag oder an Tagen zuvor zur Betrachtung angeboten werden, sind sie bereits damit vertraut. Durch die Kenntnisse aus der Grundschule, bei denen sie in ähnlichen Arbeitsformen oder in der freien Arbeit unter einer großen Anzahl von Materialien auswählen konnten, und durch die Neugierde, die durch den Überblick aufgebaut wurde, ist die erforderliche Motivation aufgebaut, sofern sie nicht schon vorhanden war.

Um eine Auswahl zu ermöglichen, ist es notwendig, mehr Stationen anzubieten, als die Schülerinnen und Schüler bearbeiten sollen. Das Gesamtangebot orientiert sich dabei an den leistungsstärksten Schülerinnen und Schülern und natürlich an den unterschiedlichen Zugangs- und Bearbeitungsweisen. Die Minimalanforderung entspricht der Vorstellung der Lehrerin oder des Lehrers und sollte sich an der Leistungsfähigkeit der schwächeren Schülerinnen und Schüler orientieren. Dazu gehört die Akzeptanz, dass nicht alle Schülerinnen und Schüler alles machen (auch nicht machen müssen) und dass die später in der Leistungsmessung sichtbaren Unterschiede sich auch schon beim Bearbeiten zeigen.

Abschließend soll jedoch die Frage gestellt werden, warum denn immer alle Kinder und Jugendlichen während eines Lernprozesses möglichst gleich behandelt werden und diese Gleichbehandlung zwar mit dem gleichen Test, aber mit einem völlig unterschiedlichen Ergebnis beendet wird?

Die folgende Skizze verdeutlicht diese unpädagogische Vorgehensweise.

Leistungsmessung muss sein und wird auch hier nicht ausgeschlossen. Die Frage ist nur, ob die Hürde für alle Schülerinnen und Schüler gleich hoch sein muss. (Siehe dazu auch die Ausführungen unter dem Thema → Leistungsmessung beim Lernen an Stationen.)

Weitere praktische Tipps

Es ist sinnvoll, zu erstellende Anweisungen beziehungsweise Arbeitsaufträge grundsätzlich auf weißem Papier zu gestalten und sie erst anschließend auf farbiges Papier zu kopieren. Wer gleich mit farbigem Papier arbeitet, erschwert sich die Möglichkeit weiteren Kopierens. Arbeitsaufträge auf rotem Papier können zum Beispiel nur mit großen Qualitätseinbußen kopiert werden.

Um Arbeitsaufträge in anderen Zusammensetzungen wieder verwenden zu können, sollte die Kennzeichnung in Form von Ziffern oder Buchstaben möglichst nicht auf dem Arbeitsauftrag selbst vermerkt werden. Als Ersatz dienen dann zum Beispiel in die Prospekthülle eingelegte Ziffern- oder Buchstabenkärtchen oder eine Beschriftung direkt auf der Prospekthülle mit wasserfestem Stift.

Wenn den Schülerinnen und Schülern Arbeitsblätter in Prospekthüllen zum Beschriften zur Verfügung gestellt werden, sollten diese Arbeitsblätter innen an der Hülle mit einem Tesastreifen fixiert werden. Damit wird verhindert, dass Eintragungen nachher nicht mehr „passen", zum Beispiel nicht mehr auf der Zeile stehen.

Das Beschriften von Arbeitsblättern, die lediglich in Prospekthüllen zur Verfügung gestellt werden, sollte mit einem wasserlöslichen Folienstift erfolgen,
da es anschließend ja wieder abgewischt werden soll. Schülerinnen und
Schüler sollten dann möglichst je einen derartigen Stift besitzen und vorher
das „sinnvolle" und saubere Wiederauswischen kennen gelernt haben: Zunächst mit einem feuchten Tuch oder Papier abwischen (sieht dann ganz
verschmiert aus) und anschließend mit einem trockenen Tuch oder Papier
sauber wischen. Gestaltete Materialien (zum Beispiel Legespiele oder Ähnliches) zuvor ungeordnet auf den Kopierer legen und eine „Bestandsaufnahme"
fertigen. Fehlende oder beschädigte Teile können so rasch und unproblema-
tisch ausfindig gemacht und wiederhergestellt werden.

Übersicht: Organisation

Organisatorische Hinweise zum Lernen an Stationen I

a) Bereitstellung der Arbeitsaufträge/Stationen
Arbeitsaufträge sollten nicht auf den Schülertischen aufgebaut werden
▪ zeitliche Gründe – keine Zeit vor/nach der Stunde
▪ organisatorische Gründe
  – schlecht sichtbar
  – Stationenschilder schwierig aufzustellen
  – Beeinträchtigung durch sonstiges Material usw.
▪ persönliche Gründe

Jeder Schüler soll „seinen" Arbeitsplatz zunächst behalten.

Die Arbeitsaufträge können bereitgestellt werden:
▪ in Prospekthüllen
  – schriftliche Aufträge
  – Arbeitsblätter
  – Hinweise auf Buchseiten usw.
▪ durch Auslegen auf Fensterbank, Tisch, Stuhl usw.
▪ durch Aufhängen an der Pinnwand, am Fenster, am Regal usw.
▪ durch vorgegebenes Material, Versuchsanordnungen oder Bücher

Organisatorische Hinweise zum Lernen an Stationen II

b) Menge der Arbeitsaufträge
Es ist sinnvoll, mehr Arbeitsaufträge anzubieten, als von den Schülerin-
nen und Schülern mindestens bearbeitet werden müssen (Auswahl,
Eingangskanäle usw.).

In der Summe müssen mindestens so viele Arbeitsaufträge vorhanden sein, dass alle Schülerinnen und Schüler einen Arbeitsauftrag bearbeiten können. Das heißt:

1. Es müssten mindestens so viele Aufträge sein, wie Schüler in der Klasse sind.
2. Es können weniger Aufträge sein, als Schüler in der Klasse sind, wenn einige Aufträge auch die Bearbeitung in Partnerarbeit oder Gruppenarbeit bedingen.
3. Es können auch nur wenige Aufträge sein, die dann aber jeweils in mehrfacher Kopie vorliegen, damit die vorliegenden Aufträge der Anzahl der Schüler entsprechen. Mit sechs Arbeitsaufträgen, die jeweils fünfmal kopiert sind, können theoretisch 30 Personen beschäftigt werden.

Organisatorische Hinweise zum Lernen an Stationen III

c) Die Einführung der Stationen/eines Lernzirkels

Es ist **nicht** sinnvoll, dass zunächst von der Lehrerin oder vom Lehrer die einzelnen Stationen vorgestellt werden.

- Mit mehr als drei Erklärungen ist die Aufnahmefähigkeit und Speichermöglichkeit von Schülern wahrscheinlich überfordert.
- Wer sich nach der ersten Erklärung für die Stationen entschieden hat, hört beim Rest sowieso nicht mehr zu.
- Wer auf „seinen Leckerbissen" wartet, lässt bisherige Erklärungen einfach an sich vorbeiziehen.

Bessere Möglichkeiten, um die Schülerinnen und Schüler ohne lange Erklärungen an die Stationen heranzuführen, sind:

1. Die Neugierde wecken durch
   - Bereitstellung bereits ein bis zwei Tage vor Arbeitsbeginn,
   - Bereitstellung vor Unterrichtsbeginn (klappt dann nur bedingt),
   - einen „Ausstellungsrundgang"

   und dadurch eine selbstständige Auswahl beim Beginn ermöglichen.

   In jedem der Fälle führt die natürliche Neugierde dazu, dass die Schülerinnen und Schüler bereits vor dem eigentlichen Arbeitsbeginn die Stationen betrachten und damit wenigstens eine Station als Anfangsmöglichkeit für sich ausmachen, an der sie keine weitere Hilfe benötigen.

2. Zuweisung der ersten Station durch
   - Kennzeichnung auf dem Laufzettel oder der Übersicht,
   - persönliche Zuweisung einzelner Schüler oder Schülergruppen.

6. Schülerinnen und Schüler in die Planung einbeziehen

Als Lehrerinnen und Lehrer beschäftigt uns die Neueinführung eines Stoffes schon Tage oder Wochen vorher. Selbst nach einem Studium, als Fachleute, müssen wir uns sowohl inhaltlich als auch didaktisch und methodisch längerfristig auf ein Thema einstimmen und dieses vorbereiten. Den Schülerinnen und Schülern sollten wir die Möglichkeit dazu auch geben. Für sie gilt auch, was ich bei Unterrichtsbesuchen öfter als Argument nach schwierigen Situationen im Unterricht höre: „Wissen Sie, Herr Bauer, das mache ich auch fachfremd und zum ersten Mal."

Für unsere Schülerinnen und Schüler sind die meisten Inhalte fachfremd, im Sinne unserer Terminologie vermutlich alle. Sie haben auch ein Recht auf Vorbereitung, sollen sie sich mehr als nur spontan und zufällig auf das Thema einlassen.

Ein Planungsgespräch, etwa eine Woche vor dem Beginn der eigentlichen Arbeit, kann einen konkreten Einstieg in eine neue Thematik und die Einbindung der Schülerinnen und Schüler darstellen. Eberhard Kanzler, Seminarschulrat am Staatlichen Seminar für schulpraktische Ausbildung in Sindelfingen, hat die Möglichkeiten des Planungsgesprächs unter dem Titel „Das Planungsgespräch, oder die Schüler reden lassen" in dem von Bernd Lehmann herausgegebenen Buch „Kinder-Schule: Lehrer-Schule" (1991, S. 135–148) näher beschrieben. Er stützt sich vor allem auf den Aufsatz von Jörg Haug und anderen: „Sachunterricht in der Grundschule – Methoden und Beispiele" (1977), auf Erfahrungen von Hans Mozer und seine eigenen.

Diese Ausführungen und Erfahrungen lassen sich voll auf den Unterricht in der Sekundarstufe übertragen: Im Rahmen einer offenen Fragephase, in der die Schülerinnen und Schüler Fragen zum neuen Thema stellen, wird auf den neuen Inhalt vorbereitet. Nach einer Vorankündigung, zum Beispiel am Vortage oder in der vorausgehenden Fachunterrichtsstunde, können die Schülerinnen und Schüler ihre Fragen äußern oder bereits schriftlich formulieren und vortragen. Die Aufzeichnung der Fragephase als Tonbandprotokoll unterstreicht ihre Wichtigkeit, zeigt, dass Sie sie ernst nehmen, und erlaubt Ihnen und den Schülerinnen und Schülern einen späteren Rückgriff auf die ersten Fragen. Wenn die Schülerinnen und Schüler ihre Fragen bereits schriftlich festgehalten haben, können sie, nachdem sie im Sitzkreis vorgetragen worden sind, strukturiert und durch Aufkleben auf ein Plakat festgehalten werden. Ob die Schülerinnen und Schüler das besser in Eigenregie oder mit Ihrer Unterstützung und Hilfe machen, ist von Klasse zu Klasse zu entscheiden.

Diese Moderationsmethode kann auch generell als eine Zettelabfrage in den Unterricht integriert werden. Die Schülerinnen und Schüler erkennen bei der Beantwortung von Fragestellungen der Lehrkraft oder beim Formulieren eigener Fragestellungen ihren bisherigen Kenntnisstand. Das Wissen über die Ausgangssituation und die spätere Endsituation beschreibt als den dazwischen liegenden Teil den Lernprozess beziehungsweise den Lernzuwachs.

Gleichzeitig können diese Antworten oder Fragestellungen von den Schülerinnen und Schülern strukturiert und zu Themengebieten oder Beschreibungen der Bearbeitungsmöglichkeiten zusammengefasst werden. So sind die Lernenden in die Strukturierung der Lerninhalte eingebunden und entwickeln bereits in dieser Phase die Grundlagen für sinnvolles Lernen im Sinne der Lernbiologie.

Meine Erfahrung aus derartigen Arbeitsphasen ist, dass die Schülerinnen und Schüler in erster Linie den Lebensbezug und den Anwendungsbezug in den Vordergrund stellen, also auch die Sinnfrage, was ebenfalls eine Grundvoraussetzung für sinnvolles Lernen und Behalten ist. Nach einem Tonbandprotokoll habe ich zum Beispiel die Fragen der Schülerinnen und Schüler jeweils auf einem Plakat festgehalten. Es wurde am nächsten Tag unter der Überschrift „Die Schüler der Klasse 7a interessiert zum Thema Prozentrechnen:" im Klassenzimmer ausgehängt. Den Schülerinnen und Schülern standen dadurch die Fragen aller als Informationsquelle und gleichzeitig als Ausblick auf das neue Thema zur Verfügung. Es konnten auch jederzeit weitere Fragen eingetragen bzw. nachgetragen werden.

Das Plakat diente auch als Grundlage für ein Abschlussgespräch, in dem der Lernprozess rückwärtig betrachtet wird. Die Beantwortung der Fragen kann dann in der Rückschau als Ergebniskontrolle dienen und den Unterrichtserfolg überprüfen. Das Planungsgespräch regt die Schülerinnen und Schüler zu Fragestellungen an und ermöglicht es ihnen gleichzeitig, ihr Wissen einzubringen und Gesprächsregeln durch Anwendung zu üben. Lehrerinnen und Lehrer sowie die Schülerinnen und Schüler selbst erfahren auf diese Weise etwas voneinander und können sich besser auf die neue Thematik und die Art und Weise der Bearbeitung vorbereiten. Die so erarbeiteten Schwerpunktthemen oder Fragen sind als jeweils übergeordnete Themenschwerpunkte innerhalb des Lernens an Stationen denkbar. Kurzformen der Formulierung werden dann als Überschriften übernommen.

Gleichzeitig erwachsen aus derartigen Planungsphasen oft Vorschläge der Schülerinnen und Schüler, wie die Lernprozesse zu initiieren und zu gestalten sind. Im Idealfall gestalten die Lernenden Arbeitsstationen für sich und die ganze Klasse, an denen der neue Unterrichtsinhalt erarbeitet werden kann. Sie übernehmen nicht nur für die Ausführung Mitverantwortung, sondern auch bereits für die Planung des künftigen Unterrichts. Bitte denken Sie bei aller Ungeduld daran: Auch eine derartige Einbindung ist für die meisten Schülerinnen und Schüler neu und benötigt Zeit und Ausdauer, um erlernt und angenommen zu werden.

7. Die Arbeitsaufträge beziehungsweise die Stationen gestalten

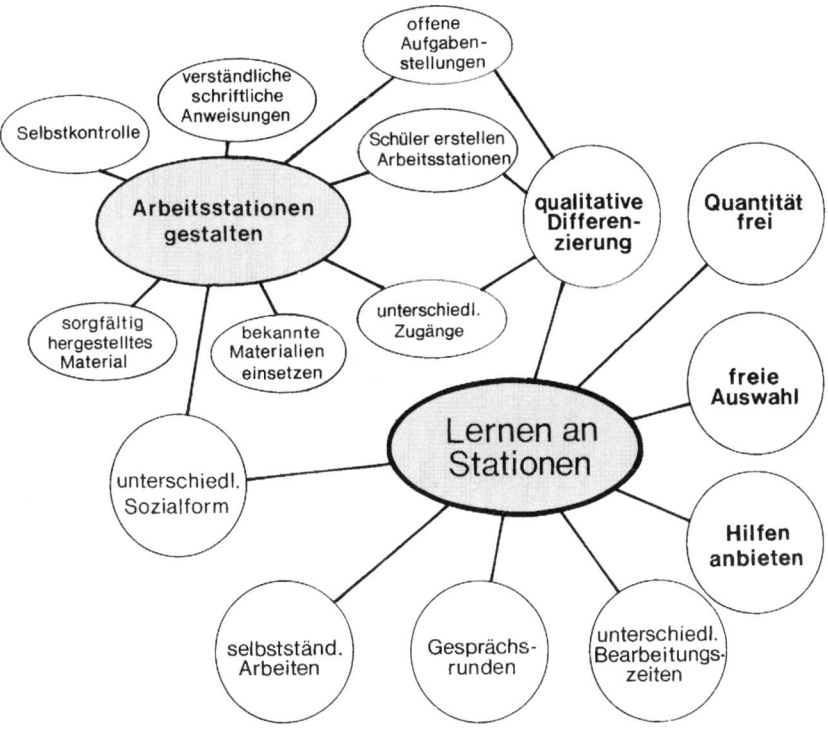

Den Schülerinnen und Schülern werden die Arbeitsaufträge im Klassenzimmer zur Verfügung gestellt. Sie sollen selbstständig und ohne weitere Hinweise bearbeitet werden können. Um diesen Ansprüchen zu genügen, ist eine entsprechende inhaltliche Gestaltung unabdingbar. Alles, was wir bisher in einem Arbeitsauftrag verbal erklären, muss nun aus sich selbst verständlich sein:

Dieser Anspruch bezieht sich auf Zeichnungen, Bilder, Piktogramme und selbstverständlich Beschreibungen in Textform. Auch Versuchsaufbauten, die den Schülerinnen und Schülern zum Beispiel aus einer einführenden Demonstrationsphase bekannt sind, sind aus meiner Sicht hier einzuordnen, da sie sich durch die schon vorhandene Einsicht oder durch das Erinnern an zuvor gemachte Beobachtungen selbst erklären sollen.

Das Material muss im Sinne der Vorbildwirkung sorgfältig hergestellt sein und auch ästhetischen Ansprüchen genügen. Die bereitgestellten Aufgaben sollten Möglichkeiten der Selbstkontrolle beinhalten (siehe hierzu auch → Erfolgskontrolle/Leistungsbeurteilung).

Bereits bekannte Materialien einsetzen

Zum Beispiel kann mit den Schülerinnen und Schülern vereinbart werden, dass eine auf ein Blatt aufgeklebte oder kopierte Aufgabe bedeutet: Suche den Text oder die Aufgabe im Buch und bearbeite sie. Diese Aufgabenstellung scheint zunächst sehr banal, zwingt jedoch den Lernenden, sich das Rahmenthema bewusst zu machen, um im Buch an entsprechender Stelle zu suchen.

Der Umgang mit Kartenspielen, Legespielen, Würfelspielen, der Lernmaschine, Computerprogrammen und Ähnlichem ist den Schülerinnen und Schülern bereits bekannt und erscheint im neuen Zusammenhang, nur mit anderen Inhalten gekoppelt (→ vgl. S. 111 ff. Grundlagen für die Gestaltung von Arbeitsstationen). Die oben genannten Arbeitsmittel werden im Weiteren noch detailliert vorgestellt.

Offene Aufgabenstellungen einbeziehen

Eine entsprechende Kennzeichnung zeigt den Schülerinnen und Schülern, dass offene Aufgabenstellungen und Lösungen zugelassen sind.

Ein Fragezeichen ohne weitere Anregung, eine Skizze, ein Foto, ein Text oder eine beliebige Aufgabe zum Beispiel mit einem Fragezeichen versehen, kann heißen: Suche dir selbst eine Fragestellung oder Problemstellung zu diesem Arbeitsmittel.

Eine ganze Station *nur* mit einem Fragezeichen zu versehen regt nach meiner Erfahrung vor allem fantasiereiche Schülerinnen und Schüler an, konstruktiv neue Aufgabenstellungen zu erfinden oder sich selbst offene Problemstellungen zu suchen.

Offene Lernsituationen, die sich selbst zu neuen Aufgabenstellungen entwickeln, sind auch durch das Bereitstellen von beliebigem Material zu implizieren. Hier wird bei den Schülerinnen und Schülern durch das Materialangebot und die fehlende Aufgabenstellung freier handelnder Umgang angeregt. Die Einbeziehung ihrer schöpferischen Kräfte wird gefördert.

Schülerinnen und Schüler zum Erstellen weiterer Stationen anregen

Viele Schülerinnen und Schüler arbeiten gerne produktiv und möchten selbst Aufgaben oder Aufgabenstellungen „erfinden". Aber sie erhalten im üblichen Unterricht ganz selten die Gelegenheit dazu. Dabei möchten aktive Menschen viel lieber Aufgaben entwickeln als reaktiv welche bearbeiten. Beim Lernen an Stationen ist dies durch die zeitlich längerfristig orientierte Anlage problemlos möglich. Gelegentlich bieten Schülerinnen und Schüler von sich aus (weil sie es beim Stationenlernen gewohnt waren oder sind) die Erarbeitung weiterer Lernstationen oder Übungsmöglichkeiten an.

Falls dazu wertvolles Material notwendig ist, lasse ich von den Schülerinnen und Schülern Vorlagen erstellen, die ich in die entsprechende Reinform auf das Material übertrage (zum Beispiel Legespiele), jedoch mit dem Namen des „Erfinders" versehe.

Normale Anweisungen können direkt übernommen werden. Sie entstehen teilweise aus ganz konkreten Situationen, wenn Schülerinnen und Schüler mit der Art der vorgegebenen Aufgabenstellung Schwierigkeiten haben. Es ist hilfreich, in solchen Fällen Verbesserungsvorschläge zu erbitten. Solche Verbesserungsvorschläge münden dann oft in die erwähnte vollständige Neuerstellung durch den Lernenden selbst.

Schriftliche Anweisungen verständlich formulieren

Schriftliche Anweisungen müssen verständlich sein. Sie sind dann gut, wenn keine weiteren Erklärungen erforderlich sind. Die tägliche Praxis sieht im Gegensatz dazu häufig anders aus: Wir stellen den Schülerinnen und Schülern schriftliche Arbeitsaufträge zur Verfügung. Sie werden von einem Schüler nochmals vorgelesen, unter Umständen auch nochmals erklärt. Wir wundern uns oft, dass die Schülerinnen und Schüler schriftliche Aufträge nie selbst genau lesen. Möglicherweise sind das die Ursachen dafür. Die Notwendigkeit, einen schriftlichen Auftrag genau zu lesen und zu versuchen, ihn auch zu verstehen, entfällt, wenn die Erklärung dazu zu irgendeinem Zeitpunkt doch noch folgt.

Rückfragen an die Lernenden, ab welcher Stelle sie zum Beispiel die Anweisung nicht mehr verstehen, zwingt sie zu einer intensiveren Auseinandersetzung mit dem Text und gibt gleichzeitig der Lehrkraft Hinweise auf Verbesserungsvorschläge beim Verfassen von Arbeitsaufträgen.

Ich bin ein überzeugter Anhänger von schriftlichen Arbeitsaufträgen und Loseblattsammlungen. Beide Formen begegnen uns im täglichen Leben ständig. Schriftliche Informationen erhalten wir in Zeitungen und Büchern, in Gebrauchsanweisungen und in Verträgen. Außerhalb der Schule erhalten wir einzelne Schriftstücke nur noch in Loseblattform. Wer in der Schule gelernt hat, mit einer Loseblattsammlung umzugehen und sie systematisch zu ordnen, wird dieses Können im Alltag schätzen und anwenden.

Das Lernen an Stationen lebt zu einem bestimmten Maße auch davon, dass für unterschiedliche Inhalte immer wieder bereits bekannte, also alte „Verpackungen", methodische Vorgehensweisen und Materialien gewählt werden. Diese müssen dann bei nochmaliger Verwendung im Zusammenhang mit einem neuen Inhalt nicht mehr erklärt werden. Eine Erklärung ist wirklich nicht mehr notwendig, wenn die Schülerinnen und Schüler den Sachverhalt oder die Organisationsform kennen oder können.

Bekanntes und Neues sinnvoll mischen

Zwischenzeitlich könnte der Eindruck entstanden sein, dass den Schülerinnen und Schülern alles schon bekannt sein soll. Wenn Lernende „Verpackungen" kennen, müssen sie im Rahmen neuer Inhaltszusammenhänge nicht neu erklärt werden. Durch die Trennung von „Verpackung" und Inhalt wird die Bearbeitung der neuen Inhalte oder Anwendungen erleichtert. Selbstverständlich können auch immer wieder neue Arbeitsformen und Medien eingeführt werden. Es bleibt nur die Überlegung, ob diese Neuigkeiten auch immer zu Beginn eines Stationenbetriebes im Klassenverband vorgestellt werden sollen. Einfachen Erklärungen stimme ich gerne zu, wobei sich dann gleich die Frage stellt, ob einfache Erklärungen überhaupt notwendig sind. Ansonsten ist aus meiner Sicht eine „stille" Einführung neuer Arbeitsmittel oder Spiele sinnvoller. Interessierte Schülerinnen und Schüler werden auf Wunsch mit dem neuen Arbeitsmittel vertraut gemacht. Häufig übernehmen sie dann anschließend gerne die Multiplikatorenfunktion. In diesem Zusammenhang ist die Einführung neuer Lernmittel eher über einzelne Schüler oder Schülergruppen zu ermöglichen. Auch leistungsschwächere Schüler werden dadurch in „Führungspositionen" gebracht. Sie lernen während der Arbeit an Stationen oder zum Beispiel in Stützkursen neue Arbeitsverfahren, Spielabläufe oder Ähnliches kennen, die sie dann im Bedarfsfall an ihre Mitschülerinnen und Mitschüler weitergeben.

Unterschiedliche Zugänge anregen

Neue sowie zu vertiefende Arbeiten und Inhalte können grundsätzlich auf unterschiedliche Arten erledigt werden. Oberstes Ziel ist, dass eine Schülerin, ein Schüler anschließend höhere Fertigkeiten, vertiefte Einsichten oder mehr Wissen besitzt. Um dies zu erreichen, sollten unter Berücksichtigung der unterschiedlichen Eingangskanäle und Darstellungsebenen unterschiedliche Zugänge beziehungsweise Umformungen in andere Darstellungsebenen angeboten werden.

Solche Zugänge können unter anderem sein

- *Handlungen* (Versuche und Ähnliches), die Erkenntnisse und Erfahrungen ermöglichen und die durch Anregungen auch reflektiert werden. Nur Handeln ist für mich oft meist sinnloses Hantieren. Verbunden mit einer Reflexion, dem Bewusstmachen, wird die Handlung zur verinnerlichten Handlung und damit im Sinne Piagets zum Denken (a).
- In Handlungen erlebte oder in Texten dargestellte Sachverhalte *zeichnerisch darstellen* (b).
- In Handlungen erlebte oder in Bildern dargestellte Sachverhalte durch Texte beschreiben, *in Texte umsetzen* (c).
- Sachverhalte in Textform oder in bildlichen Darstellungen in einem *Rollenspiel* darstellen.
- Größere Texte oder sonstige Sachverhalte *in eigenen Worten oder/und als verkürzten Text darstellen*.
- Eine *Dokumentation* (Wandzeitung, Plakat, Foto, Video oder Ähnliches) fertigen usw.

In diesen Anregungen ist jeweils enthalten, dass die Schülerinnen und Schüler die Aufgabe erhalten, Dinge in einer anderen Repräsentationsebene darzustellen. Diese Repräsentationsebenen beziehen sich auf Beschreibungen von Bruner: enaktiv – ikonisch – symbolisch, wobei (a) die Handlungsebene, (b) die bildnerische Darstellung und (c) die Verwendung von Symbolen, also Buchstaben, Zahlen und Rechenzeichen, gemeint sind.

Qualitative Differenzierung berücksichtigen

Unter diesem Inhaltsaspekt werden zum Teil nochmals unterschiedliche Gesichtspunkte zusammengefasst, die zuvor schon angesprochen wurden oder im folgenden Punkt „Hilfen anbieten" nochmals ausführlicher erwähnt werden. Qualitative Differenzierung ist hier überwiegend als Gegensatz zu einer quantitativen Differenzierung zu sehen, die sich häufig in den Worten „Wer fertig ist, der macht noch ..." erkennen lässt.

■ *Produzierende Arbeiten anregen:*
Im Gegensatz zu meist reproduzierenden Aufgaben, die in sehr vielen
Büchern überwiegend angeboten werden, könnten entsprechende Auf-
träge dann sein:
- Stelle in anderer Form dar!
- Skizziere!
- Schreibe in deinen Worten!
- Erfinde und gestalte selbst solche Aufgaben!
- Finde selbst unterschiedliche Darstellungen!
- Finde unterschiedliche Lösungswege!
- Erstelle – stelle her …! usw.

■ *Vorgegebene Inhalte/Lösungen nachvollziehen:*
Mögliche Anweisungen sind:
- Löse die Aufgabe genauso!
- Lies den Text durch!
- Führe den Versuch ebenso durch! usw.

■ *Einzelteile oder „Passendes" richtig zusammenfügen:*
In diesem Zusammenhang ist es notwendig, unterschiedliche Darstellungs-
formen, mehrere Lösungen, Textteile, Aufgabenteile, Lösungsteile usw.
vorzugeben. Die Schülerinnen und Schüler wissen auf der Grundlage ihrer
bisherigen Erfahrungen, wie sie mit solchen Angeboten zu verfahren
haben, oder erhalten zum Beispiel folgende mögliche Aufforderungen:
- Ordne Text und Bild richtig zu!
- Füge die Einzelteile richtig zusammen!
- Ordne passende Begriffe zu!
- Suche jeweils richtige Lösungen und ordne zu! usw.

■ *Selbst gestalten:*
Den Schülerinnen und Schülern soll Vertrauen in ihre eigenen Gestaltungs-
möglichkeiten gegeben werden, die auch dann akzeptiert werden sollten,
wenn sie unseren Anforderungen noch nicht entsprechen. Mit folgenden
Aussagen kann dies angeregt werden:
- Gestalte Berichte, Lösungen, Darstellungen in deiner Form!
- Stelle Inhalte in deiner Form dar!
- Stelle etwas „Passendes" her!

Hilfen anbieten

Beim Üben und selbstständigen Erarbeiten neuer Inhalte und beim Bearbeiten
von Aufgaben aus Vorlagen oder Buchseiten stoßen die Schülerinnen und
Schüler unter Umständen auf Inhalte und Verfahren, die sie noch nicht ohne
Hilfe bewältigen. Dieser Sachverhalt trifft auch auf sehr viele Übungen und

Aufgabenstellungen im traditionellen Unterricht zu, die den Kindern aufgetragen werden, obwohl sie es noch gar nicht können. Die Folgen sind, dass sie bei anderen abschreiben oder sich dort Hilfen holen, sich eventuell an die Lehrkraft wenden. Dort erhalten sie jedoch selten echte Hilfe oder Beratung, sondern Hinweise oder Direktiven, die sich auf Angaben beschränken, wie sie beginnen oder weiterarbeiten sollen. Ein Ergebnis lässt sich damit üblicherweise schon erreichen, ein Lernfortschritt jedoch äußerst selten oder gar nicht.

Ein Angebot vieler, selbst unterschiedlich eingekleideter Aufgaben kann ohne echte Bearbeitungshilfen wiederum nur „mechanische" Fertigkeiten unterstützen und hervorbringen. Um Lern- und Denkprozesse weiterzubringen, sind echte Hilfen, also Anregungen, unabdingbar. Damit werden die Schülerinnen und Schüler angeregt, etwas anderes als ihr bisheriges, nicht weiterführendes Tun zu beginnen. Hilfen sollten weiterführende *Anregungen* sein, zum Beispiel

- Anregungen zu anderen Betrachtungsmöglichkeiten;
- Anregungen für andere Sichtweisen;
- Anregungen für andere Darstellungsformen (Bruner'sche Ebenen, S. 108 f.);
- Anregungen durch Hinweise auf unterschiedliche Bearbeitungsschritte;
- Anregungen durch Verweise auf früher gelernte Verfahren oder Sachverhalte, die Lösungsvoraussetzungen darstellen;
- Anregungen durch Verweise auf Schulbücher oder andere Medien, denen Hilfen entnommen werden können;
- Anregungen, Probleme in Teilprobleme zu zerlegen;
- Anregungen, Aufgaben in Teilaufgaben aufzuspalten;
- Anregungen für die mögliche äußere Gestaltung;
- Anregungen für …
- Anregungen, die auf den *Lernweg* gerichtet sind, nicht nur auf das zu erzielende Ergebnis.

Zwei Leitgedanken, die im Unterricht im Zusammenhang mit der Gestaltung von Lernstationen im Besonderen zu berücksichtigen sind:

1. Wie biete ich etwas anderes, einen neuen Zugang oder Ähnliches, an?

   Bitte nicht von dem, was die Schülerinnen und Schüler bisher schon nicht können und nicht gerne machen, immer noch mehr!

2. Welche Hilfe erhält eine Schülerin, ein Schüler, wenn sie oder er die von mir gestellte Aufgabe „noch nicht kann"?

   Lernhilfen und Lösungshilfen anbieten!
   Der Weg erhält neben dem Inhalt wenigstens Gleichrang!

Übersicht: Gestaltung von Stationen/Arbeitsaufträgen

Da diese Aufträge von den Schülerinnen und Schülern selbstständig und ohne weitere Hinweise bearbeitet werden sollen, müssen sie inhaltlich auch entsprechend gestaltet sein.

a) Alles, was wir bisher in einem Auftrag verbal erklären, muss nun
■ aus sich selbst erklärt sein (zum Beispiel Zeichnungen, Bilder, Piktogramme, Beschreibungen usw.) oder
■ den Schülern schon bekannt sein (zum Beispiel eine auf ein Blatt aufgeklebte gedruckte Aufgabe bedeutet, dass sie im Buch gesucht und bearbeitet werden muss), der Umgang mit Arbeitsmitteln (zum Beispiel Legespielen) ist bekannt, ebenso der Umgang mit den Lernprogrammen oder Ähnliches, oder
■ so gut beschrieben sein, dass weitere Erklärungen nicht mehr notwendig sind.

b) Um Lernen umfassend zu ermöglichen und zu unterstützen, sollten Arbeitsaufträge
■ für den Lernenden zum Beispiel durch Vorgeben von Fragezeichen offene Aufgabenstellungen zulassen;
■ das Erstellen weiterer Lern- und Arbeitsstationen durch die Schülerinnen und Schüler ermöglichen und anregen, zum Beispiel Kopiervorlagen für Legespiele und Ähnliches zur Verfügung stellen, Verbesserungsvorschläge der Schülerinnen und Schüler in die eigene Erstellung münden lassen;
■ Bekanntes und Neues sinnvoll mischen;
■ unterschiedliche Zugänge anregen, zum Beispiel:
  – Handlungen ermöglichen und reflektieren lassen
  – zeichnerisch darstellen
  – in Texte umsetzen
  – Rollenspiele machen
  – verkürzt darstellen
  – Dokumentationen anfertigen;
■ qualitative Differenzierung berücksichtigen, zum Beispiel
  – produzierendes Arbeiten anregen
  – vorgegebene Inhalte/Lösungen nachvollziehen
  – Einzelteile und „Passendes" zusammenfügen
  – selbst gestalten;
■ Hilfen als weiterführende Anregungen anbieten;
■ den Lernweg und den Inhalt gleichrangig beachten.

8. Unterschiedliche Arten beim Lernen an Stationen

Ich unterscheide beim Lernen an Stationen vier Arten, die jeweils einen anderen inhaltlichen Ansatz verfolgen.

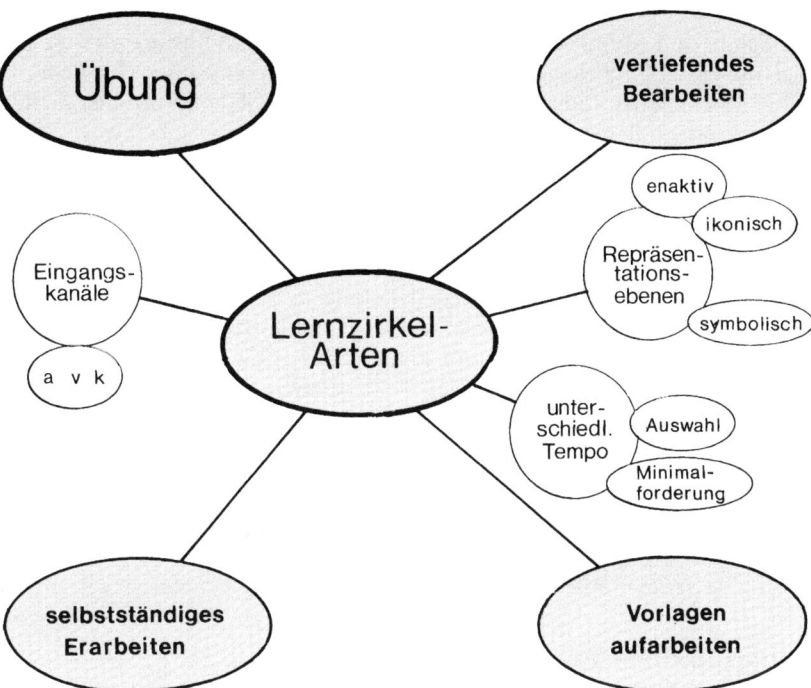

Übungszirkel

Die häufigste Form, in der bisher das Lernen an Stationen intensiver im Unterricht umgesetzt wird, sind Phasen der Übung. Den Schülerinnen und Schülern werden zu einem bestimmten Thema die Übungsangebote umfassend und komplett angeboten. Es werden dabei meist die üblichen Arbeitsweisen bevorzugt, bei denen Schülerinnen und Schüler Aufgaben in unterschiedlicher Verpackung lösen sollen. Kopiervorlagen und Aufgaben aus Büchern sowie Spiele, die sich als versteckte Aufgabensteller anbieten, sind hier vorrangig im Einsatz.

Schwerpunkte mit anderen Betrachtungsweisen und Zugängen helfen mit, die
üblichen Übungsphasen zu optimieren. Im Rahmen der Ausführungen zu den
Themen „Schwerpunktsetzungen", „unterschiedliche Zugänge" und zum
Thema „Gestaltungsmöglichkeiten bei Übungszirkeln" finden Sie dazu weiterführende Hinweise.

Vertiefendes Bearbeiten

Die Schülerinnen und Schüler werden über übliche Einführungsphasen oder
auch nur eine Einführungsstunde an die Thematik herangeführt. Versuche, die
bisher als Demonstrationsversuche oder mit der Beteiligung einzelner Schülerinnen und Schüler durchgeführt wurden, sind hier in gleicher Weise in die
Eingangsphase integriert. Anschließend werden sie im Rahmen eines Lernzirkels den Lernenden zur jeweiligen eigenen und individuellen Bearbeitung
angeboten.

Der große Vorteil liegt hier in der Betonung der Handlungsmöglichkeit für
jeden einzelnen Schüler, jede einzelne Schülerin. Auch bei geringer Ausstattung der Schule stehen die erforderlichen Materialien üblicherweise je einmal
an der Schule zur Verfügung und können durch die Aufarbeitung für das
Lernen an Stationen trotzdem allen Schülerinnen und Schülern angeboten
werden.

Besonders geeignet für diese Arbeit sind Inhalte aus der Mathematik wie zum
Beispiel Themen aus der Ebenen- und Raumgeometrie. Ebenso viele Themen
aus dem naturwissenschaftlichen Unterricht und aus Sachfächern, sofern sie
den Schülerinnen und Schülern nicht gleich zur völlig selbstständigen Bearbeitung in einem erarbeitenden Lernzirkel angeboten werden.

Selbstständiges Erarbeiten

Die Schülerinnen und Schüler erhalten hier über Arbeitsangebote die Möglichkeit, sich ein Thema völlig selbstständig zu erarbeiten. Um die Inhalte für
die Lernenden auf unterschiedlichste Weise interessant und zugänglich zu
machen, müssen die Angebote folgenden Gesichtspunkten genügen: Sie sollen
informieren, Spannung und „Fragwürdigkeiten" aufbauen, den unterschiedlichen Zugangsmöglichkeiten der Schülerinnen und Schüler entsprechen und
von ihnen noch selbst zu erarbeiten und mitzugestalten sein. Der große Vorteil
liegt darin, dass die Schülerinnen und Schüler erst im Laufe der Bearbeitung
ein Gefühl für den Inhalt entwickeln können beziehungsweise sollten, damit
erhält der Weg neben dem Ziel gleichrangige Bedeutung.

Besonders geeignet ist diese Form für Inhalte aus den Sachfächern und
naturwissenschaftlichen Fächern, zumal bei vielen dieser Themen nicht eine

stofflich geschlossene Struktur, sondern eher eine offene Auseinandersetzung mit dem Lerngegenstand im Mittelpunkt steht. Somit ist „forschender" und entdeckender Unterricht der entsprechende Hintergrund und gemeinsam mit geschlossenen und offenen Angeboten in die Verantwortung der Schülerinnen und Schüler gegeben.

Schulbuchseiten oder andere Medien aufarbeiten

Sehr viele Schulbuchseiten berücksichtigen unterschiedliche Schwerpunkte und nicht nur den im Vordergrund stehenden Sachverhalt, vor allem in Mathematik und den Sachfächern. Bei den Aufgabenstellungen müssen meist bisher erworbene Kenntnisse und Fertigkeiten innerhalb eines komplexeren Sachverhalts angewandt werden.

Wenn nun all diese im Hintergrund stehenden Anforderungen als Einzelangebote im Rahmen von Lernen an Stationen aufgeschlüsselt angeboten werden, sind mehrere Gesichtspunkte sinnvollen Lernens berücksichtigt:

- Die Schülerinnen und Schüler erhalten Informationen darüber, wie sie später auch selbst komplexere Situationen aufschlüsseln können.
- Durch das Aufschlüsseln komplexer Situationen in einzelne Problemstellungen können die Schülerinnen und Schüler aktuelle Inhalte in sinnvollen Zusammenhängen üben. Ist der aktuelle Inhalt zum Beispiel das Lösen von komplexen Sachaufgaben, sind beim Lösen Tabellen zu lesen, entsprechende Maßangaben umzuwandeln usw. Es können nun Einzelaufträge erstellt werden, in denen zunächst die Teilprobleme, also zum Beispiel Tabellenlesen, beleuchtet werden. Auf diese Art und Weise erhält jede Schülerin und jeder Schüler eher die Möglichkeit, selbst Lösungsstrategien kennen zu lernen, zu entwickeln und in der Bearbeitung von Teilaufträgen persönliche Erfolgserlebnisse entstehen zu lassen.
- Die Anwendung von vor längerer Zeit erlernten Inhalten oder Verfahrensweisen erlaubt in dieser Form ein wiederholendes Üben in sinnvollen Zusammenhängen. Im Rahmen von Sachaufgaben müssen zum Beispiel Längenangaben umgewandelt werden, Dinge, die zu einem früheren Zeitpunkt behandelt wurden.
- Die Aufschlüsselung von komplexeren Inhalten in Detailfragen oder Einzelinhalte ermöglicht Zugänge aus mehreren Perspektiven, die sich dann auf mehrere Fächer erstrecken können und ebenfalls ein Üben durch Anwenden beinhalten. Aufgaben mit geographischen Angaben berücksichtigen neben geographischen Inhalten zum Beispiel auch solche aus dem Fach Mathematik.

■ Das Aufarbeiten von Buchseiten kommt in vielen Bereichen einem projektartigen Arbeiten sehr nahe. Hier können Schülerinnen und Schüler intensiv in die Auseinandersetzung mit einer Vorlage gebracht werden, wobei der Projektinhalt oder die Projektidee dann der möglichst umfassenden Bearbeitung dieser Vorlage entspricht. Das Herausfinden und Vorbereiten der unterschiedlichen Inhalte und Zugehensweisen ist gemeinsam möglich und kann als produktive Phase auf die Lernenden übertragen werden. (Siehe hierzu auch Aussagen zur Gestaltung von Stationen, die in diesem Zusammenhang erstellt werden, S. 95 ff.)

9. Schwerpunkte beim Lernen an Stationen

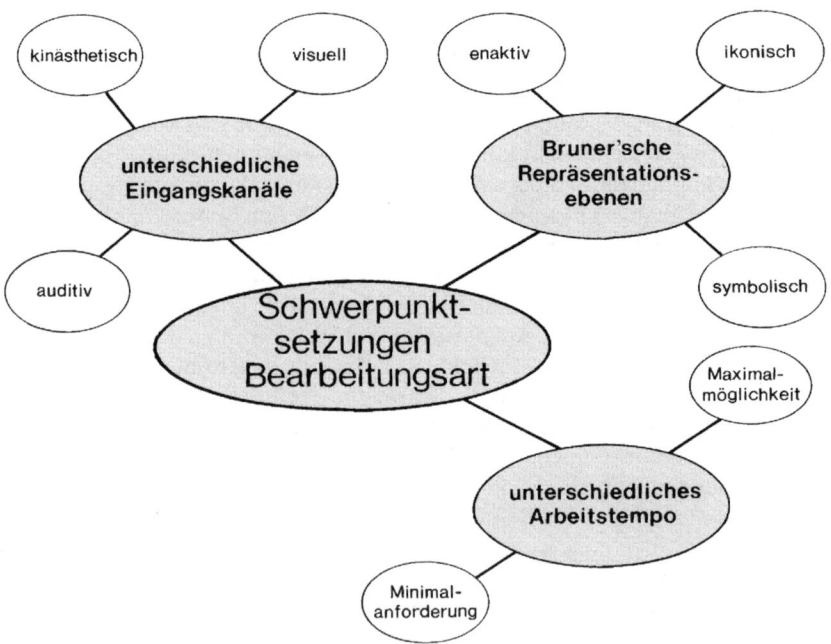

Bei allen Arten des Lernens an Stationen ist es aus meiner Sicht unabdingbar, den Schülerinnen und Schülern ein Auswahlangebot zur Verfügung zu stellen. Falls dies nicht geschieht, stehen alle bisher schon störenden Aspekte wieder im Vordergrund, zum Beispiel Zeitdruck, Überforderung oder Langeweile, geringe oder einseitige Berücksichtigung der Lerneingangskanäle, Vernachlässigung der Handlungsebene usw. Unterschiedliche Schwerpunkte können bei der Erstellung des Auswahlangebots leitend sein.

Die Lerneingangskanäle berücksichtigen

In einem derartig orientierten Lernangebot müssen für möglichst alle Lerntypen Angebote erstellt werden: Angebote zum Betrachten und Lesen, zum Hören und Sprechen, zum handelnden Umgang und vielleicht noch zum Schmecken und zum Riechen.

Wenn ein und dieselbe Aufgabenstellung für unterschiedliche Lerntypen gelten soll, ist eine Bearbeitung auf der

- auditiven Ebene (Hören und Sprechen), der
- visuellen Ebene (Sehen) und der
- kinästhetischen Ebene (Handeln, Bewegen, im weitesten Sinne auch Schmecken und Riechen)

anzustreben (als Erinnerungshilfe: a-v-k-Ebenen).

Bücher, Arbeitsblätter und andere Vorlagen präsentieren sich meist auf der visuellen Ebene. Wenn es allerdings fast nur Dinge zum Sehen gibt, hat ein Schüler, eine Schülerin mit einem ausgeprägten auditiven Lernzugang wenig Chancen, sich optimal auf das Lernen einzulassen. Das Besprechen von Kassetten und Abhören über den Walkman ist neben dem Gestalten von Referaten immerhin eine Möglichkeit, auch für diese Schülerinnen und Schüler die Lernsituation zu verbessern.

In der Grundschule erhalten die Kinder oft Angebote, die auch Körpererfahrungen berücksichtigen. Im fortgeschrittenen Alter gelten diese Ansätze traditionell als „kindliche" oder nicht mehr nötige Arbeitsweisen. Für Menschen (Kinder und Erwachsene), die dem ausgeprägteren kinästhetischen Lerntyp zuzurechnen sind, ermöglichen aber gerade diese „kindlichen Spielformen" ein angemessenes Lernen. Textaufgaben zumindest in der Orientierungsstufe in Rollenspielen aufzuarbeiten und darzustellen, statt sie einfach auf der symbolischen Ebene mit Zahlen und Buchstaben zu lösen, entspricht den Lernmöglichkeiten dieser Menschen eher.

Die Bruner'schen Repräsentationsebenen berücksichtigen

Nach Jerome Bruner (1974) durchläuft ein Mensch beim Lernen drei Ebenen, auf denen er jeweils Einsicht erreicht:

- die *enaktive* Ebene (Handlungsebene),
- die *ikonische* Ebene (zeichnerische/bildliche Darstellung),
- die *symbolische* Ebene (Darstellung mit Hilfe von Symbolen, also Buchstaben, Zahlen und Rechenzeichen).

Diese Ebenen sind zum Beispiel auch bei jedem naturwissenschaftlichen Unterricht in dieser aufbauenden Stufenfolge zu beachten:

- der Versuch als enaktive Ebene,
- die dazugehörende Zeichnung oder Skizze, die den Versuch oder Strukturen darstellt, als ikonische Ebene,
- die Notation eines Ergebnissatzes oder einer Formel, was dann der symbolischen Ebene entspricht.

Ein stufenweiser Lernprozess

Nach Bruner ist ein Fortschritt im Lernprozess üblicherweise erst möglich, wenn diese Stufen der Reihe nach durchlaufen werden und in der jeweiligen Stufe ein Verständnis entwickelt wurde.

Auch gute Einführungsstunden berücksichtigen diese Stufenfolge fast immer. Die Handlungsebene wird als Versuch, Rollenspiel oder Ähnliches berücksichtigt, die ikonische Ebene als Bild oder Skizze, die an der Tafel oder im Heft festgehalten werden, und schließlich die Symbolik in Form eines Textes, Ergebnissatzes oder einer Formel.

Eine rein symbolische Vertiefung reicht nicht

Nach der Einführungsstunde steht jedoch häufig nur noch der entsprechende Lehr- oder Merksatz oder eine formelhafte Darstellung im Blickfeld weiterer Arbeit. Die Übung und Vertiefung ist überwiegend oder ausschließlich auf dieser symbolischen Ebene angesiedelt. In solchen Fällen erhält dann der erwähnte Satz von Horst Speichert seine tiefe Begründung: „Fünfzigmal geübt und dabei an ????? gedacht, die Unkenntnis bleibt unberührt, es hat ihr gar nichts ausgemacht."

Solange ein Lernender in der Phase des anschaulichen Denkens auf der Handlungsebene und der zeichnerischen Ebene keine Einsicht erworben hat, kann das Üben auf der symbolischen Ebene lediglich mechanische Fertigkeiten schulen.

Bücher, Arbeitsblätter und sonstige Druckerzeugnisse können sich nur auf der ikonischen oder symbolischen Ebene entfalten, sie können allerdings, genauso wie wir mit entsprechenden Arbeitsanweisungen, die Handlungsebene anregen oder gar einfordern. Solche Elemente sind bei der Gestaltung von Arbeitsanweisungen schwerpunktmäßig zu berücksichtigen und beim Lernen an Stationen auch organisatorisch leicht in Handlungen umsetzbar.

Das unterschiedliche Arbeitstempo berücksichtigen

Das vorhandene unterschiedliche Arbeitstempo erfordert unterschiedlich umfangreiche Angebote. Es geht dabei nicht nur um die Anzahl zu erledigender Aufgaben, sondern um die Möglichkeit der intensiven Auseinandersetzung. „Langsamere" Schülerinnen und Schüler erfahren zum Beispiel dadurch Unterstützung, dass sie Lernstationen bearbeiten können, bei denen sie nicht alles aufschreiben, aber zum Beispiel vorgefertigte Teile richtig zusammenfügen können. Das Ergebnis ist dann für zwei unterschiedlich arbeitende Schüler trotzdem gleich, wenn sich einer den Sachverhalt selbst aufzeichnet oder beschreibt, ein anderer jedoch „nur" Textteile und Teildarstellungen richtig aneinander fügt. Was ein Schüler dabei lernt, muss er später in beiden Fällen sowieso über eine Leistungskontrolle in Form eines Tests oder Ähnlichem unter Beweis stellen.

Die Festlegung einer Minimalanforderung berücksichtigt dann die Leistungsfähigkeit eines schwachen oder langsam arbeitenden Schülers, einer Schülerin. Das Maximalangebot, interessant gestaltet, stellt die obere Grenze der Bandbreite innerhalb der Klasse dar, sowohl auf der Leistungsebene als auch auf der Wissensebene.

Nur kurzfristig werden sich Schülerinnen und Schüler im Rahmen dieser Offenheit unterhalb ihrer individuellen Möglichkeiten beschäftigen und wohl fühlen. Menschen zeigen gerne Leistungen und loten ihre Leistungsgrenzen aus.

Übersicht: Ziele und Schwerpunkte beim Stationenlernen

Ich unterscheide vier Arten von Lernzirkeln nach den Zielen:
- *Übungszirkel:* Übungsangebote zu einem Thema werden umfassend und „komplett" angeboten. Durch Schwerpunktsetzungen und die Betrachtung der Lerneingangskanäle werden jeweils adäquate Übungsmöglichkeiten angestrebt.
- *Vertiefendes Bearbeiten neuer Inhalte:* Nach üblichen Einführungsphasen erhalten die Schülerinnen und Schüler die Möglichkeit, zuvor gesehene und durch Anschauung erlebte Handlungen selbst durchzuführen und entsprechende Erfahrungen zu machen.
- *Selbstständiges Erarbeiten neuer Inhalte:* Die Angebote geben den Schülerinnen und Schülern Möglichkeiten, sich auf unterschiedliche Weise neue Inhalte selbstständig zu erarbeiten.
- *Vorlagen/Schulbuchseiten aufarbeiten:* Die Angebote ermöglichen unter Berücksichtigung der in einer Vorlage oder Schulbuchseite enthaltenen Schwerpunktgebiete eine umfassende Auseinandersetzung mit Berücksichtigung vieler Aspekte des Übens durch Anwenden.

Wichtig ist bei allen Arten von Lernzirkeln, dass den Schülerinnen und Schülern ein Auswahlangebot zur Verfügung gestellt wird; dabei können unterschiedliche Schwerpunkte leitend sein:

Schwerpunktsetzungen beim Stationenlernen
- *Die Lerneingangskanäle*
  Angebote mit Berücksichtigung der unterschiedlichen Lerntypen beziehungsweise Lerneingangskanäle, also zum
  - Hören,
  - Betrachten/Lesen,
  - handelnden Umgang,
  - eventuell Riechen/Schmecken
  (auditiv – visuell – kinästhetisch / a-v-k)
- *Bruner'sche Repräsentationsebenen*
  - Handlungsebene (enaktiv)
  - bildnerische/zeichnerische Ebene (ikonisch)
  - Schreiben/Lesen (symbolisch)
    und der aufbauenden Folge dieser Ebenen
- *Das unterschiedliche Arbeitstempo berücksichtigen* durch:
  - unterschiedliche Angebote
  - angemessene Minimalforderung und Auswahlmöglichkeiten
  - entsprechendes Maximalangebot

10. Grundlagen für die Gestaltung von Arbeitsstationen

An die Einführungsphase anlehnen

Einführungsphasen beachten in der Regel viele Gesichtspunkte, die den neuen Lernstoff umfassend betrachten und berücksichtigen. Die Repräsentationsebenen (enaktiv, ikonisch, symbolisch) sind normalerweise in den Ablauf einer Einführungsstunde oder Einführungsphase ebenso integriert wie die Beachtung unterschiedlicher Lerneingangskanäle (Möglichkeiten zum Sehen, Hören, Tun, Überlegen, eventuell noch Riechen und Schmecken).

Daher eignen sich solche Einführungsphasen sehr gut als Grundraster für die Erstellung der Struktur eines Lernzirkels. Die einzelnen Tätigkeiten, Versuche, Erklärungen, Beobachtungen, Schlussfolgerungen und Festlegungen wiederum bilden die Grundlage für einzelne Arbeitsstationen.

Zwei zentrale Fragestellungen helfen bei der Festlegung und Gestaltung einzelner Lern- und Arbeitsstationen: *Wie können* die einzelnen Entdeckungen, Verfahren, Beobachtungen usw. aus der Einführungsphase *durch einzelne Schülerinnen und Schüler* (nochmals) *gemacht werden?* Wie können die Inhalte von einzelnen Schülerinnen und Schülern *nochmals erlebt, aufgenommen, vernetzt und verarbeitet* werden?

Damit sind die Grundlagen für die einzelnen Lernstationen aus der Einführungsphase gebildet und gelegt. Sie müssen „nur noch" in Arbeitsaufträge umgesetzt werden.

Lernkarteien oder Ähnliches verwenden

Lernkarteien für das Fach Mathematik sind häufig auf Übungen ausgerichtet. Lernkarteien zu den Sachfächern geben Anregungen, um sich Inhalte selbst zu erarbeiten.

In dem vorliegenden Zusammenhang – Grundlagen für die Erstellung von Lernstationen – ist vorrangig an Lernkarteien und sonstige Materialien gedacht, die selbstständiges und vor allem entdeckendes Arbeiten für die Schülerinnen und Schüler ermöglichen.

- Lern-, Übungs- und Arbeitshefte diverser Verlage bieten Materialien zum Teil mit begleitenden Kopiervorlagen zu allen Fächern
- Cornelsen Sachkartei (eigentlich für die Grundschule erstellt, jedoch mit ganz geringem Aufwand auf die Anforderungen der Sekundarstufe übertragbar)
- Karteikarten aus der Zeitschrift *Praxis Schule*
- Sachkartei und Europa-Kartei aus der Verlagsbuchhandlung Elke Dieck (eigentlich für die Grundschule konzipiert; ist aber sehr anspruchsvoll und daher auf jeden Fall auch für die Orientierungsstufe einsetzbar)
- Westermann Erdkunde, Mathematikbriefe und Bio-Lernkartei
- „Wald erleben und erfahren", „Wald erkunden und erfahren" sowie „Spiel mal Mathe" und unterschiedliche Projektmappen (zum Beispiel „Projekt Zeit"), Verlag an der Ruhr
- Themenmappen vom AOL-Verlag, zum Beispiel „Mein Körper" und „Verträge"
- Klett Kartei „Versuchs doch mal" (für die Grundschule konzipiert, ist aber leicht auf weiterführende Schulen übertragbar)

(Die Rangfolge entspricht keiner Wertung.)

Zum Teil können die einzelnen Karten aus Lernkarteien direkt als einzelne Lernstationen eingesetzt werden. Dann ist in der Regel nur noch das entsprechende (meist genau beschriebene) Material zuzuordnen und beizulegen. Bei der Cornelsen-Sachkartei stehen sogar fertige Materialkästen zur Verfügung, die genau das auf den Karten beschriebene Material beinhalten und damit in sich bereits einen (fast) vollständigen Stationen-Betrieb beziehungsweise fertige Einzelstationen bereithalten. Eine Koppelung mit an der Schule vorhandenem Experimentiermaterial ist ebenso denkbar.

Häufig sind die einzelnen Karten jedoch durch zu viele Informationen überladen oder enthalten zu wenige konkrete Fragestellungen. Selten entsprechen jedenfalls die Fragestellungen und Hinweise zur Bearbeitung und Ergebnissicherung allen Vorstellungen einzelner Lehrerinnen und Lehrer. Dann sind diese Karteikarten eine ideale Fundgrube und Grundlage für die Gestaltung eigener Aufträge beziehungsweise für eine anpassende Umgestaltung. Bilder, Texte und einzelne Arbeitsaufträge ergeben neu zusammengestellt für die Klasse und für die Lehrkraft jeweils „passgenaue" Arbeitsaufträge. Eine gute Arbeitskarte als Vorlage erspart der Lehrkraft bei ihrer Vorbereitung also viel Arbeit.

Falls Arbeitsaufträge für „schriftliches Festhalten" auf der Karte bereits formuliert sind, ist es erforderlich, die Schülerinnen und Schüler über einen (wie auch immer gearteten) Hinweis auf das „Wie" und „Wohin" aufmerksam zu machen.

Arbeitshefte oder ähnliche Quellen aufarbeiten

Unterschiedliche Arbeitshefte, zum Beispiel von Banken, der Post oder ähnlichen Organisationen bereitgestellte, bieten sich als Grundlage für Arbeitsaufträge zum selbstständigen Erarbeiten an.

Folgende „Fragestellungen" beziehungsweise Bearbeitungshinweise können dabei neben der Inhaltsangabe leitend sein und bieten sich als „Grundmuster" an:

- auf unterschiedlichen Ebenen Informationen verarbeiten;
- zeichnen – beschriften – zusammenfügen;
- Einzelteile kennen lernen und zuordnen;
- eigene Fragen aufschreiben und beantworten;
- Anwendbarkeit und Verwendbarkeit der Lerninhalte, des Wissens hinterfragen, den Nutzen herausfinden;
- mit dem Unterrichtsgegenstand (Schrift, Texte usw.) gestalten;
- Verbindungen zu anderen Fächern oder Inhalten erfragen und ausfindig machen;
- Bilder, Geschichten, Gedichte, Texte, Lieder … hinzuziehen.

Unterschiedliche Materialien verwenden

Die Schülerinnen und Schüler gehen gerne mit Materialien um, bei denen sie etwas bewegen können: in spielerischer Form Legefiguren zusammenpuzzeln, mit Karten spielen, Karten strukturiert legen usw. Sie bevorzugen vor allem solche Materialien, bei denen sie nicht immer schreiben müssen. Dafür bieten sich sowohl fertige als auch Blankomaterialien an.

Fertige Materialien

Von den Schülerinnen und Schülern meist begehrt sind „Paletti-Materialien" (Spectra-Lehrmittel, Dorsten) sowie „LÜK-Materialien" (Westermann Verlag, Braunschweig) und fertige Quartett-Spiele, zum Beispiel Musikinstrumente (Klett-Verlag, Stuttgart) die auch Angebote für die Klassen fünf bis sieben bereithalten. Fertige Materialien sind zwar sofort einsatzfähig, meist jedoch nicht ganz „passend", selten veränderbar und häufig auch relativ teuer.

Blankomaterialien

Blankomaterialien gibt es aus vielen Verlagen, die meisten mit ähnlichen Grundstrukturen, jedoch unterschiedlichem Aussehen. Um den Einsatz und die Verwendung klar aufzuzeigen, sind überwiegend Blankomaterialien von Reinhard Hail Lehrmittel, Reutlingen, vorgestellt.

Im Zusammenhang mit dem Lernen von Begriffen oder Inhalten, Formeln oder Vokabeln und natürlich auch zu Übungszwecken, werden derartige Materialien gestaltet. Entscheidend ist, dass im Rahmen eines Inhaltsgebiets beim Lernen an Stationen jeweils nur ein Exemplar dieser Materialien gestaltet und bereitgestellt werden muss.

Die „Lernmaschine"

Sie ermöglicht, von dem eingesetzten Stapel mit beschrifteten Kärtchen jeweils die unterste Karte herauszuziehen, zu lesen und zu „bearbeiten", eine Antwort zu geben. Danach wird die bearbeitete Karte wieder oben auf den Stapel gelegt.

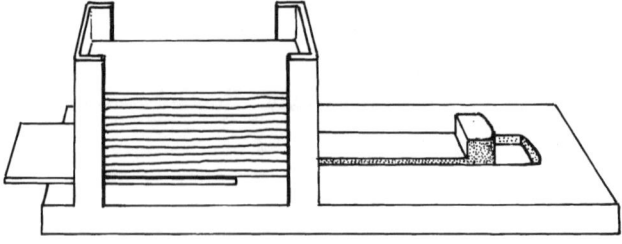

Diese Maschinen wurden ursprünglich für den Erstleseunterricht konzipiert. Für die Kinder und Jugendliche hat die Maschine einen hohen Aufforderungscharakter. Der Umgang mit einem bewegbaren Apparat, die motorische Handlungsform, der Überraschungsreiz, was wohl für eine Karte nach dem Schieben erscheint, die Befriedigung der Egozentrik durch ein Tun, das sich von dem anderer unterscheidet, und die Selbstständigkeit führen beobachtbar zu hochmotivierten Aktionen. (Meine eigenen Kinder haben diese Lernmaschine auch nach der Grundschule noch gerne zum Vokabellernen benutzt.)

Sie eignen sich neben der ursprünglich vorgesehenen Verwendung hervorragend für alle Arten von Zuordnungen. Immer dann, wenn zum Beispiel

- einer Aufgabe ein eindeutiges Ergebnis,
- einem Begriff ein Oberbegriff,
- einem Fremdwort eine Erklärung

zuzuordnen ist. Dann können die einzelnen Pappstreifen dieser Maschine beidseitig beschriftet werden, auf der Vorderseite mit dem zu lernenden Inhalt, auf der Rückseite mit dem Ergebnis, was gleichzeitig der Ergebniskontrolle (in Form von Selbstkontrolle) dient.

Die Lernmaschine kann man gut einsetzen beim

- Begriffe-Lernen (Kurzbeschreibung und Begriff),
- Zuordnen von Begriffen (Oberbegriffe finden, Zuordnungen vornehmen, zum Beispiel Land und Hauptstadt),
- isolierten Üben,
- Kopfrechnen (Einmaleins, Brüche, einfache Prozentberechnungen, Umwandlungen usw.)
- Zuordnen unterschiedlicher Darstellungen (Zahldarstellungen als Potenzen usw.).

Für neue Inhalte steht die „Lernmaschine" nach dem Austausch der Karten wieder als Lernstation zur Verfügung.

Legespiele

Damit sind alle Arten von Spielen gemeint, bei denen einzelne beschriftete Teile inhaltlich richtig aneinander gefügt werden. Legespiele sind ebenso wie die Lernmaschinen für alle eindeutigen Zuordnungen geeignet. Sie können so eingesetzt werden, wie es bei der Lernmaschine bereits beschrieben ist. In der Regel entstehen bei den Legespielen Dominostreifen, Puzzle oder sonstige regelmäßige oder unregelmäßige geometrische Figuren oder Formdarstellungen. Die entstandenen Figuren sind aus meiner Sicht jedoch nur dann sinnvoll, wenn sie für die Schülerinnen und Schüler als sinnvolle Figur identifizierbar

sind, denn nur dann können diese ihr Arbeitsergebnis selbst kontrollieren. Von
der äußeren Form her sind die Lernspielmaterialien wie Puzzle, Domino,
Memory, Pappset usw. unterschiedlich, vom Ansatz her jedoch alle gleich.
Allerdings werden durch die Bereitstellung mehrerer unterschiedlicher Materialien auch mehr Schülerinnen und Schüler mit unterschiedlichen Interessen
angesprochen. In den folgenden Darstellungen ist je ein Exemplar als Beispiel
angegeben.

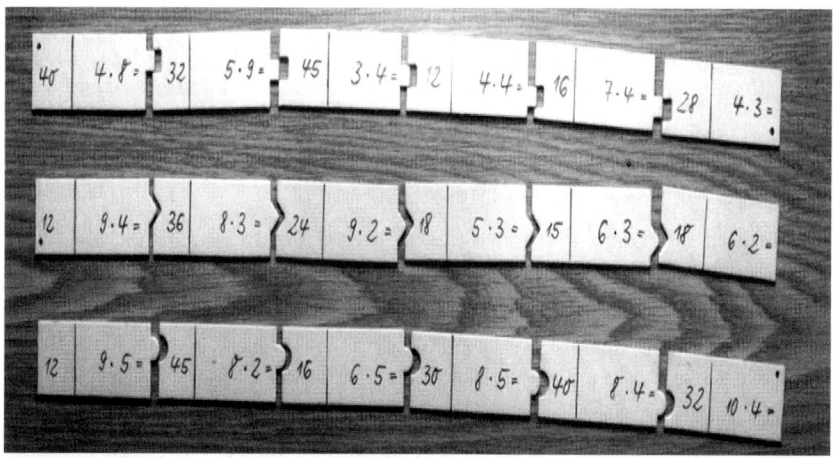

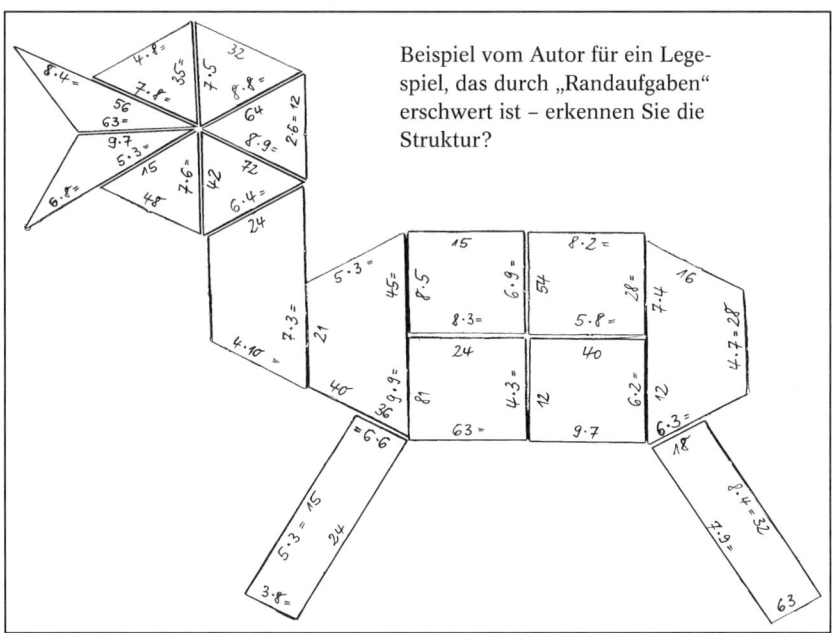

Beispiel vom Autor für ein Lege-
spiel, das durch „Randaufgaben"
erschwert ist – erkennen Sie die
Struktur?

„Handwerkliche" Hinweise

Die Beschriftung der Einzelteile erfolgt am besten mit Tusche oder einem wasserfesten Folienstift.

Um den Schülerinnen und Schülern ein Vorsortieren zu erleichtern, ist es sehr sinnvoll, die Einzelteile jeweils so zu beschriften, dass die Schrift nach unten ausgerichtet ist. Dadurch sind die Aufschriebe besser lesbar, gleichzeitig lassen sich die einzelnen Karten vor dem Zusammenlegen einzeln in etwa in die später richtige Lage vorsortieren.

Beispiel für das Beschriften eines Einzelteils:

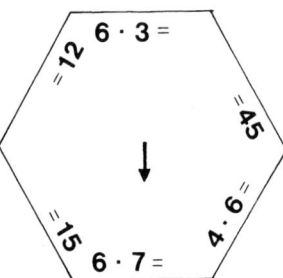

Diese Beschriftung erschwert richtige Zuordnungen:

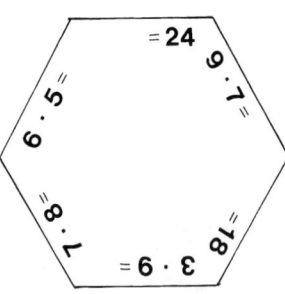

So liegt ein „richtig" beschriftetes Kärtchen nach unten ausgerichtet zur „Weiterverarbeitung", das heißt Anlegen an ein anderes, bereit.

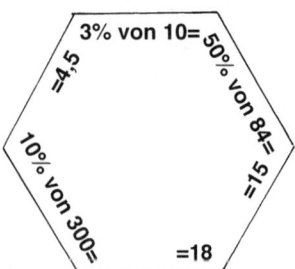

Kartenspiel-Quartett

Das Lesen von Quartettkarten ist bei Kindern sehr verbreitet. Die Begeisterung konnte ich bei meinen eigenen Kindern und ihren Freunden beobachten; ihnen habe ich die Idee mit dem Kartenspiel auch abgeguckt. Sie spielten sehr oft mit Karten zu Schiffen, Autos, Pflanzen, Tieren usw. und eigneten sich parallel zum Spiel eine Menge Kenntnisse an (zum Beispiel PS-Zahlen von Autos usw.).

In der schulischen Anwendung heißt dies, dass Spielkarten mit Begriffen, einfachen Inhalten, einfachen Aufgaben selbst beschriftet werden, mindestens als Kartenpaar mit passendem Inhalt, sinnvollerweise jedoch als Quartett, da ein Quartett umfassender verwendbar ist.

Die Schülerinnen und Schüler sortieren dann entweder in Einzel- oder in Partnerarbeit die Karten und ordnen entsprechende zu oder spielen mit ihnen ganz normal nach vorgegebenen oder eigenen Regeln als Quartett in Gruppen.

Vom Inhalt ausgehend sind zwei oder vier Karten passend mit Informationen jeglicher Art zu beschriften, es können Begriffe und Oberbegriffe zugeordnet werden oder zum Beispiel auch in Mathematik je vier Aufgaben oder Darstellungen mit demselben Ergebnis als ein Quartett erscheinen. Grammatikalische Betrachtungsweisen lassen sich dabei ebenso darstellen wie zusammengehörende Inhalte aus Sachfächern.

Klappbücher

Dasselbe Verfahren geht mit sogenannten Klappbüchern, die mit einer Ringbindung normalerweise drei untereinander liegende Teilseiten enthalten.

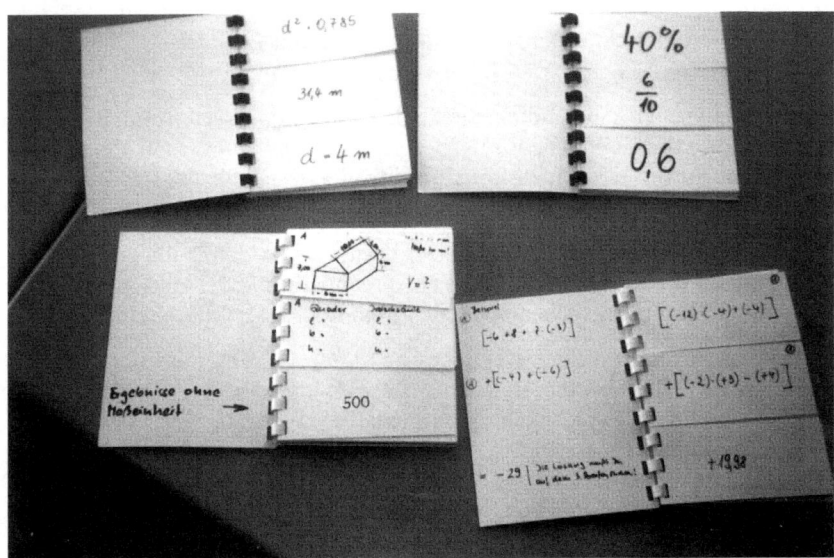

Sie sind als Blankomaterial mit drei oder acht Darstellungsebenen zu haben oder können mit einer entsprechenden Ringbindemaschine auch selbst hergestellt werden. Bei der Gestaltung werden drei beliebige leere Zeilen aufgeschlagen und mit zusammengehörenden Inhalten beschriftet. Die Schülerin oder der Schüler stellt dann durch Blättern und Auffinden der passenden Inhalte (andere Teilseiten) wieder die richtige Zuordnung her. Zur Selbstkontrolle bieten sich auf der Rückseite Bilder, Ziffern oder sonstige Erkennungsmerkmale an, die bei der Herstellung über alle drei Teile hinweggehend aufgezeichnet beziehungsweise verwendet werden. Der Lernende blättert dann alle Teilseiten um und entdeckt bei richtiger Lösung ein vollständiges Bild, passende Symbole oder Ähnliches.

Hier sind unter Umständen auch wieder die unterschiedlichen Bruner'schen Darstellungsebenen annähernd möglich: Handlung beschreiben – bildliche Darstellung – rein symbolische Darstellung. Selbstverständlich sind jegliche Arten von Übungen so darstellbar.

Bilder und Fotos

Bilder und Fotos ermöglichen den Schülerinnen und Schülern eine bessere Vorstellung als viele Worte. Sie sind relativ problemlos durch einfaches Fotografieren aus der Lebensumwelt der Schüler zu entnehmen. Gleichzeitig wecken sie von sich aus starkes Interesse. Dies ist auch bei Erwachsenen zu beobachten: Wenn es bei Schulfesten oder anderen schulischen Veranstaltungen Texte und Fotos als Alternativen oder Ergänzungen zu sehen gibt, sind die Fotos als erste Orientierung oder als Information meist begehrter als selbst sehr gute Texte. Das hängt auch damit zusammen, dass die Mehrheit der Bevölkerung eher optisch ausgerichtete Lerntypen sind und Bilder unserem „Sehwunsch" sehr entgegenkommen.

Fotos können Ausgangsbasis sein für

- genaues Beobachten und Beschreiben,
- das Entdecken von Zusammenhängen,
- das Schreiben von Geschichten oder Berichten,
- die Anregung zu Rollenspielen,
- das Entdecken und Formulieren von Fragestellungen,
- das Überprüfen von Eigenschaften,
- die Erstellung von Sachaufgaben oder Sachproblemen,
- die Rückmeldung auf Arbeits- und Sozialverhalten,
- das Suchen „passender Aufgaben" im Buch.

Das Suchen passender Aufgaben im Buch ist übrigens eine sehr lohnende und sinnvolle Umgehensweise mit Schulbüchern, weil die Schülerinnen und Schüler auf diesem Wege Lösungsstrategien des täglichen Lebens entdecken und entwickeln können. Sie ordnen einzelne Bilder oder dargestellte Situationen zunächst möglichen Sachgebieten zu, danach einzelnen Aufgabentypen oder Lösungsstrategien und dann auch noch einer speziellen Aufgabe, die dazu passen könnte.

Dies entspricht den üblichen Lösungsstrategien im täglichen Leben, weil wir dort auch einen Sachverhalt wahrnehmen, eine Problemstellung ausfindig machen, das „Gebiet" suchen, in dem eine Problemlösung möglich ist, und dann die entsprechenden Hilfsmittel dafür anwenden.

Mit der obigen Auflistung sind auch bereits mögliche Arbeitsaufträge beschrieben, die entweder von den Schülerinnen und Schülern selbst zu einem Bild gefunden oder ihnen vorgegeben werden können.

Bilder und Fotos lassen sich einzeln oder in Gruppen wiederum sehr gut innerhalb von Stationen einsetzen, weil im Stationenbetrieb eben nicht alle Schülerinnen und Schüler gleichzeitig an einer Aufgabe arbeiten und durch die zeitlich aufeinander folgende Bearbeitung stetig neue Ideen entstehen und die Fantasie der Kinder und Jugendlichen anregen.

Hier können Schülerinnen und Schüler sehr produktiv arbeiten, vor allem wenn die Aufgabenstellung gar nicht erst vorgegeben wird. Sie formulieren diese dann selbst, stellen „Lösungen" her und bieten zum Beispiel diese entstandenen Kombinationen den anderen Schülerinnen und Schülern zum Erkennen und nachträglichen Zuordnen an. Schüler erstellen zum Beispiel Textaufgaben oder Beschreibungen zu einzelnen Fotos und dazu noch mögliche Lösungen; andere Schüler ordnen dann jeweils richtig zu.

Fächerübergreifendes Arbeiten ist ebenfalls impliziert, selbst wenn die bisherigen Aufgabenstellungen alle einem Fach zuzuordnen wären. Schülerinnen und Schüler beschreiben, stellen dar, formen um und können einfach auch neue Ideen entwickeln.

Computer einsetzen

Ein im Klassenzimmer vorhandener Computer (PC, möglichst mit Drucker) kann und sollte ebenfalls als eine Lernstation angeboten werden. Im Zusammenhang mit Lernprogrammen sind Übungen vorgesehen, ansonsten kann der PC einfach zum Texte-Verfassen und zum Gestalten eingesetzt werden. Meines Erachtens sind hier auch einfache Geräte sinnvoll, die über Eltern, Firmen oder Anzeigenblätter sehr preiswert oder gar als Spende zu erhalten sind.

Materialien zur „Entspannung"

Unabhängig vom jeweiligen Thema erachte ich es für fast unabdingbar, dass auch eine Station zur Erholung dient. Diese muss nicht in direktem Zusammenhang mit der zu Grunde liegenden Thematik stehen.

Das ist aus meiner Sicht auch zur Erhaltung einer bestimmten Anstrengungsbereitschaft bei jenen Schülerinnen und Schülern notwendig, die mit der derzeitigen Thematik nicht sehr viel anfangen können. Durch das Anbieten mindestens einer derartigen Station erhalten die Schülerinnen und Schüler eine offizielle Berechtigung, sich ab und zu mit etwas anderem zu beschäftigen.

Die besten Erfahrungen habe ich mit Stationen gemacht, die dem Bewegungsdrang der Schülerinnen und Schüler entsprechen, die Sinneswahrnehmung fördern oder einfach zum Probieren und Knobeln anregen. Wichtig ist nur, dass in diesem Entspannungsbereich eine offene oder versteckte Ergebnisorientierung außer Acht gelassen wird.

Mit Würfeln bauen – Soma-Würfel

Die Figuren lassen sich aus Holzwürfeln (erhältlich bei Reinhard Hail Lehrmittel, Reutlingen) schnell selbst zusammenbauen. Daraus können die Schülerinnen und Schüler durch Probieren einen der dargestellten größeren Körper oder einen Würfel, den sogenannten Soma-Würfel, zusammenbauen. (Die Abbildungen sind dem „Mathemax", Cornelsen Verlag, entnommen.)

Eine Arbeitsanweisung für Schülerinnen und Schüler, sich die Einzelteile selbst zusammenzubauen:

Soma-Würfel selbst bauen

Du benötigst   – 27 kleine Würfel
                  – Bastelleim
                  – eine Unterlage

Du musst nun die 7 Körper (A bis G) richtig sauber zusammenkleben!

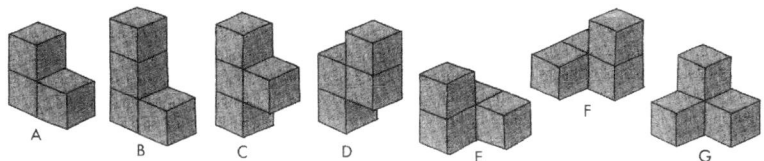

Falls du es nicht schaffst, ein paar Tipps:

1. Beginne mit Figur A.

2. Lege die einzelnen Würfel wie abgebildet hin.

3. Überlege genau, wo du kleben musst.

4. Mache auf jede Klebefläche mit Bleistift ein Kreuz.

5. Trage nur ganz wenig Leim auf.

6. Presse die Teile etwa 1 Minute zusammen, bevor du weiterarbeitest, immer!! Überprüfe aber die Genauigkeit!

Aus den sieben Einzelteilen kann man auf ganz viele Arten einen größeren Würfel zusammenbauen. Es ist eine knifflige Sache.

Geräusche- oder Geruchs-Memory

Mit aus Filmdöschen selbst leicht herzustellenden Geräusche- oder Geruchs-
behältern lässt sich mit wenig Aufwand durch entsprechendes paarweises
Befüllen ein Memory gestalten. Je zwei Döschen werden mit demselben Inhalt
zum Hören (Schütteln) oder zum Riechen bestückt.

Beim Bearbeiten lenkt es auf einen bestimmten Sinn, in diesem Fall auf das
Hören oder Riechen, und von der derzeitigen zielgerichteten Arbeit ab. Die
Konzentrationsfähigkeit steigert sich jedoch insgesamt nach dem Bearbeiten
einer solchen Entspannungsstation deutlich.

(Die hier abgebildete Arbeitsanweisung wurde von Petra Prigl, Sindelfingen,
als Entspannungsstation für „meine" Lehrerfortbildungsveranstaltungen gefertigt.)

Hinweise auf Übungen zur körperlichen Entspannung und zum Erreichen
neuer Konzentration finden Sie auch in den beiden kleineren Büchern „Brain-
Gym" (Dennison 1995) und „Lerngymnastik" (Ballinger 1995).

Als Beispiel für eine von mir formulierte Entspannungsstation sei folgende
erwähnt:

... wenn du müde bist: (etwa zwei Minuten)
Gehe auf den Gang und wackle zuerst mit deinem Kopf. Schüttle
nacheinander die Handgelenke, die Arme, die Schultern, den
Bauch, den Po, die Beine und die Füße.
Schüttle nun deinen ganzen Körper!
Immer noch müde?
Ja? – Kann eigentlich nicht sein, aber dann musst du eben müde
weiterarbeiten.

11. Übungszirkel

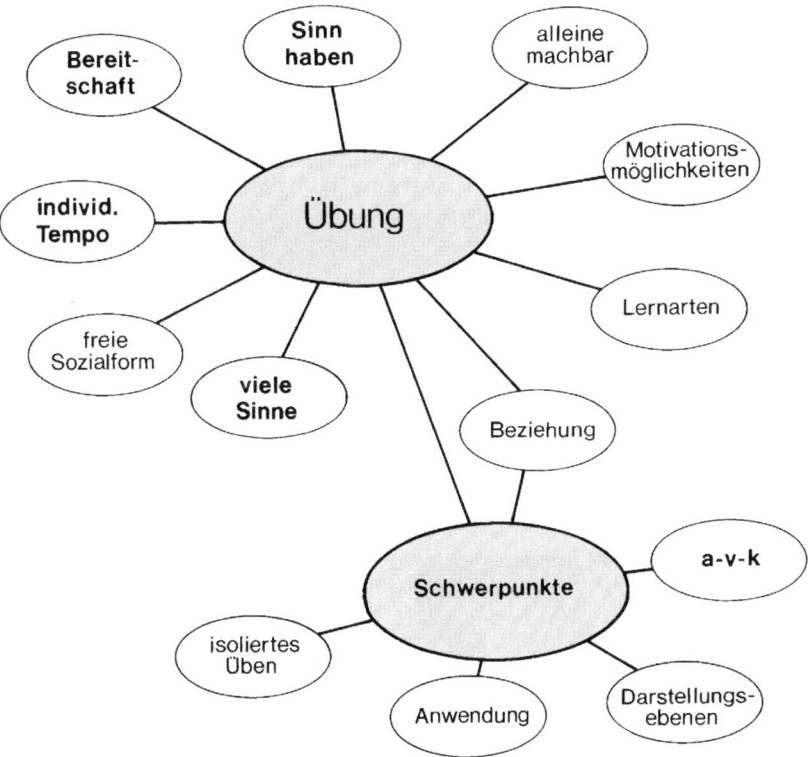

Gestaltungsmöglichkeiten

Die Gestaltung eines Übungszirkels richtet sich an den Ansprüchen der
Schülerinnen und Schüler aus (vgl. auch die Abbildung auf Seite 125). Übungen sind für Schülerinnen und Schüler nur sinnvoll, wenn sie

- von ihnen alleine und ohne weitere Hilfe durchgeführt werden können,
- für sie einen Sinn haben,
- nicht ermüden,
- dem Lern- und Arbeitstempo einzelner Schülerinnen und Schüler entsprechen,
- für das jeweilige Individuum die optimale Lernart berücksichtigen,
- möglichst viele Sinne berücksichtigen und dadurch viele Teile im Gehirn
  mitschwingen lassen.

Übungsgesetze berücksichtigen

Odenbach hat in seinem Buch (Odenbach 1981), das in der Zwischenzeit in
der siebten Auflage vorliegt, Übungsgesetze zusammengestellt, die ich zunächst in ihrer Grundstruktur darstelle und jeweils konkretisiere und anschließend noch als Zusammenstellung anbiete:

Ohne Übungsbereitschaft kein Übungserfolg heißt, dass auf jeden Fall durch
Motivation, Verpackung usw. eine Übungsbereitschaft hergestellt wird. Schülerinnen und Schüler, die versuchen ein Puzzle oder eine Pappfigur zusammen-
zusetzen, sind bereit die Aufgaben zu lösen, um die richtigen Teile der Figur
zusammensetzen zu können.

Erfolgserlebnisse wecken neue Übungsbereitschaft signalisiert, dass sich rasch
einstellende Erfolgserlebnisse auf die Bereitschaft zur Fortsetzung der Übungen positiv auswirken. Daher sind Methoden der Selbstkontrolle mit möglichst
rascher Rückmeldung sinnvoll.

Der Hinweis der oben erwähnten Autoren, dass *sich Fehler zunehmend
verstärken, wenn sie sich bei der Übung einschleichen,* verlangt ebenfalls eine
möglichst sofortige Rückmeldung bezüglich der Richtigkeit, was zum Beispiel
beim Üben mit der Lernmaschine immer möglich ist.

Es spricht für alle Methoden der anwendungsorientierten Übung, *dass das
Üben in sinnvollen Zusammenhängen erfolgreicher ist als das Üben zerstückelten Wissens.*

*Der Wechsel in der Übungsform weckt neue Übungsbereitschaft und bringt
größeren Übungserfolg.* Eine Forderung, die durch den Einsatz unterschiedlicher Mittel und Anweisungen leicht erfüllt werden kann.

Übungszirkel sind bereits weit verbreitet. Allerdings stelle ich auch immer wieder fest, dass gerade hier große Nachlässigkeit bei der Gestaltung zu beobachten ist. Häufig sind fast ausnahmslos Übungen des gleichen Typs vertreten, nämlich: „Löse die Aufgabe!"

Gleichzeitig sind die zu beobachtenden Übungsaufgaben fast alle auf den Endzustand der Übungseinheit ausgelegt, beinhalten daher aneinandergesetzte und hohe Ansprüche.

Der Lernzirkel ist dann, sehr vereinfacht und vielleicht auch etwas abwertend ausgedrückt, lediglich das summierte Angebot von bisher auch schon durchgeführten Übungen, mit wenig Berücksichtigung übergreifender Aspekte.

Auch wenn nur eine stichwortartige Zusammenfassung der Übungsgesetze, Übungshilfen und Aspekte der Übungsmotivation dargestellt wird, können solche Gesichtspunkte bei der Gestaltung von Übungen doch anregen beziehungsweise bisher praktizierte Verfahren bestätigen oder hinterfragen:

1. Übungsgesetze *(nach Odenbach 1981, Seite 56 ff.)*

- Ohne Übungsbereitschaft kein Übungserfolg.
- Ein Erfolgserlebnis weckt neue Übungsbereitschaft.
- Der Übungserfolg wird durch Wiederholungen gesichert.
- Das Üben in sinnvollen Zusammenhängen ist erfolgreicher als das Üben zerstückelten Wissens.
- Durch Einsicht erworbenes Wissen wird besser behalten als einfach übernommenes.
- Kurze, über einen längeren Zeitraum verteilte Übungen sind wirkungsvoller als gehäuftes Üben.
- Wechsel in der Übungsform wecken neue Übungsbereitschaft und bringen größeren Übungserfolg.
- Schleichen sich bei Übungen Fehler ein, werden diese zunehmend verstärkt.
- Die Quantität des Übungserfolges steigt mit der Begabung, die Qualität nicht unbedingt in demselben Maß.
- Übungsfähigkeit und Übungsfertigkeit nehmen mit zunehmendem Alter ab.

2. Übungshilfen *(nach Bönsch 1993, Seite 38 ff.)*

- Pro- und retroaktive Hemmungen sollten vermieden werden.
- Aktive Übungsformen sind zu bevorzugen.
- Ganzheitliches Üben ist zu bevorzugen.
- Soziale Übungsformen sind zu bevorzugen.

■ Der Übungsstoff ist zu strukturieren.

■ Emotionelle Verankerung ist anzustreben, da sich emotional Erlebtes stärker einprägt.

■ Aktive Selbstkontrolle des Geübten ist eine wichtige Übungshilfe.

3. Übungsmotivation *(nach Odenbach 1981, Seite 34 ff.)*

■ die ursprüngliche Übungsbereitschaft der Kinder,

■ die Person des Lehrers oder der Lehrerin als Möglichkeit extrinsischer Motivation,

■ das Spiel als Übungsimpuls,

■ der Vergleich der individuellen Leistung als Übungsimpuls,

■ die Schaffung der Übungsmotivation durch die Einsicht in die Übungsnotwendigkeit.

Schwerpunkte setzen

Auch Übungszirkel kann man nach verschiedenen Schwerpunkten gestalten.

Nach Übungsformen unterscheiden

■ Isoliertes Üben von Schwierigkeiten,

■ mechanisches Üben bei Algorithmen,

■ Üben durch Anwendung.

Die Eingangskanäle berücksichtigen

In diesem Falle sollen zu einer Übung Angebote enthalten sein, die den

■ visuellen Typ ansprechen (Bilder, Fotos, Darstellungen, Strukturen usw.),

■ den akustischen Bereich in den Vordergrund setzen (Einmaleinsreihen laut sprechen, vom Walkman abhören, sich wechselseitig zurufen usw.),

■ die Kinästhetik mit berücksichtigen (parallel zum Lernen hüpfen, den Ball prellen und Lernstoffe parallel dazu aufsagen usw.),

■ den intellektuellen Typ nicht vergessen, der sehr gut mit Strukturen lernt, sie erkennen oder sich merken kann. Für ihn sind zum Beispiel Umkehraufgaben, Nachbaraufgaben usw. eine willkommene Lernhilfe. Den akustischen Typ verwirren solche Aufgaben.

Besondere Ansprüche an Stationen, die Übungszwecken dienen

Unterschiedliche Aufgabenstellungen

Operative Übungen im Sinne von Piaget verlangen neben der Übung immer auch, dass man nicht nur Mechanik anwenden kann, sondern sich auch Gedanken zur jeweiligen Struktur der Aufgabe machen muss.

Es darf sich also auf keinen Fall nur um Aufgaben handeln, bei denen lediglich die richtige Lösung zu suchen ist. Alternativen sind: zusammenfügen von Aufgabe und Lösung, suchen gleicher Aufgabentypen, verändern der Stellung des „Kästchens" in Platzhalteraufgaben, mehrere Lösungen anbieten, aus denen die richtige herausgefunden werden muss (was auch noch den Widerspruch- oder Rätseleffekt berücksichtigen würde) usw.

Das Durchhaltevermögen der Schülerinnen und Schüler berücksichtigen

Fünfzehn bis zwanzig Minuten Bearbeitungsdauer an einer Übungsstation stellt sicherlich schon die Obergrenze dar. Das Angebot muss so ausgelegt sein, dass Schülerinnen und Schüler vor Beginn der Arbeit an einer Station diese überschaubare Bearbeitungszeit erkennen können. Eine geringere Anzahl von Übungen an einzelnen Stationen lässt bei der Auswahl jedem einzelnen seinen individuellen und angemessenen Spielraum. Beim Üben ist individuelle „Angemessenheit" eine Grundvoraussetzung für einen Übungserfolg.

Angebote für möglichst alle Eingangskanäle

Weil wir gerne unseren Eingangskanal bevorzugt berücksichtigen, ist ein besonderes Augenmerk auf diesen Anspruch zu richten.

Mehrkanaliges Lernen ermöglichen

Dabei sehe ich hier mehrkanalig noch umfassender als nur die Eingangskanäle: Kopfarbeit und Bewegungsspiele verbinden, „Kopf" und Berührung verbinden, über Partnerspiele den Inhalt mit Sozialverhalten und auch Gefühlen verknüpfen usw.

Manuelle Tätigkeiten vorsehen

Das ist umzusetzen durch Übungsangebote wie ausschneiden, aufkleben, anmalen, zusammenstellen, herstellen ..., aber auch aufschreiben, dem Partner auf den Rücken schreiben usw. Vielleicht ist auch die schon erwähnte Lernmaschine selbst bei älteren Schülerinnen und Schülern deshalb so beliebt, weil zum einen nicht geschrieben werden muss und zum anderen bei jeder neuen Aufgabenstellung die Betätigung des „Schiebers" eine manuelle Tätigkeit darstellt.

Nach meiner Erfahrung werden all diese Dinge im Unterricht im Zusammenhang mit Einführungen und Erarbeitungen (zumindest in der Grundschule) oft und gut integriert, ganz selten tauchen sie dann jedoch im Zusammenhang mit reinen Übungen wieder auf, obwohl diesen Tätigkeiten beim Üben nicht weniger Bedeutung eingeräumt werden sollte. Erst in der umgesetzten Erwachsenendidaktik tauchen derartige Gesichtspunkte wieder verstärkt auf.

Unterschiedliche Sozialformen berücksichtigen oder anregen

Auch beim Üben sollten wir den Schülerinnen und Schülern mehr Verantwortung für „ihre" individuelle Sozialform überlassen! Ich sage das bewusst, weil sich im herkömmlichen Sinne die Übungsphasen doch häufig auf eine Einzelarbeit beschränken oder gar eingeschränkt werden.

Im Zusammenhang mit Spielen jeglicher Art, auch Kartenspielen oder Ähnlichem, sind Phasen des Miteinander bereits integriert. Beim Üben scheint die Gefahr der „Ergebnisübernahme" scheinbar oft gebannt werden zu müssen. Wer jedoch beim Üben oft genug von einem Nachbarn abschreibt, kann es unter Umständen hinterher auch. Beim Lernen darf oder soll sogar abgeschrieben werden, geholfen werden, beim Üben nun plötzlich weniger?

Ich plädiere hier nur dafür, den Schülerinnen und Schülern zu überlassen, in welcher Sozialform sie arbeiten wollen, und dies auch, wenn sie sich irgendwo „anhängen". Sie tun es nur so lange, bis es langweilig wird oder sie selbst merken, dass der Lern- und Übungseffekt ausbleibt.

Unterschiedliche Bearbeitungsarten ermöglichen

Aufschreiben ist eine Sache, oft jedoch lassen sich gleiche oder ähnliche Ergebnisse erzielen durch Tätigkeiten wie unterstreichen, einkreisen, sortieren, zusammenfassen, zuordnen, legen, Gegensätze suchen, Ergänzungen suchen, Umkehraufgaben herstellen usw.

Die gesamte Breite des Übungsspektrums abdecken

Nach einer Einführung oder Hinführung steht ja in der Regel das Ziel des noch zu übenden Unterrichtsgegenstandes. Vermutlich sind aus diesem Grund die Übungen auch meist so angelegt, dass sie auf diese Höchstform abzielen. Üben von Teilen, isoliertes Üben von Teilaspekten usw. schafft bei den Schülerinnen und Schülern Sicherheiten und Erfolge und hat unter Umständen zeitweise einen weit höheren Nutzen als das Üben von Gesamtheiten.

Es ist also sehr sinnvoll, *isolierte Übungen anzubieten*, die, in einzelne Übungsteile aufgespalten, auch „schwächeren" Schülerinnen und Schülern Erfolgserlebnisse ermöglichen.

Beziehungen innerhalb des Übungsgegenstandes berücksichtigen

Darunter verstehe ich: Unterstreiche gleiche Dinge, suche mögliche Bearbeitungsarten, ordne der richtigen Regel zu, ordne dem passenden Aufgabentyp zu, gehört zu …, bilde eine Reihenfolge usw.

Damit wird nicht immer nur eine Lösung gesucht, sondern es werden strukturelle Fragestellungen in den Vordergrund gestellt.

Qualitative Erweiterungen und produktive Aufgabenstellungen

- Bilde/suche selbst weitere Aufgaben!
  (ohne den Auftrag zur Lösung)
- Schildere in deinen Worten …!
  (ist auch eine Übung)
- Stelle auf beliebige Weise richtig dar!

Übersicht: Inhaltliche Gestaltung eines Übungszirkels

- Unterschiedliche Aufgaben stellen (nicht nur: „Hier ist eine Aufgabe, löse sie!");
- dem Durchhaltevermögen der Schülerinnen und Schüler entsprechen (erfahrungsgemäß stellen 15 bis 20 Minuten Bearbeitungsdauer an einer Station die Obergrenze dar, daher zum Beispiel nur einzelne Aufgaben, Teile von Arbeitsblättern oder Kopiervorlagen geben);
- für möglichst alle Eingangskanäle etwas anbieten;
- mehrkanaliges Lernen ermöglichen (zum Beispiel „Kopfarbeit" und Bewegungsspiele verbinden);
- manuelle Tätigkeiten vorsehen (wie ausschneiden, aufkleben, anmalen, zusammenstellen, herstellen …);
- unterschiedliche Sozialformen berücksichtigen (zum Beispiel im Arbeitsauftrag Angebote machen oder Hinweise geben, dass in unterschiedlichen Sozialformen gearbeitet werden kann);
- unterschiedliche Bearbeitungsarten anbieten (zum Beispiel aufschreiben, unterstreichen, einkreisen, sortieren, zusammenfassen, zuordnen, legen, Gegensätze suchen, Ergänzungen suchen, Umkehraufgaben herstellen usw.);
- die gesamte Breite des Übungsgebietes abdecken und nicht nur die Endform, die Höchstform des zu übenden Lerngegenstandes);
- isolierte Übungen zu Teilbereichen anbieten;
- Beziehungen berücksichtigen, zum Beispiel durch: Unterstreiche gleiche Dinge! Suche mögliche Bearbeitungsarten! Ordne der richtigen Regel zu! Bilde eine Reihenfolge! (wobei hier bewusst nicht auf die eindeutige Ergebnisbestimmung und -formulierung verzichtet wird);
- den produktiven Bereich qualitativ erweitern (bilde selbst weitere Aufgaben! nicht: löse sie. Schildere in deinen eigenen Worten! Stelle auf beliebige Weise richtig dar! …).

12. Weitere Formen des Stationenlernens gestalten

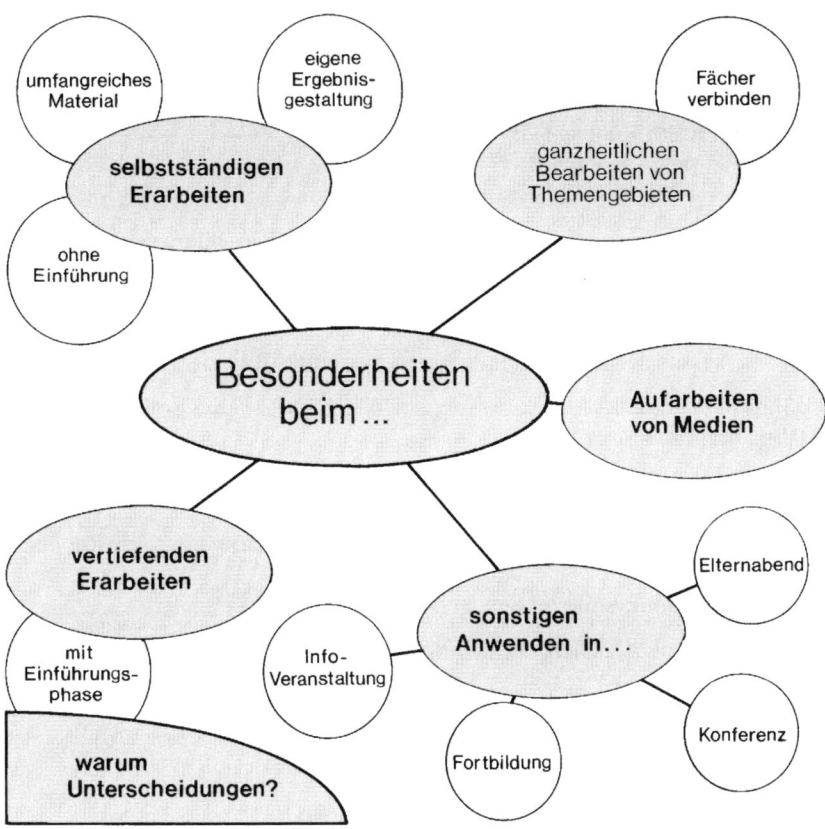

Buchseiten, Arbeitshefte oder andere Medien bearbeiten

Wenn Seiten aus Schulbüchern, Arbeitsheften oder anderen Medien in einem Lernzirkel bearbeitet werden sollen, können folgende Fragen leitend sein:

■ Welche Handlungserfahrungen sind für ein Verständnis sinnvoll oder notwendig?

■ Welche unterschiedlichen Schwierigkeiten und Inhalte verbergen sich in der Buchseite, in der Vorlage – welche Voraussetzungen sind notwendig?

■ Wie können die dargestellten Inhalte beziehungsweise Aufgabenstellungen in Teilgebiete aufgespalten werden?

■ Welche Lösungshilfen sind für einzelne Schülerinnen und Schüler im Zusammenhang mit einer selbstständigen Bearbeitung notwendig?

Je nach Beantwortung ergeben sich als mögliche Angebote:

■ Stationen, die den Schülerinnen und Schülern Handlungserfahrungen ermöglichen (enaktive Repräsentationsebene), zum Beispiel
  – Erfinde ein Rollenspiel!
  – Stelle selbst so etwas her!
  – Stelle etwas her und verändere es richtig!

■ Stationen, bei denen Handlungen oder Aufgaben bildnerisch (Skizze) dargestellt werden (ikonische Ebene), zum Beispiel
  – Stelle als Zeichnung dar!
  – Fertige zuerst eine Skizze!
  – Suche aus der Bildersammlung ein passendes Bild aus!

■ Stationen, in denen die notwendigen Teilgebiete für eine isolierte Bearbeitung dargestellt werden.

■ Stationen, in denen Hilfen angeboten werden, die ein stufenweises selbstständiges Bearbeiten ermöglichen, zum Beispiel
  – Es ist sinnvoll, wenn du dir zuerst mögliche Bearbeitungsschritte überlegst.
  – Beginne am besten an der und der Stelle.

■ Hinweise auf „Quellen" beziehungsweise frühere Lernerfahrungen, zum Beispiel:

Wenn du nicht mehr weißt, wie es geht, schaue im Buch, Seite ... nach.

Themengebiete ganzheitlich bearbeiten

Viele Inhalte der Sekundarstufe bieten sich durchaus an, in Form von thematischen „Lernzirkeln" aufgearbeitet zu werden.

Häufig werden Inhalte fast ausnahmslos einem Fach zugeordnet und in diesem auch bearbeitet, obwohl sich die Verknüpfung mit Inhalten aus anderen Fächern anbietet. Es werden zum Beispiel in einem Sachfach Texte bearbeitet oder verfasst, ein Inhalt aus dem Fach Deutsch. Ähnlich verhält es sich auch bei Versuchsbeschreibungen in naturwissenschaftlichen Fächern. Rechtschreibübungen im Zusammenhang mit vielen neuen Wörtern können genauso integriert werden wie gestalterische Aufträge, die zumindest intern als Berücksichtigung musischer Fächer verbucht werden können. Solche thematischen Zirkel gibt es begleitend zu diesem Einführungsband als Themenhefte mit Kopiervorlagen zum Beispiel „Umweltschutz: Gewässer", „Rund um den Film" oder „Freies Schreiben: Fantasiegeschichten".

Falls trotz ganzheitlichen Ansatzes die Fächer stärker berücksichtigt werden, hilft die Skizze unten. Unter einem Leitfach werden Inhalte für das Lernen an Stationen festgelegt und nach Absprache mit den Fachlehrern und deren Inhalten zu einem ganzheitlichen Angebot zusammengestellt. Diese Zusammenarbeit kann sich auf die bloße zeitliche und inhaltliche Abstimmung beschränken, führt jedoch hoffentlich sehr schnell zur aktiven Mitgestaltung und damit zur direkten Einbindung unterschiedlich gestalteter und ausgerichteter Arbeitsstationen der einzelnen Lehrpersonen.

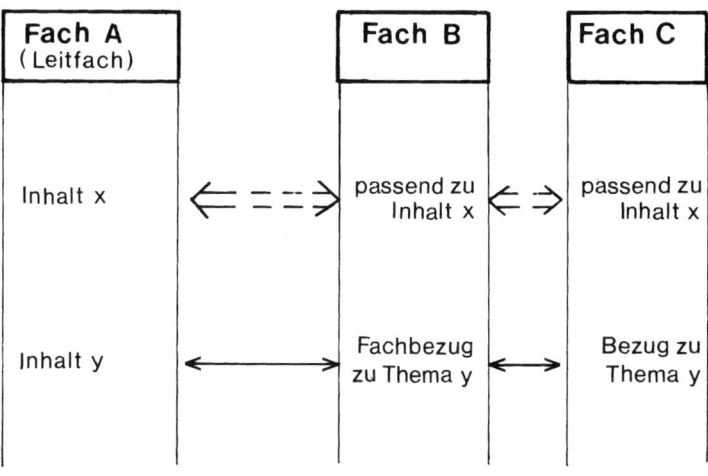

Eine andere Art wäre die Aufarbeitung als Projekt, dabei kann die Idee beziehungsweise Themenwahl auf unterschiedliche Weise erfolgen. Die Planung erfolgt gemeinsam und führt zu einem Beschluss.

Die Realisierung selbst kann dann zum Beispiel auch über Lernstationen erfolgen, in einzelnen Fächern oder Teilgebiete aufgespalten.

Durch die folgende Skizze ist der *formaltypische Verlauf eines Projekts* dargestellt und angedeutet, dass eine Verwirklichung in arbeitsteiligen Gruppen durchaus möglich ist.

Ablaufplan für ein Projekt

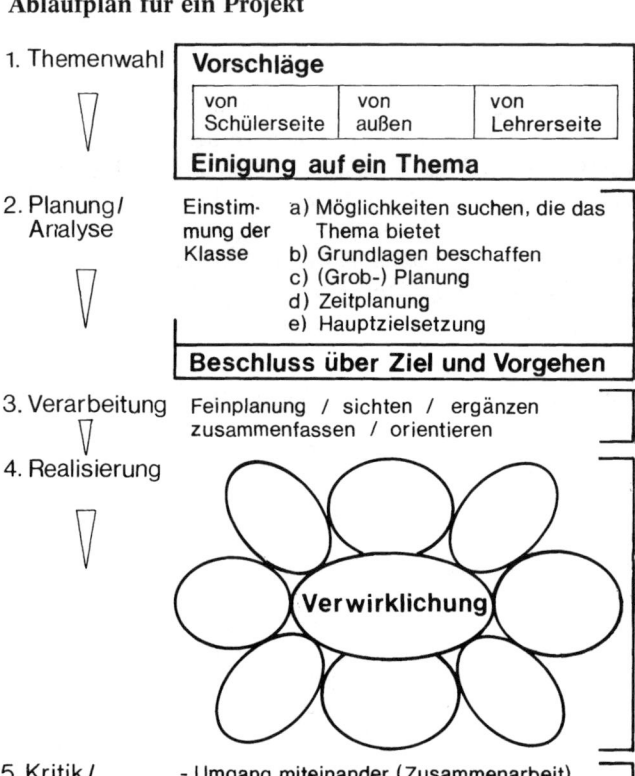

1. Themenwahl

Vorschläge

von Schülerseite	von außen	von Lehrerseite

Einigung auf ein Thema

2. Planung / Analyse

Einstimmung der Klasse

a) Möglichkeiten suchen, die das Thema bietet
b) Grundlagen beschaffen
c) (Grob-) Planung
d) Zeitplanung
e) Hauptzielsetzung

Beschluss über Ziel und Vorgehen

3. Verarbeitung

Feinplanung / sichten / ergänzen
zusammenfassen / orientieren

4. Realisierung

Verwirklichung

5. Kritik / Besinnung

- Umgang miteinander (Zusammenarbeit)
- Ziele verwirklicht? (stofflich, Verfahren...)
- Wie habe *ICH* mich gefühlt?

Ein Thema ohne Vorbereitung selbst erarbeiten

Manche Themen eignen sich vorzüglich, um von Schülerinnen und Schülern selbstständig bearbeitet zu werden. Die einzelnen Stationen bieten dabei Hilfen an (Texte, Bilder, Versuchsaufbauten, Tabellen usw.) und geben erläuternde Hinweise beziehungsweise gezielte Arbeitsaufträge für die jeweilige Station, das jeweilige Teilthema.

Auch Arbeitshefte, die bisher im Unterricht in gemeinsamer Arbeit schrittweise bearbeitet wurden, können in dieser Lernform, in Einzelteile aufgegliedert, Stationen bei der Erarbeitung des Themas darstellen. Teilüberschriften geben dabei die Struktur als Hintergrundinformation weiter.

Es ist möglich, die Schülerinnen und Schüler um die abgeschlossene Bearbeitung und Ergebnisdarstellung innerhalb der einzelnen Arbeitsstationen zu bitten. Arbeitsergebnisse sollen dann als Aufschriebe, Zeichnungen, Skizzen usw. jeweils separat festgehalten werden, um sie als Abschluss für einzelne Schülerinnen und Schüler in eine für sie sinnvolle Struktur bringen zu lassen.

Sie werden dadurch über das Erarbeiten von einzelnen Teilthemen selber an eine eigenständige Strukturierung herangeführt.

Nur wenn Vorbedingungen (Kenntnisse, Erfahrungen usw. anderer Stationen) unabdingbar sind, ist ein Verweis auf diese Vorbedingung notwendig (zum Beispiel: Bevor du diese Station bearbeitest, solltest du zuerst Station ... bearbeitet haben).

Für Lehrkräfte ist wichtig zu erwähnen, dass möglichst nicht oder nur bedingt der fachsystematische Aufbau im Vordergrund stehen kann!

Ein Thema mit Hilfe des Lernzirkels vertiefend erarbeiten

Die Hinführung erfolgt über die übliche Einführungsstunde oder Einführungsphase. Bereits aus der Überschrift wird deutlich, dass hier den Schülerinnen und Schülern zum Beispiel in der üblichen Form einer Einführungsstunde mit Versuchen oder Ähnlichem ein Überblick dargestellt wird. Einzelne Versuche aus dieser Einführungsphase werden anschließend von ihnen selbst durchgeführt und dokumentiert.

Mit anderen Worten: Die Schülerinnen und Schüler erarbeiten sich ihr individuelles Detailwissen nach einem einführenden Überblick selbst. Überblickwissen aus der Einführungsphase muss durch selbstständiges Erarbeiten von Detailwissen zu einem Gesamtgebiet zusammengefügt werden.

Für beide Formen der Erarbeitung neuer Themen gilt: Die üblichen Bruner'schen Ebenen lassen sich auf diese Weise in herausragender Form auf die einzelnen Schülerinnen und Schüler übertragen und garantieren damit nicht nur eine Auseinandersetzung auf der symbolischen Ebene.

Notwendigkeit für Unterscheidungen

Der Leser mag sich fragen, warum auf diese Unterscheidung von unterschiedlichen Arten so viel Wert gelegt wird. Eine formale Unterscheidung ist selbstverständlich nicht erforderlich und auch nicht sinnvoll, zumal im Vordergrund steht, dass die Schülerinnen und Schüler im Rahmen eines derartigen Unterrichts ihre individuellen Lernformen nutzen und verbessern können. Andererseits ist es für die Gestaltung und die Vorbereitung schon von großer Bedeutung, sich bewusst zu sein, was mit der Art der vorbereiteten Stationen erreicht werden soll. Es fällt uns und den Schülerinnen und Schülern schwer, bei einer völligen Mischung immer noch den Sinn und die Absicht der Arbeit zu erkennen. Schnell geraten solche Angebote in die Gefahr, die Schüler „nur noch" zu beschäftigen. Das ist aber in jedem Unterricht, ob in geschlossenen Formen oder in offenen Formen oder beim Lernen an Stationen, zu wenig. Schülerinnen und Schüler haben einen Anspruch auf sinnvolles Lernen in der Schule und nicht nur auf Beschäftigung!

Bei dem Anspruch, dass mit dem Angebot sinnvoll geübt werden soll, genügt es eben nicht, nur eine entsprechende Anzahl von Übungen zur Verfügung zu stellen. Diese meist alle in derselben Grundform, höchstens und erfreulicherweise zwar noch in entsprechender, weil unterschiedlicher „Verpackung". Zum sinnvollen Üben gehört dann wirklich, die unter dem entsprechenden Kapitel bereits erwähnten Ansprüche zu erfüllen.

Geht es andererseits um die selbstständige Erarbeitung von neuen Inhalten, dann sind eben die Arbeitsaufträge (Stationen) so zu gestalten, dass die Schülerinnen und Schüler ihr Lernen wirklich selbstständig organisieren, gestalten und erfolgreich abschließen können. Nur scheinbare Offenheit oder Stationen, die laufend weitere Erklärungen erfordern, sollten dann eher zu einer gemeinsamen Hinführung und anschließend vertiefender Bearbeitung führen.

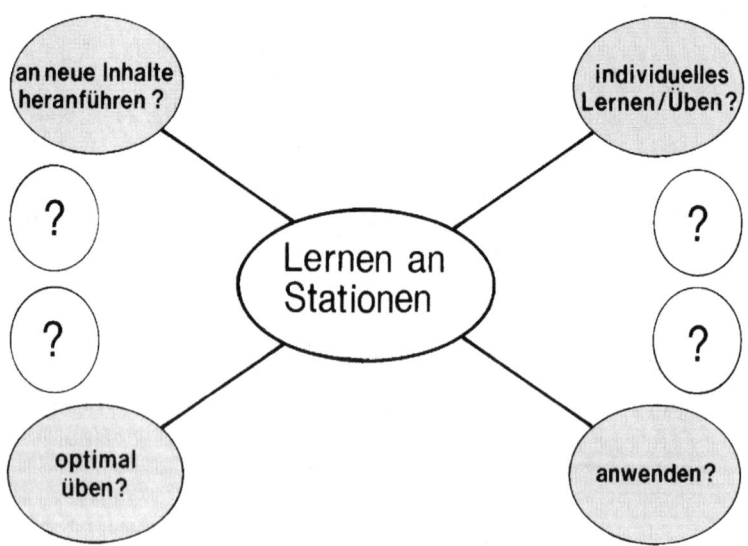

Sonstige Anwendungsgebiete für das Lernen an Stationen

Beim Lernen an Stationen werden Inhalte zur eigenen Bearbeitung angeboten. Die Aufgabenbearbeitung wird in die Verantwortung der jeweiligen Teilnehmer gegeben. Bei *Elternabenden, Informationsveranstaltungen, Lehrerfortbildungen* und selbstverständlich auch *Konferenzen* werden häufig Inhalte dargestellt oder zur Bearbeitung an die Teilnehmer gegeben. Es ist in diesen Bereichen ebenfalls das Lernen an Stationen einsetzbar. Genau wie im Unterricht wird dann die Verantwortung für die Bearbeitung oder Aufnahme von Informationen an die Teilnehmer übergeben. Wer kennt sie nicht, die Konferenzen mit langen Monologen und Darstellungen, oder gar die Elternabende zu Beginn eines Schuljahres, in denen unzählige Lehrerinnen und Lehrer nacheinander in den Klassen erscheinen und sich, ihre Anforderungen und die Inhalte den Eltern vorstellen.

An *Elternabenden* bieten die Lernstationen den Eltern zum Beispiel Inhalte und Anforderungen der einzelnen Fächer im Überblick oder als bloße Information an. Auch verwendete Bücher können ausgelegt werden und geben so den Eltern die Möglichkeit individueller Information. Jeder holt sich, was er benötigt. Die Arbeit kann dann problemlos durch persönliches Erscheinen der jeweiligen Lehrerinnen und Lehrer abgebrochen werden, die sich dann nur noch als Person vorstellen.

Auch *Planungen für Gemeinschaftsveranstaltungen* und Ähnliches sind auf diese Art vorstrukturierbar und durch die Bearbeitung an entsprechenden Stationen in die Hand der Teilnehmer zu geben.

Dasselbe gilt für *Konferenzen,* in denen so oft viel Zeit für Informationsweitergabe durch Vorlesen verschwendet wird. Die mit Arbeitsaufträgen und einem Zeitrahmen versehene Information garantiert die Informationsweitergabe beziehungsweise -aufnahme. Die Verantwortung für die Informationsaufnahme ist jedoch durch die Organisationsform äußerlich sichtbar und gestaltet zudem Konferenzen eher teilnehmerorientiert und sicherlich aufgelockerter. Warum sollen auf diese Art nicht Lehrerinnen und Lehrer zum Beispiel in Eigenverantwortung die Aufsichtspläne gestalten, Formulare kennen lernen, ein neues Ausleihverfahren für Medien verinnerlichen, sich in neue Medien und Arbeitsmittel einarbeiten, sich mit Neuerungen in Verordnungen auseinandersetzen und vielleicht auch noch den alljährlichen Brief der Ministerin oder des Ministers gezielt lesen?

13. Erfolgskontrolle und Leistungsbeurteilung

Den Schülerinnen und Schülern Verantwortung und Selbsteinschätzung übertragen

Beim selbstständigen Lernen, also auch beim Lernen an Stationen, ist eine dauernde Kontrolle durch die Lehrkraft nicht zu leisten und auch nicht erwünscht. Schülerinnen und Schüler können lernen, die Verantwortung für ihr Tun weitgehend selbst zu übernehmen, wenn sie die Möglichkeit dafür, den entsprechenden Rahmen, erhalten. Gleichzeitig ist unbestritten, dass viele Schülerinnen und Schüler das noch nicht können, jedoch ebenfalls lernen sollen. Was sie nicht können, lernen sie nicht dadurch, dass wir es für sie übernehmen. Dieser Aussage stimmen wir im Zusammenhang mit dem Lernen von Inhalten sofort zu, sie schließt jedoch das Übernehmen der Verantwortung für die eigene Arbeit und die Einschätzung der eigenen Leistungsfähigkeit ebenfalls ein.

Schülerinnen und Schüler sollen früh dazu angeregt, eventuell sogar durch Hilfen angeleitet werden, herauszufinden, auf welchem Wege sie Verantwortung für sich übernehmen können und wie eine sinnvolle Einschätzung und Bewertung der eigenen Lernfähigkeit und des eigenen Lernerfolgs erreicht werden kann.

Lernhilfen im Bereich Verantwortung und Einschätzung des Lernerfolgs sind alle Phasen des Bewusstmachens. Wir müssen den Schülerinnen und Schülern also Anregungen geben, sich bei der Auswahl einer Station oder beim Abschluss folgende Fragen zu stellen:

- Warum habe ich mich für diese Arbeitsstation entschieden?
- Was habe ich für mich gelernt, zusätzlich erfahren oder was hat mir diese Station „gebracht", nachdem ich meine Arbeit daran abgeschlossen habe?
- Wie schätze ich meine Leistung, mein Können im Zusammenhang mit dieser Station ein?

Es ist durchaus möglich, dass Sie nun, genau wie ich, einen schwachen Schüler vor Augen haben, der sich nur selten gute Leistungen attestieren kann, sofern er sich nach unserer Ansicht „richtig" einschätzt. Wenn das Angebot auf alle Schülerinnen und Schüler und ihr unterschiedliches Niveau ausgerichtet ist, stehen für alle adäquate Arbeitsaufträge und Lernmöglichkeiten zur Verfügung, bei denen sie sich ihre Lernerfolge und Bestätigung holen können. Gewiss sind diese auf niedrigerem Niveau als die Anforderungen, die wir eventuell an den Durchschnitt stellen. Sie werden dem einzelnen Schüler gerecht und ermöglichen ihm ebenfalls Erfolgserlebnisse, die unbedingt notwendig sind, um die Leistungsbereitschaft zu erhalten und zu fördern.

Auf der anderen Seite der Leistungsskala, also bei den sehr guten Schülerinnen und Schülern, erscheint bisher oft keine Leistungsgrenze. Unsere Angebote und Anforderungen werden von ihnen meist ohne große Anstrengung und gleichzeitig rasch erledigt. Offene Angebote, solche, die nicht durch das eindeutige Lernergebnis eingeengt sind, sondern beim Lernweg fast unbegrenzte Schwierigkeitsgrade ermöglichen, sind für diese Schülergruppe angemessen. Dadurch erhalten sie die Möglichkeit, ihre Leistungsgrenzen auszuloten und durch wirklich anspruchsvolle Bearbeitungen, raffinierte Lösungsansätze und Lösungswege oder umfassende Darstellungen für sich selbst eine angemessene und positive Einschätzung ihrer Arbeit zu erreichen.

Mit schwächeren Schülerinnen und Schülern umgehen

Im Zusammenhang mit der Verantwortung und der Selbsteinschätzung schwächerer Schülerinnen und Schüler sei noch eine andere mögliche Beobachtung erwähnt. Solche Schülerinnen und Schüler bearbeiten unter Umständen im Rahmen von Lernen an Stationen eine Station mehrmals. Dies entweder unmittelbar nacheinander oder aber in jeder der folgenden Stunden wieder. Auch ich war am Anfang oft geneigt, diese Schülerinnen und Schüler auf weitere Angebote zu verweisen. Sie bearbeiteten dann zwar andere Stationen, aber aus meiner Sicht mit Unlust und zweifelhaftem Erfolg.

Mir wurde nach vielen Rückfragen und einfühlsamen Gesprächen mit den Schülern klar, dass sie sich im Moment einfach an ihrem Können erfreuen und sich ihre Bestätigung immer wieder aufs Neue „abholen". Wir sollten hier den Mut haben, diese Schülerinnen und Schüler gewähren zu lassen, bis sie selbst an den Punkt des Weiterwollens kommen. Länger als zwei Wochen halten sie solche gleichartige Beschäftigung nicht aus. Sie beginnen dann von sich aus auch mit anderen, schwierigeren Aufgabenfeldern. Dieses „fortgeschrittene" Verhalten legen sie dann von sich aus an den Tag und nicht, weil wir es ihnen empfohlen oder gar verordnet haben. Hier ist Zuversicht angebracht, viel Zuversicht, dass Schülerinnen und Schüler ihre Verantwortung auch selbst übernehmen, wenn sie nur den Rahmen dafür erhalten. Schülerinnen und Schüler in der Orientierungsstufe und in der Hauptschule brauchen Zeit, entweder um schon gemachte Erfahrungen durch positivere zu ersetzen oder um sich selbst erst in den richtigen Zusammenhang mit anderen Personen und anderen Anforderungen zu bringen. Sie brauchen Zeit, um ihr Lernen auf eine höhere Ebene zu beziehen, nicht nur auf das eigene Ego, den eigenen bisherigen Horizont. Sie müssen auf jeden Fall „Verhalten" ändern oder lernen. Inhalte zu lernen braucht Zeit, die wir uns in der Schule auch nehmen. Dabei denke ich zum Beispiel an das Lernen des kleinen Einmaleins, dem in der Grundschule und in der Orientierungsstufe ein großer zeitlicher Umfang zugestanden wird. Auch Verhaltensweisen zu erlernen benötigt Zeit, viel Zeit, genauso wie das Verändern von Verhaltensweisen. Wir, die Erwachsenen, natürlich auch die Lehrerinnen und Lehrer, sind hier sehr ungeduldig. Vielleicht gibt es in diesem Bereich auch für uns noch lohnende Lernfelder.

Der Rahmen für eine Schülerin, einen Schüler ist unter Umständen ein ganz kurzer Zeitraum (und entspricht damit auch unserer Vorstellung) und für einen anderen Schüler ist es ein sehr langer Zeitraum, der sich mit unseren Vorstellungen überhaupt nicht deckt. Welche Forderungen stehen nun im Vordergrund? Können es immer nur die unsrigen sein, wenn wir schon im Grundgesetz den Hinweis erhalten, dass jeder Mensch auf der Grundlage seiner Möglichkeiten und Fähigkeiten das Recht auf eine optimale Förderung hat? Dieses Recht müssen wir den Schülerinnen und Schülern garantieren, das ist unsere Pflicht! Dass wir die Schülerinnen und Schüler auf dieses Recht hin verpflichten müssen, habe ich noch nirgends als Aussage gefunden, da sie meines Erachtens einer gerichtlichen Überprüfung im Zusammenhang mit den bestehenden Grundrechten nie standhalten würde. Es gilt, hier öfters wieder klar zu machen, dass die Schule und die allgemeine Schulpflicht als ein Recht auf Bildung eingeführt wurde, und nicht als eine Pflicht zur Bildung. Fast alle Kinder nehmen bis zum Schuleintritt ihr Recht auf individuelles Lernen für sich wahr, lernen dabei sehr viel und erhalten sich ihre Lernfreude.

Wenn die Kinder in die Schule kommen, freuen sich immerhin 95 Prozent von ihnen auf das Lernen und möchten auch gerne in der Schule etwas lernen, nach einem Jahr sind es leider nur noch etwa 60 Prozent, in den weiterführenden Schulen noch weniger. Diese Tatsache führe ich nicht nur auf die Veränderung des Lebensalters zurück, sondern auch darauf, dass die Schule der Freude am Lernen oft entgegenwirkt. Sie verlangt zu viel oder zu wenig und gibt vor allem meist den Weg vor, der nicht jedem Menschen gerecht wird oder von ihm nicht sinnvoll begangen werden kann.

Schülerinnen und Schüler begleiten und beobachten

Das Lernen an Stationen ist immer ein überschaubarer, aber doch längerfristig angelegter Lernprozess. Während dieses Lernprozesses durchlaufen Schülerinnen und Schüler einzelne Phasen, die zu beobachten für eine Begleitung und Bewertung notwendig ist.

Wir knüpfen an unser Angebot Vorstellungen von den zu erbringenden Leistungen und zu machenden Erfahrungen, sowohl im Wissensbereich wie auch im Bereich der Fertigkeiten und im Bereich des Sozialverhaltens. Solche Vorstellungen, notiert, unter Umständen sogar mit einer Klassenliste versehen, sind eine gute Grundlage, um Beobachtungen anzuregen und um sie für sich festzuhalten. Dies muss nicht ständig und offen geschehen, hilft jedoch, Beobachtungen zu strukturieren. Sogenannte Schlüsselqualifikationen (Selbstständigkeit, Teamfähigkeit usw.) erfahren dadurch erhöhte Beachtung.

Dies soll nicht nur im Hinblick auf eine mögliche Beurteilung gesehen werden, sondern mindestens gleichrangig, um die Begleitung beim Lernen sinnvoll zu ermöglichen. An Schülerinnen und Schülern ist so viel zu beobachten, was Aufschlüsse über ihren derzeitigen Lernzustand und ihren Zustand überhaupt gibt. Wir beobachten auch sehr viel, was im Unterbewussten aufgenommen und gespeichert wird. Bei spontanen und pauschalen Einschätzungen von Schülerinnen und Schülern wird dies dann deutlich, vor allem wenn wir mal überraschend auf ein Kind, einen Jugendlichen angesprochen werden. Wenn wir bewusste Beobachtungen notieren, machen wir sie gleichzeitig für die Zukunft verfügbar. Das heißt dann auch: Ich kann es im Moment wieder vergessen, mich auf anderes besinnen und eine Schülerin oder einen Schüler später wieder auf einen ganz bestimmten (positiven) Vorgang ansprechen oder mich bezüglich einer erfolgten Problemlösung später nochmals erkundigen (zum Beispiel am nächsten Tag nach dem Zahnarztbesuch fragen).

Mithelfen, Beobachten, Impulse geben usw., das sind die Hauptaufgaben während einer Arbeit an Stationen für die Lehrkraft im Unterricht. Bestätigen und Unterstützen würde ich gerne hinzufügen.

Solche Bestätigungen mache ich dann den Schülerinnen und Schülern gegenüber auch immer öffentlich, indem ich ihnen eine Rückmeldung auf positive Leistungen gebe und diese auch für sie sichtbar vermerke. Wohlgemerkt, solche offene Rückmeldung und Bestätigung gebe ich nur im positiven Sinne. Schülerinnen und Schüler erhalten für herausragende Gedanken, ausdauernde Bearbeitung, besondere Darstellungen, positives Sozialverhalten usw. ausnahmslos positive Leistungsrückmeldungen, die ich auch für den Einzelnen verdeutliche und hörbar mache.

Nach diesen zwei Möglichkeiten, die auf Beobachtungen beruhen, können die eventuell schriftlich vorliegenden Ergebnisse einzelner Schülerinnen und Schüler oder Gruppen in eine Bewertung einfließen.

Klassenarbeiten und Tests

Klassenarbeiten und Tests, die sich auch bisher einer Lerneinheit anschließen, sind auch im Zusammenhang mit dem Lernen an Stationen denkbar, machbar und sicherlich bei der derzeitigen Gesetzgebung auch öfters notwendig. Gleichzeitig sei aber auch daran erinnert, dass schriftliche Leistungsmessung nicht in allen Bereichen und im bisherigen Umfang verlangt und erforderlich ist. Häufig stehen schriftliche Abfragungen auch nur deshalb im Vordergrund,

weil die Leistungsmessung für uns objektiver erscheint und auch den Eltern
so vorkommt beziehungsweise von ihnen so akzeptiert wird. Die Frage nach
der Objektivität sei aber erlaubt, wenn die Objektivität allein auf unserer
subjektiv erstellten Anforderung und Aufgabenstellung beruht. Der bessere
Nachvollzug der Leistungsbewertung ist durch das vorher festgelegte „Punkt-
verteilungssystem" und den Vergleich mit der gewünschten richtigen Antwort
möglich, objektiver wird sie aber in ihrem Ansatz deshalb noch lange nicht.

Wenn Sie davon überzeugt sind, lassen Sie Klassenarbeiten schreiben. Sie
sollten jedoch nicht nur, wie bisher meist üblich, die Höchstform der erreich-
baren Lernleistung abverlangen. Aufgaben in Klassenarbeiten und Tests sollten
ähnlich der Aufgabenstellung im Rahmen von Stationen auch auf Zwischenergebnisse und Teilbereiche beschränkt bleiben beziehungsweise diese berücksichtigen. Schülerinnen und Schüler, die dann eben nur diese Bereiche bearbeiten oder beantworten können, stellen damit die Grenze ihrer Leistungs-
möglichkeit deutlicher dar als im bisherigen System und erhalten eben nur für
diese Teile eine positive Bewertung. Höhere Anforderungen können sie auch
im Test nicht erfüllen und erreichen die dort möglichen Punkte eben nicht.

Die Latte, die es zu überspringen gilt, muss nicht für alle Schülerinnen und
Schüler gleich hoch angesetzt werden. Unterschiedliche Höhen der Messlatte
innerhalb eines Tests, einer Klassenarbeit, sagen mehr über die Leistungsmög-
lichkeit einzelner Schülerinnen und Schüler aus als das alleinige Messen an
einer hohen Messlatte.

In Anlehnung an einen Stationenbetrieb lassen sich schriftliche Leistungs-
messverfahren teilweise sehr schwer anlegen, andererseits wiederum sehr
leicht gestalten. Wenn das Ziel eine Bearbeitung auf ganz unterschiedlichen
Ebenen und Teilgebieten war, lässt sich dies sehr schwer in einen einheitlichen
Test einbinden. Statt dessen helfen die notierten Beobachtungen und die
Bewertung von Arbeitsergebnissen bei der Notengebung. Auch der Auftrag auf
eine entsprechende Darstellung im Rahmen einer Station (als Bericht, Zeichnung, Vorstellung, Rollenspiel, Vortrag usw.) lässt dafür später eine sinnvolle
und adäquate Notengebung zu. Wenn wir von Teamfähigkeit reden, sollten wir
diese ebenso in die Bewertung einschließen wie die erreichten Teamergebnisse!

Während eines Rundgangs können an den einzelnen Stationen mögliche
Fragestellungen für eine Klassenarbeit notiert werden. Teilgebiete mit mehreren Angeboten sind dann ebenfalls berücksichtigt, ebenso unterschiedliche
Zugänge und Ausdrucksmöglichkeiten. Die Schülerinnen und Schüler können
innerhalb mehrerer Fragestellungen zu einem Teilthema eine Frage auswählen
und bearbeiten, deren „Wertigkeit" dann aber möglichst vorher durch Punkt-
zahlzuweisung bestimmt sein sollte: Innerhalb eines Teilthemas sind zum

Beispiel fünf Punkte erreichbar. Zur Bearbeitung stehen insgesamt drei Fragen zur Verfügung. Eine Schülerin oder ein Schüler sollte eine davon bearbeiten und kann dann auch nur maximal die für diese Aufgabe vorgesehene Punktzahl erreichen. Die Leistungsmessung geschieht also sehr stark in Anlehnung an die Art der Bearbeitung, die die Schülerinnen und Schüler für sich individuell „angemessen" auswählen.

Die entsprechenden Fragestellungen beziehen sich dann auch gleichrangig auf Lernweg und Lernergebnis.

14. Lernen an Stationen und die „Zeitproblematik"

Sehr oft klagen Lehrerinnen und Lehrer über die fehlende Zeit für anderes Arbeiten im Unterricht, wo die Zeit doch schon jetzt nicht ausreicht. Die Ursachen dafür sind rasch ausgemacht. Noch basiert der Unterricht überwiegend auf einer lehrgangsorientierten Arbeitsweise. Jeder Lehrgang aber verführt zu Vollständigkeit und damit zu Hast und Eile, leider auch zur Oberflächlichkeit. Übungen werden klar geplant und organisiert in den Unterricht integriert. Viel seltener wird das Üben-durch-Anwenden in neue Lernprozesse eingebaut.

Wir Lehrerinnen und Lehrer sind es, die den Zeitdruck produzieren, denn wir legen auf der Grundlage weniger Begriffe oder Hinweise im Lehrplan fest, was unserer Meinung nach dazu gemacht werden, bearbeitet werden soll. Hier bedarf es der Auswahlprinzipien, der Beschränkung auf das Wesentliche: *Mut zur Gründlichkeit, nicht Mut zur Lücke.*

In der Sekundarstufe I sind auch noch viele Grundkenntnisse und Grundfertigkeiten zu erlernen und zudem kommen große Mengen stark fachorientierter Wissensbereiche dazu. Überblickswissen und vernetztes Denken lassen das Faktenwissen besser einordnen und speichern. Überblickswissen und vernetztes Denken werden meines Erachtens in Zukunft zu Lasten des reinen Faktenwissens immer wichtiger.

Für die Zukunft wird die Förderung der Handlungskompetenz entscheidend sein. Diese Aussage trifft sicherlich auch für die weiterführenden Schulen zu, bereits heute für das Leben in Familie, Gesellschaft und selbstverständlich im Beruf. Wenn Handlungskompetenz wichtig ist, dann sind Basiskompetenzen gefragt, die das Vehikel darstellen, um vom Wissen zum Handeln zu gelangen.

Basiskompetenzen benötigen kein enges Spezialwissen, sondern Übersichtswissen, Vernetzungs- und Entscheidungsfähigkeit in komplexen Situationen. Eigenschaften, die beim Lernen an Stationen erworben werden, weil sie dort ebenfalls notwendig sind. Basiskompetenzen sind ein Verbundsystem aus Wissen und Können, Fähigkeiten und Fertigkeiten, sozialer Kompetenz und Handlungsstrategien.

Die Förderung so grundlegender Kompetenzen ist dann nie Zeitverschwendung, sondern Zeitgewinn. Ebendiese Eigenschaften helfen mit, dass Schülerinnen und Schüler ihre Fähigkeiten optimal einsetzen.

Unbestritten ist, dass für das Erreichen solcher übergeordneten Ziele Zeitaufwand notwendig ist, mehr Zeitaufwand als beim „Durchlaufen" einer stofforientierten Unterrichtseinheit. Man sollte sich Rechenschaft ablegen, ob man mit der bisherigen Vorgehensweise lediglich seine Vorstellung als Lehrkraft verwirklicht hat („Ich habe den Stoff behandelt") und ob nicht die folgende Frage stärker in den Vordergrund zu rücken ist: Wurden den Schülerinnen und Schülern Möglichkeiten geboten, sich mit den Lerninhalten *in der Schule* auseinander zu setzen und diese für sich zu verinnerlichen?

Wo lässt sich Zeit gewinnen?

■ Zunächst durch die *Sinnorientierung:* Ein Lernender, der in seinem Lernen einen Sinn erkennt, der sich selbst ein Ziel setzen kann, ist intrinsisch motiviert und damit viel leistungsfähiger.

■ In der *Produkt- oder Anwendungsorientierung* des Unterrichts, weil diese bereits aus sich selbst motiviert.

■ Das *Üben-durch-Anwenden* verknüpft aktuelle Notwendigkeiten mit Übungseffekten. Sich also bei aktuellen Inhalten Zeit zu lassen und Zeitreserven aus teilweise wegfallenden reinen Übungsteilen zu gewinnen. Die Überlegung: „Was üben wir gerade so nebenbei, indem wir es anwenden", lässt vieles anders sehen.

■ Bei *fächerverbindendem Ansatz* werden „Kompetenzen" der einzelnen Fächer genutzt. Intensive Auseinandersetzung mit Texten oder zum Beispiel das Verfassen von Texten werden dann zumindest intern auch dem Fach Deutsch zugeordnet und bringen dadurch im Sachfach „Entlastung".

■ Viel Zeit wird durch den *Einsatz zuvor gewonnener Kompetenz und Selbstständigkeit* gewonnen: Sich mit erhöhtem Zeitaufwand um Grundkompetenzen (zum Beispiel Texte bearbeiten) bemühen und diese Kompetenzen an neuen Inhalten den Lernenden bewusst machen verknüpft Inhalte und Kompetenzen über die Fächer hinweg und gibt den Schülerinnen und Schülern Sicherheit beim selbstständigen Bearbeiten von Unterrichtsinhalten.

Wie oft beginnen wir bei neuen Inhalten von vorne, spüren, dass Grundlagen fehlen, nehmen uns jedoch dabei selten die Zeit, diese Grundlagen dann intensiv zu erarbeiten. So vergrößert sich aus der Sicht der Schülerinnen und Schüler die Kluft zwischen ihrem Können und unseren Ansprüchen und gleichzeitig sinkt die Motivation gegen Null. Ohne „Fähigkeitskompetenz" kann es keine Motivation geben oder umgekehrt: Bei mangelnder Fähigkeitskompetenz kämpfen wir ununterbrochen gegen Unlust, Verzögerungen, bis hin zur Arbeitsverweigerung; hoher Zeitaufwand und überdimensionaler Energieaufwand sind die Folgen bei den Lernenden und bei uns.

15. Der Einstieg in das Lernen an Stationen

Wie überall gibt es viele Wege, die zum Ziel führen. Wer noch nie einen derartigen Unterricht geplant und gestaltet hat, der sollte sich im Klaren sein, was er mit seinem ersten Versuch erreichen möchte.

- Steht die eigene Erfahrung, dass Schülerinnen und Schüler auch dann etwas lernen, wenn nicht alle zur gleichen Zeit das tun, was wir uns vorstellen, im Vordergrund?
- Oder soll der Versuch unternommen werden, den Schülerinnen und Schülern die Vertiefung eines Themas im Stationenbetrieb zur Bearbeitung anzubieten?
- Auch die Möglichkeit, zu einem eher projektorientierten Thema unterschiedliche Angebote aus mehreren Fächern zu unterbreiten, bietet sich als sinnvoller Einstieg an.

Im ersten Fall, Erfahrungen mit offenen Lernangeboten, scheint mir ein Stationenbetrieb zum Üben geeignet. Auch wenn Übungsgrundsätze und Eingangskanäle noch wenig Beachtung finden, wird die Erfahrung mit den Schülerinnen und Schülern eine lohnende sein. Zudem können in diesem Zusammenhang die Schülerinnen und Schüler aus ihrer Sicht Verbesserungsvorschläge einbringen und sie auch gleich in selbst gestalteten Arbeitsaufträgen umsetzen.

Ein vertiefendes Erarbeiten eines Themas eignet sich aus meiner Sicht dann sehr gut, wenn zum Beispiel vor einem kürzeren Ferienabschnitt eine Einführungsphase möglich ist und die vertiefende Bearbeitung auf die Zeit nach den Ferien verlagert wird. Dann ist genügend Zeit vorhanden (sofern man sich diese auch nimmt), in den Ferien die Teilschritte und Teilthemen aus der Einführungsphase in Arbeitsaufträgen für den Zugang einzelner Schülerinnen und Schüler aufzubereiten.

Ein Themengebiet aus der Perspektive verschiedener Fächer zu beleuchten und dafür Angebote zu machen ist ein sehr guter Einstieg, wenn man gemeinsam mit Kolleginnen und Kollegen die Stationen planen und realisieren kann. Alle beteiligten Personen bringen ihre Vorschläge ein, sie werden koordiniert, unter Umständen in Einzelarbeit gestaltet und fertig gestellt und anschließend wieder als gemeinsames Werk den Lernenden in der Klasse angeboten.

Entsprechend den inhaltlichen Angeboten bringen dann die unterschiedlichen Fächer auch die Bearbeitungszeit ein. Konkret heißt dies, dass die Lernstationen im Klassenzimmer aufgebaut sind. Entsprechend den Fachanteilen arbeiten die Schülerinnen und Schüler innerhalb der gesamten Arbeitszeit (zum Beispiel neun Stunden) drei Stunden im Fach Deutsch, vier Stunden in Biologie und zwei Stunden in Mathematik an den Stationen. Gemeinsam mit einer Schlussphase wäre bei diesem Beispiel in zwei Wochen an jedem Tag eine Stunde für diese Arbeit vorzusehen, im Rahmen des normalen Stundenplans.

Falls es die Zeiteinteilung zulässt, ist die Bearbeitung durch mehrere Klassen, zeitlich aufeinander folgend, möglich und damit die „Kosten-Nutzen-Frage" auch positiv beantwortet. Eine verständliche Frage könnte sich auf die Leistungsmessung beziehen. Entweder die Kolleginnen und Kollegen planen und gestalten einen Test genauso wie zuvor schon die Arbeitsstationen und ordnen die Testnote einem Fach, dem Leitfach, zu oder bilden fachbezogene Einzelnoten. Aus meiner Sicht wäre es noch besser, bei einem derartigen Gemeinschaftsprodukt ganz auf einen Test zu verzichten und sich intensiv um die Beobachtung der einzelnen Schülerinnen und Schüler zu kümmern. Dann gewinnen Schlüsselqualifikationen auch in der Bewertung einen höheren Stellenwert und werden zudem bewusster wahrgenommen.

Ein gemeinsamer Raum in der Schule, der für den Aufbau eines Stationenbetriebes geeignet ist und in dem alles stehen bleiben kann, verbessert zumindest organisatorisch die Rahmenbedingungen. Die zeitlich begrenzte Nutzung eines Fachraumes in diesem Sinne sollte durchaus ernsthaft in die Überlegungen einbezogen werden. Nach Absprache kann theoretisch zu jeder Stunde eines Vormittags eine andere Klasse dort arbeiten. Im gleichen Zeitraum wäre also eine Bearbeitung durch höchstens fünf Klassen möglich. Allerdings gehen damit Vorteile des gleitenden Anfangs nach Pausen, die permanente Beobachtungsmöglichkeit usw. verloren.

Zum Abschluss zwei Hinweise an „Neulinge": Schülerinnen und Schüler und Lehrkräfte müssen sich auch an neue Formen gewöhnen. Falls es Ihnen als Lehrerin oder Lehrer irgendwann zu viel wird, so brechen Sie bitte die Arbeit ab und sagen Sie dies den Schülerinnen und Schülern. Wagen Sie lieber nach zwei Tagen die Fortsetzung des Versuches, als dass Sie auch nur eine kurze

Zeit gegen Ihren inneren Willen eine Überschreitung der Belastungsgrenze ertragen. Wer sich hier gleich zu viel zumutet, der gibt bald auf und wagt nie mehr einen Versuch.

Schülerinnen und Schüler arbeiten nach meinen Erkenntnissen mit viel Freude und engagiert an Stationen. Allerdings ist ihr Ziel die möglichst rasche Bearbeitung aller Stationen. Es geht ihnen um die Quantität, für die Qualität haben sie noch nicht die entsprechende Einstellung. Es ist ihnen meist noch nicht bewusst, dass sie etwas lernen und nicht nur Aufgaben erledigen sollen. Dies lässt sich auch aus den Ergebnissen von Tests im Anschluss an einen Lern- oder Übungszirkel ablesen: Meist fällt er schlecht aus. Die Schülerinnen und Schüler haben nur gearbeitet, wenig gedacht, dann kann das Ergebnis nicht gut werden. In diesen Fällen sage ich ihnen dies ganz klar und deutlich und biete ihnen nochmals einen Zeitraum an, in dem sie weiterarbeiten können und das Lernen in den Mittelpunkt stellen. Selbstverständlich mündet der erste Test nicht in eine Wertung, der dann folgende fällt viel besser aus.

Auch hier gilt: Wer Schülerinnen und Schülern die Lösung eines Problems vorträgt, betrügt sie um die eigene Erfahrung. Diesmal ist es eben die Erfahrung im Zusammenhang mit Lernen und Leisten.

III. Übergreifende Gesichts- punkte und Auswirkungen

16. Qualitätskriterien für das Lernen an Stationen

In diesem Kapitel sollen die Ziele des Lernens an Stationen nochmals dargestellt werden. Wichtige Kriterien eines Lernzirkels leiten sich daraus ab und werden mit allgemeinen Qualitätskriterien in Verbindung gebracht. Einerseits wird damit eine wertende Reflexion der eigenen Arbeit angeregt, andererseits stellen solche Aussagen auch immer Grundlagen dar, die für eine Beratung und Bewertung eines derartigen Unterrichts von Bedeutung sind.

Ziele

Für die Schülerinnen und Schüler sollen individuell angemessene Arbeits- und Entwicklungsbedingungen geschaffen werden, um das Lernen und Handeln optimal zu fördern. Eine optimale Förderung ist gewährleistet, wenn unterschiedliche Lernformen und Lernwege ermöglicht werden und wenn die Leistungsanforderungen abgestuft und den Schülerinnen und Schülern angemessen sind.

Arbeitsweisen und Inhalte

Es soll den Schülerinnen und Schülern verweilendes und in die Tiefe gehendes Arbeiten ermöglicht werden. Die vorhandene Zeit steht den Lernenden für die Klärung von Sachen und Beziehungen zur Verfügung. Dies fällt ihnen leicht, weil die Lebenswirklichkeit aufgegriffen ist, die Inhalte und Arbeitsweisen einen Sinn haben, zur Klärung anstehen und die Schülerinnen und Schüler bereichern. Der Unterricht berücksichtigt Inhalte, die für Menschen in diesem Alter bedeutsam sind. Schülerinnen und Schüler bekommen diese weniger vermittelt, sondern werden angeregt, über sie nachzudenken, sie zu hinterfragen und zu verstehen.

Über Erfahrungen im konkreten Tun kommen die Lernenden zu geklärtem Wissen. Ziel des derartigen Unterrichts ist neben der eigenen Auseinandersetzung mit den Inhalten und Verfahrensweisen die notwendige Reflexion, ohne die Lernen keinen dauerhaften Erfolg hat.

Die Möglichkeit dazu soll geschaffen werden, wenn Schülerinnen und Schüler das Verstandene mit Sprache festhalten und nach Klärung und Verlauf des Lernprozesses ihr Ergebnis individuell dokumentieren.

Sozialer Bereich

Die Unterrichtsform soll dazu beitragen, dass auch Schülerinnen und Schüler in dieser Altersgruppe (auch in der Pubertät) inhaltliche und zeitliche Strukturen aufbauen können, das heißt Inhalte und Zeit selbst einteilen und gestalten können.

Für den Rahmen eines Miteinander sind gemeinsam erarbeitete Regeln unabdingbar, die gemeinsam gefestigt werden sollen. Im Sozialverhalten gilt es demnach, dass die Schülerinnen und Schüler mit den Freiräumen umgehen lernen, Beziehungen untereinander aufbauen und einander helfen.

Übersicht: Ziele

Mit dem Lernzirkel sollen folgende Ziele erreicht werden:

Allgemein
- Schaffung angemessener Entwicklungsbedingungen für alle Schülerinnen und Schüler einer Lerngruppe;
- selbstständiges Lernen und Handeln bei jedem optimal fördern;
- Leistungsanforderungen abgestuft und dem Einzelnen angemessen darstellen.

Arbeitsweisen und Inhalte
- verweilendes und in die Tiefe gehendes Arbeiten;
- die Zeit für die Klärung von Inhalten und Beziehungen nutzen;
- die Lebenswirklichkeit der Schülerinnen und Schüler aufgreifen, klären und bereichern;
- der menschlichen Fantasie Raum zur Entfaltung geben;
- Schüler anregen, über die Inhalte und Beziehungen nachzudenken;
- Erfahrungen im konkreten Tun ermöglichen;
- Dinge berücksichtigen, die für Jugendliche bedeutsam sind;
- das Interesse durch die Wirklichkeit in oder außerhalb der Schule steigern;
- den Schülerinnen und Schülern durch eigenes produktives Tun geklärtes Wissen ermöglichen;
- den Schülerinnen und Schülern intensive handelnde und sprachliche Auseinandersetzung ermöglichen;
- den menschlichen Wunsch, etwas zu entdecken und auszuprobieren, bestärken und Umsetzungen ermöglichen;
- das Verstandene sprachlich festhalten;
- nach der Klärung Verlauf und Ergebnis dokumentieren (individuell).

Sozial
- Beziehungen untereinander aufbauen;
- einander helfen;
- zeitliche Strukturen aufbauen;
- gemeinsam Regeln erarbeiten und einüben;
- mit Freiräumen umgehen lernen.

Diese Aussagen stellen keine willkürliche Darstellung des Autors dar, sondern sind im Wortlaut die den Bildungsplänen/Rahmenplänen/Arbeitsanweisungen/Lehrplänen entnommenen Anforderungen an einen schülergerechten Unterricht in allen Schularten der Sekundarstufe I.

Wichtige Kriterien, die ein „gutes" Lernen an Stationen kennzeichnen

Stellung des Lernzirkels im Unterricht

Es ist für das Lernen von großer Bedeutung, wie die Schülerinnen und Schüler auf neue Themen und Techniken vorbereitet sind. Die Einbindung der Lernenden in die Planung, die Vorbereitung und in die Vorarbeiten ist dabei sehr wichtig. Schülerinnen und Schüler können bereits dadurch erfahren, dass Unterricht eine gemeinsame Arbeit darstellt. Es ist nicht das Ziel beim Lernen an Stationen, dass zunächst nur die Lehrerin und der Lehrer arbeiten und die Schülerinnen und Schüler dann entscheiden können, ob sie sich auf dieses Angebot einlassen wollen oder nicht. Beim Lernzirkel ist entscheidend, dass die Schülerinnen und Schüler den Unterricht durch ihr eigenes Tun entscheidend mitgestalten.

Bereits die Einführung eines Lernzirkels gibt hier Auskunft über die Stellung im Unterricht. Wenn den Schülerinnen und Schülern Eigenverantwortung und selbstständiges Arbeiten zugetraut und zugemutet wird, dann sind weder Geheimnistuerei noch lange Erklärungen notwendig.

Gespräche und der Austausch der Schülerinnen und Schüler untereinander sowie mit der Lehrkraft sind nur ein Teil von Gemeinsamkeit. Rückmeldungen und Mitteilungen sind im Plenum (Sitzkreis) eine weitere Möglichkeit, um in gemeinsamen Phasen „einsame" Arbeit zu reflektieren.

Ökonomie

Im Zusammenhang mit Prüfungslehrproben, Unterrichtsbesuchen usw. wurden schon immer und werden auch heute noch außergewöhnliche Leistungen erwartet und dargestellt. Der Aufwand für Materialherstellung und -bereitstellung steht dabei selten in einem vertretbaren Zusammenhang zur Verwendung im Unterricht. Selbstverständlich ist schwer definierbar, was ein vertretbarer Aufwand ist, zumal wenn unter Umständen die ganze Zukunft von ebendieser Stunde abhängig wird. Trotzdem scheinen mir die bisherige Praxis des Immer-mehr, Immer-höher, Immer-besser überdenkenswert und Fragen nach einer angemessenen Relation von Aufwand, Material usw. zum beabsichtigten Erfolg berechtigt.

Ökonomie wäre in der Wirtschaft sicherlich das richtige Stichwort und das hat hier auch seinen Stellenwert. Schon bisher klagen viele Lehrerinnen und Lehrer zu Recht über die immer größer werdende Belastung. Diese Belastung ist vorhanden oder wird zumindest von den Betroffenen so empfunden. Sie muss ernst genommen werden. Keinesfalls soll jetzt durch eine Mehrarbeit zu Hause die Grundlage für *zusätzliche* Belastungen in der Schule geschaffen werden. Dann, so denke ich, sollten aber auch in die Ausbildung Inhalte einfließen, die ökonomisches Arbeiten berücksichtigen und fördern. Seien dies nun der Einsatz guter Textverarbeitungsprogramme oder ganz praktische Erfahrungen bei der Materialherstellung.

In der Bewertung dürfen dann aber nicht mehr die herausragend hergestellten Materialien allein Berücksichtigung finden. Die Ökonomie, also das Verhältnis von Aufwand und Ergebnis, mit Berücksichtigung des Materialbedarfs, muss dann ebenso eine Bewertung erfahren.

Inhaltliche Struktur

Den Bearbeitern und möglichen Beobachtern sollte auf der Grundlage der äußerlich sichtbaren Struktur die beabsichtigte Art und das beabsichtigte Ziel des Lernens erkennbar sein: nämlich ob es sich um das Erarbeiten, ein sinnvolles Üben oder die Berücksichtigung unterschiedlicher Lernmöglichkeiten und Lernformen handelt. Wesentlich im Zusammenhang mit den Inhalten ist für mich, dass sich die Bandbreite von schlichtem Nachmachen bis hin zu ganz offenen produzierenden Angeboten erstreckt.

Didaktisch-methodisches Gestalten der Arbeitsstationen

Die Art der Arbeitsanweisung besitzt über ihre Aufmachung, die Berücksichtigung unterschiedlicher Ansprüche und Darstellungsformen usw. einen Vorrang. Beratenden und weiterführenden Hinweisen, bei den Stationen ist jedoch neben den reinen Aufgabenstellungen gleich hoher Stellenwert einzuräumen. Ein Arbeitsauftrag ist nur so gut, wie seine Eindeutigkeit oder Offenheit und wie eventuell erforderliche Hilfsangebote, die ihn selbstständig umsetzen lassen.

Bei der Verwendung der Sprache wird gerne nach „schülergerechter Sprache" geforscht. Ist demnach unsere Sprache öfters nicht schülergerecht? Ich denke, Schülerinnen und Schüler sollen die von uns verwendete, hoffentlich gute Sprache erlernen. Dann sollten wir ihnen unsere Sprache auch zumuten, auch beim Erstellen von schriftlichen Arbeitsanweisungen. Falls Befürchtungen bestehen, manche Schüler können das nicht verstehen oder umsetzen (ich denke überwiegend an Hauptschülerinnen und Hauptschüler, ebenso an die vielen ausländischen Schülerinnen und Schüler), gibt es zwei Lösungswege: diesen Schülern eventuell andere Angebote über Bilder oder Ähnliches zu machen oder die Verständlichkeit durch häufige Anwendung entwickeln.

Eine Kennzeichnung der einzelnen Stationen durch Farbe, Symbole usw. ermöglicht allen das Erkennen von Zusammenhängen. Kontrollmöglichkeiten für die Lernenden selbst, möglichst Selbstkontrolle, übergeben ihnen Verantwortung und entlasten die Lehrerin, den Lehrer.

Äußere Form

Zunächst fällt in einem Klassenzimmer allen die übersichtliche und klare Anordnung beziehungsweise Bereitstellung der einzelnen Arbeitsaufträge, oder das Gegenteil davon, auf. Zu viel oder einfach ungeordnetes Material im Klassenzimmer (soll es auch in der Sekundarstufe geben), mangelnde Freiräume oder oberflächliche Beachtung von einfachen Ordnungskriterien behindern eine sinnvolle Übersicht und vor allem die sinnvolle Arbeit für viele Schülerinnen und Schüler.

Dasselbe gilt für die Betrachtung der einzelnen Aufträge. Ästhetik bei der Gestaltung der Arbeitsaufträge und „saubere" Ausführung sind unabdingbar, wenn wir von den Schülerinnen und Schülern ebenfalls ordentliche Arbeit erwarten oder einfordern.

Auch für die Gestaltung und die Art des Laufzettels gelten solche „äußere" Anforderungen, da sie ununterbrochen im Unterbewussten ihre Wirkung durch entsprechende Prägung ausbreiten.

Um Ordnung zu halten, sind Ordnungsrahmen notwendig, die bereitgestellt werden müssen: Möglichkeiten der Ablage, Hinweise auf den Verbleib von Arbeitsergebnissen und Teilergebnissen, Hinweise auf die gewünschte Art der Ergebnisdarstellung usw. Wenn von den Schülerinnen und Schülern bestimmte Anforderungen verlangt werden oder Ansprüche an die Ausführung gestellt sind, müssen sie ihnen auch vorher allgemein oder über den Arbeitsauftrag verdeutlicht werden. Wenn dies nicht der Fall ist oder die Form der Ausführung weitgehend freigestellt ist, sollte dies ebenso deutlich sein.

Sozialformen

Wer den Schülerinnen und Schülern unterschiedliche Sozialformen ermöglicht, anregt oder vorschreibt, lässt sie auch Erfahrungen auf allen Ebenen machen, Vorlieben entwickeln und neue Möglichkeiten kennen lernen. Der Aufbau eines Helfersystems fördert in allen Bereichen soziale Tugenden, die für das gedeihliche und wertschätzende Zusammenleben notwendig sind: wahrnehmen und zuhören können, aufeinander eingehen, hinterfragen, zurückfragen, bestätigen usw.

Rolle der Lehrerin, des Lehrers

Aussagen zur veränderten Lehrerrolle, die ebenfalls ein Kriterium im Zusammenhang mit dem Lernzirkel darstellt, finden Sie nach der anschließenden stichwortartigen Zusammenstellung.

Übersicht: Kriterien

Wichtige Kriterien eines Lernzirkels
Stellung des Lernzirkels im Unterricht

- Vorarbeiten/Vorbereitung
- Einführung des Lernzirkels
- Gemeinsame Phasen (Gespräch, Austausch, Rückmeldung)

Ökonomie

- Relation Aufwand/Material/zeitliche Inanspruchnahme

Inhalte Struktur

- Art des Lernzirkels (Übungszirkel, Erarbeitungszirkel)
- Berücksichtigung von Unterschieden im Leistungsstand, Lernformen, Eingangskanäle usw.
- unterschiedliche Angebote (reproduzierende und produzierende, nicht nur Anhäufung von Arbeitsblättern!!)

Didaktisch-methodisches Gestalten der Arbeitsstationen

- Art der Arbeitsanweisung
- Hilfen bei „Nichtkönnen"
- Verwendung der Sprache
- Kennzeichnung, die Struktur erkennen lässt
- Kontrollmöglichkeiten für Schüler und Lehrer

Äußere Form

- Ästhetik bei der Gestaltung der Arbeitsaufträge
- Art der Bereitstellung
- Beginn der Zirkelarbeit
- Erstzuweisung/freie Auswahl
- Laufzettel/Übersicht
- Ablage der erledigten Arbeiten

Sozialformen

- unterschiedliche Sozialformen möglich (Einzel-, Partner-, Gruppenarbeit)
- Helfersystem

Lehrerrolle

17. Die veränderte Rolle der Lehrerin oder des Lehrers in einem schülerorientierten Unterricht

Die Lehrerin oder der Lehrer verlässt die bisher überwiegende zentrale Anweisungs- oder Vermittlungsrolle. Stattdessen setzen sich die Schülerinnen und Schüler direkt mit den Unterrichtsinhalten auseinander. Die Voraussetzung für diese Aneignung ist freilich, dass die Inhalte entsprechend aufgearbeitet sind, so dass es tatsächlich verschiedene Angebote und Zugänge für die individuellen Lerntypen und Lernniveaus gibt.

Damit ändern sich Aufarbeitung und Vorbereitung der Inhalte maßgeblich, zumal das Ziel die direkte und individuelle Auseinandersetzung der Schülerinnen und Schüler mit den Stoffinhalten und Verfahren selbst ist.

Es entfällt sowohl die arbeitserleichternde Fiktion eines Durchschnittsschülers, auf den hin bisher meist präpariert wurde, allerdings auch die Möglichkeit, als zentrale Vermittlungsinstanz jederzeit zu kontrollieren, einzugreifen, zusätzliche Erklärungen geben zu können.

Damit ist ein Schwerpunkt der veränderten Lehrerrolle in der Vorbereitung und Aufarbeitung des Stoffes und in der Organisation des Unterrichts zu sehen, der den Lernenden einen optimalen direkten Zugang zu den Inhalten ermöglichen soll.

Die neue Rollendefinition wird während des eigentlichen Unterrichts deutlich: Lehrerin und Lehrer treten aus dem Mittelpunkt des unterrichtlichen Geschehens in den Hintergrund. Aus dem bisherigen zentralen Vermittler wird die Lehrperson zum Initiator und Moderator von Lernprozessen, zum Berater und Beobachter.

Zu diesen mehr fachlich orientierten Angaben und Aufgaben treten ebensolche im sozialen und personalen Bereich der Schülerinnen und Schüler. Als „Supervisor" über das ganze unterrichtliche Geschehen ist die Lehrerin oder der Lehrer verantwortlich für eine ausgeglichene Förderung in allen Bereichen. Für die personalen Ziele bedingt dies eine intensivierte Auseinandersetzung mit dem einzelnen Schüler und eine differenzierte Beobachtung seiner Hintergründe und Voraussetzungen, seines Lerntyps und seines Entwicklungsstandes in persönlicher und sozialer Sicht.

Auch die sozialen Ziele müssen bereits durch die Planung und Vorbereitung berücksichtigt sein, damit im Unterricht genügend gemeinschaftsstiftende und

-stärkende Situationen sowie genügend Gelegenheiten zum sozialen Lernen geboten werden. Wir können uns doch nicht unablässig über (un-)soziale Verhaltensweisen bei den Schülerinnen und Schülern beklagen und diesen Lernbereich aus einem fachgebundenen Unterricht ausschließen! Soziales Lernen ist integrativ realisierbar, indem alltäglich das individualisierte Lernen so angelegt ist, dass soziales Handeln und Kommunikation im Rahmen von Partner- und Gruppenarbeit, kommunikativen Aufgabenstellungen und eventuell Gemeinschaftsergebnissen der Erarbeitung stattfindet. Daneben sollten aber „Gemeinschaftsveranstaltungen" wie Gesprächskreise, Berichtsrunden, auch gemeinsames Spielen, Rollenspiele und herkömmliche Klassengespräche fester Bestandteil des Unterricht sein.

Diese Art zu arbeiten soll aber den lang gepflegten „Unformen" von Unterricht gegenübergestellt werden, bei denen sich der Unterricht in langen Sequenzen individueller Einzelarbeit mit kompensatorisch angehängten „Erzählphasen" darstellen ließ.

Für die veränderte Unterrichtsplanung sollen einige Hinweise weiterhelfen, die von der Inhaltsebene her den Blick auf die Anwendungsorientierung und fächerverbindendes Arbeiten lenken.

Ich gehe von mir als Lehrperson aus:

- Wo begegnen mir als Lehrkraft im täglichen Leben Inhalte meines Faches?
- Kann ich diese „Vorkommensweise" in Zusammenhang mit den Inhalten meines Unterrichts bei meiner derzeitigen Lerngruppe bringen?
- Gibt es Zusammenhänge mit anderen Fächern, die ein fächerverbindendes Lernen und Arbeiten nahe legen? Kann ein anderes Fach bei meiner Arbeit „dienende Funktion" übernehmen?
- Mit welcher anderen Lehrkraft kann/muss ich dann Kontakt aufnehmen?

Ich gehe von einer Aktualität aus:
(politisch, wirtschaftlich oder Ähnliches) Hilfen beziehungsweise Anhaltspunkte können Zeitungen, Zeitschriften, Prospekte, Bücher, Kataloge oder Fernsehsendungen sein:

- Sind die Inhalte für Schüler von Interesse oder geeignet, um Interesse zu entwickeln?
- Können bei einer Erarbeitung, bei einer Bearbeitung Grundlagenbildungen anderer Fächer behiflich sein?
- Mit wem kann oder muss ich Kontakt aufnehmen?

Ich gehe vom Schulbuch aus:
Die Schulbücher enthalten Abbildungen und eine hohe Anzahl von Texten, die auf „Lebensbezüge" des jeweiligen Inhalts hinweisen.

- Können Schülerinnen und Schüler bereits vor der Einführung beziehungsweise der Bearbeitung des Stoffgebiets über das Lesen und durch inhaltliches Zuordnen der Anwendungsgebiete auf den „Lebensbezug" des Inhalts aufmerksam gemacht werden? (Diese Vorgehensweise ist auch eine Art der Interessenbildung.)
- Kann ich mich mit den Schülerinnen und Schülern auf ein oder mehrere Anwendungsgebiete einigen, die dann im Unterricht im Vordergrund stehen?
- Gibt es Verbindungen zu anderen Fächern, die fächerverbindendes Lernen nahe legen?
- Mit wem und wie könnte diese Arbeit geleistet werden?
- Mit wem soll ich als Lehrkraft diesbezüglich Kontakt aufnehmen und Schülerinteressen auf eine breitere Basis stellen?

Ich gehe vom Lehrplan aus:
Manche Themengebiete werden in der Schule und vor allem auch im Unterricht „der Sache wegen" betrieben und haben sehr wenig oder gar keinen direkten Anwendungsbezug. Dies können wir den Schülern in solchen Fällen auch so deutlich sagen und auf die Bearbeitungsnotwendigkeit im Zusammenhang mit dem Lehrplan verweisen.

Ich versuche, nicht vom Stoff auszugehen:
Geht man vom Stoff aus, so steckt sofort wieder die Fachsystematik im Vordergrund. Der Bezug zur Lebenswirklichkeit und der Anwendungsbezug verkommen dann schnell wieder zum üblichen schulischen Lernen, mit dem wir ja schon im Moment bei unseren Schülerinnen und Schülern wenig Motivation erreichen können.

Ich sage mir in Anlehnung an eine bekannte oder noch aktuelle Werbung: *„Fächerverbindend und anwendungsorientiert? – Nicht immer, aber immer öfter!"*

Übersicht: Die Rolle der Lehrerin, des Lehrers

Im herkömmlichen (auch stark stofforientierten) Unterricht steht die Persönlichkeit der Lehrperson im Zentrum der Aufmerksamkeit. Die Schülerinnen und Schüler sind auf sie fixiert. Nun steht im Unterricht die Persönlichkeit des Schülers und der Schülerin im Mittelpunkt.

Die Lehrerin, der Lehrer

- tritt aus dem Zentrum heraus, damit sich Schülerinnen und Schüler entfalten können,
- wird jedoch keinesfalls überflüssig,

- wendet sich seltener an die ganze Klasse,
- wendet sich dagegen häufiger an einzelne Schülerinnen und Schüler, die in diesem Moment Hilfe benötigen,

- beobachtet arbeitende Schülerinnen und Schüler und
- erkennt kostbare Augenblicke der Konzentration,

- führt häufiger einzelne Schülerinnen und Schüler in neue Sachverhalte ein oder hilft ihnen dabei,
- spricht weniger,
- stellt Angebote für unterschiedliches Arbeiten, unterschiedliche Zugänge zur Verfügung,

- wird sichtbar weniger aktiv sein,
- ist eher passiv, damit Schülerinnen und Schüler aktiv sein können,

- lässt Schülerinnen und Schüler sich frei bewegen,
- hilft mit, in diese Bewegung Ordnung zu bringen und Rücksicht nehmen zu üben,

- muss seltener zur Ruhe auffordern, denn Ruhe entsteht auch durch Konzentration auf selbstgewählte Unterrichtsgegenstände.

Es entsteht eine von innen kommende Ruhe, die nicht angeordnet werden muss!

18. Kriterien für guten Unterricht

Den bisherigen Ausführungen haben Sie sicherlich entnommen, dass ein schülerorientierter Unterricht andere Merkmale aufzeigt und andere Dimensionen berücksichtigt, als dies der herkömmliche, meist lehrerzentrierte Unterricht tut. Auch eine derart veränderte Rolle der Lehrperson richtet den Blick dann mehr auf die Lernenden, die Schülerinnen und Schüler.

Meine Ansprüche an guten Unterricht muss ich als Lehrperson ebenfalls hinterfragen und gegebenenfalls ändern, muss für mich definieren, was einen guten Unterricht kennzeichnet, neben der sachlichen Richtigkeit, die ich für jeden Unterricht als selbstverständlich voraussetze. Für mich selbst habe ich einige Aussagen formuliert. Entscheiden Sie selbst, ob Sie für sich einige übernehmen können, umformulieren oder neue hinzufügen wollen.

Unterricht ist für mich dann gut,

- wenn die Schülerinnen und Schüler nicht nur solides Fakten- und Lexikonwissen, sondern vor allem Wissen um Zusammenhänge und Verfahren, wenn sie Einsicht und Verständnis, Interesse und werterfüllte Einstellungen aufbauen können,
- wenn das ganzheitliche Wissen und Können in Erfahrungen, in Handlungsfeldern und Gestaltungsräumen verwurzelt ist und dort zur Anwendung kommen kann,
- wenn das schulische Lernen Initiative, Selbstständigkeit, Selbstvertrauen, Lernfreude und Verantwortung ermöglicht, unterstützt, fördert und fordert,
- wenn der Sinnbezug des Lernens immer wieder in der Einheit von Erleben – Handeln – Denken – Gestalten/Formulieren erlebt und bewusst erfahrbar wird,
- wenn die Schülerinnen und Schüler selber handeln, entdecken, vermuten, überprüfen, ausprobieren, untersuchen, beweisen, darstellen (skizzieren, fotografieren, zeichnen, filmen, spielen, schreiben, reden …) können, wenn sie ihre Lernwege selber entwerfen und beschreiten können,
- wenn sich Schülerinnen und Schüler wohl fühlen, Lernerfolgserlebnisse haben, Konflikte austragen können, fremde wie eigene Gefühle wahrnehmen und ausdrücken lernen,
- und wenn sie schließlich immer wieder erfahren, wie das *gemeinsame* Handeln bereichert und erfüllt.

In dem Zusammenhang definiere ich dann Allgemeinbildung nicht mehr nur in Ausrichtung auf die traditionellen Bildungsinhalte abendländischer Kultur, sondern genauso am Menschen und dessen Zukunft:

Ziel ist eine breite Allgemeinbildung in Form umfassender Handlungskompetenz und der Fähigkeit zu selbstverantworteter Lebensbewältigung in Familie, Beruf, Freizeit und Gesellschaft.

Eine reine Anhäufung von Fachwissen in Einzelfächern führt nicht zu einer ganzheitlichen Allgemeinbildung, die den Menschen befähigt, in den unterschiedlichen Lebenssituationen in Verantwortung vor sich und seiner Umwelt bewusst und folgerichtig zu handeln.

19. Qualitätskriterien für offene Unterrichtsformen

Das Lernen an Stationen als ein Weg zur Höchstform selbstständigen Lernens, der Freiarbeit (Studierfähigkeit) bildet den Hintergrund, wenn ich die Qualitätskriterien nun allgemeiner beschreibe und auf offene Unterrichtsformen ausdehne.

Zu Beginn meiner Ausführungen habe ich Gedanken an dem Bild einer Blume entwickelt. Zum Abschluss sollen nun die Qualitätskriterien und damit ein abschließender Überblick ebenfalls an einem Bild entwickelt werden. Zum Teil fließen in meine Darstellungen einzelne Gedanken aus den Ausführungen von Wulf Wallrabenstein ein (Wallrabenstein 1991, S. 168).

Grundprinzipien des Unterrichts

Offenen Unterricht sehe ich als Haus. Die Basis, auf der das Haus steht, das sichere Fundament, sind die *Grundprinzipien des Unterrichts.*

Vom obersten Unterrichtsprinzip, dass der Unterricht als gemeinsame Arbeit verstanden wird, leitet sich die Folgerung ab, dass die Schülerinnen und Schüler den Unterricht aktiv mitgestalten. Sie sind in Planung und tägliche Gestaltung eingebunden. Dies ist in direkter Form möglich, indem sie Zeit bekommen, sich auf neue Inhalte vorzubereiten, und Gelegenheit erhalten, Wünsche einzubringen und Helfer- und Moderatorenrollen zu übernehmen. In indirekter Form geschieht das zum Beispiel durch die Gestaltung/Mitgestaltung einzelner Lernstationen oder das Entwickeln einer Projektarbeit, die sich ganz frei aber auch im Rahmen des Lernens an Stationen ausbilden kann.

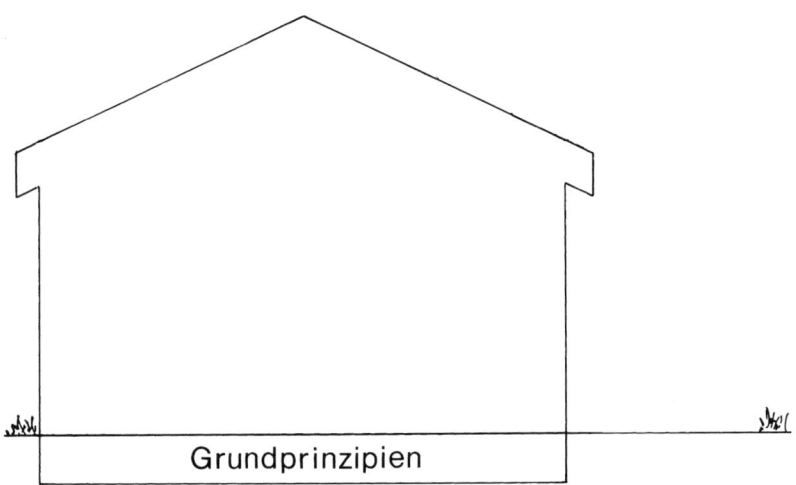

Grundprinzipien

Eine intensive Auseinandersetzung mit angemessenen Arbeitsaufträgen und Sachverhalten ermöglicht den Schülerinnen und Schülern jeweils individuell, die Unterrichtszeit auch als sinnvolle Arbeitszeit zu nutzen. Im Gegensatz dazu würden Erklärungen an wenige Schüler Unterrichtszeit verschwenden. Wenn die Unterrichtszeit intensiver genutzt wird, kann ein weiteres Grundprinzip besser realisiert werden: Die *Stofferarbeitung* und *-verarbeitung*, das Üben, die Arbeit überhaupt *wird in der Schule geleistet* und nicht in hohem Maße im Rahmen zusätzlicher Hausaufgaben.

Leider lernen viele Schülerinnen und Schüler erst nach der Schule, indem sie Hausaufgaben machen oder sich auf eine Klassenarbeit vorbereiten. Die Frage sei hier schon gestattet: Ist der Unterricht so schlecht, dass die Schülerinnen und Schüler fast immer außerhalb zur Vorbereitung auf entsprechende Leistungskontrollen lernen müssen? Stellen wir uns so wenig auf die Schülerinnen und Schüler ein oder sind sie einfach in der „falschen" Schule, wenn von ihren Eltern pro Woche in der Bundesrepublik insgesamt circa 39 Millionen Mark für Nachhilfeunterricht ausgegeben werden?

Wer Unterricht unter diesen Aspekten betrachtet, der stellt unumgänglich fest, dass im offenen Unterricht die Schülerinn oder der Schüler neben den Inhalten wenigstens gleichrangige Beachtung erfährt.

Umgangsformen

```
Umgangs-
◄formen

Grundprinzipien
```

Den Zugang zu einem wertvollen Unterricht stelle ich durch die Haustür dar. In der Schule sind klare Regeln für den Umgang miteinander nötig, weil viele Schülerinnen und Schüler und eine Lehrkraft geregelt und sinnvoll miteinander oder nebeneinander arbeiten sollen. Diese Regeln sollten nicht im Trockenkurs erstellt oder gar von der Lehrerin, dem Lehrer vorgegeben werden. Situationen, die sich auf die Arbeit einzelner oder der ganzen Klasse negativ auswirken, müssen gemeinsam besprochen werden. Diese Gespräche führen zu gemeinsamen Regelungen und der Festlegung, was bei einem entsprechenden Regelverstoß zu erwarten ist.

Solche gemeinsam mit den Schülerinnen und Schülern entwickelte Regelungen berücksichtigen dann auch deren emotionale Befindlichkeit. Wenn Konflikte nicht unterdrückt, sondern bearbeitet werden, erfährt der Unterricht neben allen stofflichen Betrachtungen und Notwendigkeiten eine Gewichtung im Sinne sozialen Lernens. Zu den Umgangsformen zähle ich auch Lob, Ermutigung, Humor, genauso wie Pünktlichkeit, Verlässlichkeit, gegenseitige Wertschätzung usw.

Dass an die Umgangsformen der Lehrkräfte im Zusammenhang mit ihrer Vorbildwirkung besonders hohe Anforderungen gestellt sind, versteht sich wohl von selbst.

Freiräume

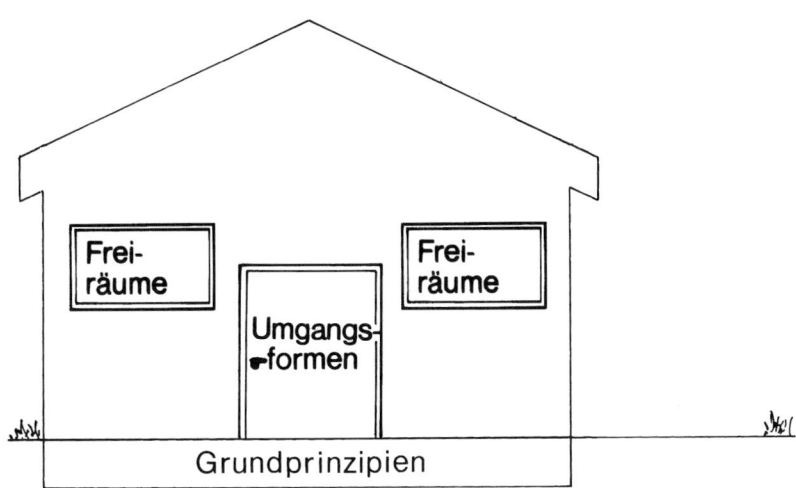

Ein Haus benötigt Fenster mit unterschiedlichem Ausblick, Fenster, die Licht und Luft ins Haus lassen. Sie sind die Freiräume, sie ermöglichen in einem bestimmten Organisationsrahmen, dass sich Schülerinnen und Schüler für einen Ausblick entscheiden können. Möglichkeiten sind Angebote zum vertiefenden Lernen, zum spielerischen Lernen, zum selbstständigen Lernen und zum Entdecken. Um dies zu fördern, stehen den Schülerinnen und Schülern möglichst oft handlungsorientierte Materialien und Angebote zur Verfügung oder werden von ihnen mitgebracht beziehungsweise ausgewählt.

Zur Freiheit gehört aber auch, dass die Kinder nicht nur den engen oder weiten Rahmen der zur Verfügung stehenden Angebote zur Bearbeitung nutzen können. Neben den sonst üblichen reproduzierenden Angeboten produzieren sie selbst ideenreiche, fantasievolle und für sie wichtige Verfahren und Ergebnisse.

Selbstständigkeit

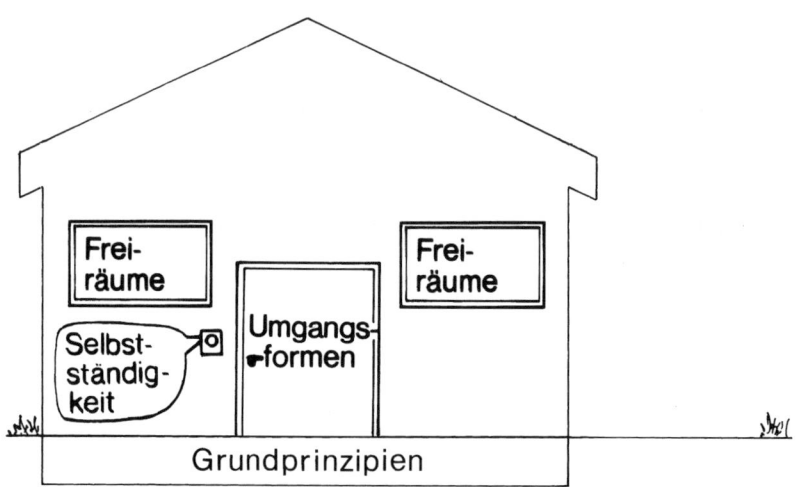

Was könnte die Selbstständigkeit an einem Haus, den Zutritt zum Haus besser charakterisieren als der Klingelknopf, die Sprechanlage.

Schülerinnen und Schüler müssen sich zuerst entscheiden, dass sie etwas tun wollen, was schon eine sehr große Leistung darstellt. Sie entscheiden sich selbst bei der Auswahl und der Abfolge der Arbeiten. Vielleicht ergeben sich dann auch ganz andere Folgearbeiten, die für sie einen Sinn haben und von ihnen aus eigenem Antrieb entwickelt, angenommen und bearbeitet werden.

Auch die Hilfe, die Zeit, die eine Schülerin oder ein Schüler zunächst bereit ist für andere aufzubringen, kann zwar angeregt, sollte aber weitgehend den Schülerinnen und Schülern überlassen werden. Sie bauen sich ihr Helfersystem selbstständig auf, wenn wir den Rahmen dafür zur Verfügung stellen und die Möglichkeiten sich entwickeln lassen, wie es bisher auch schon außerhalb der Schule beim Erledigen der Hausaufgaben oder beim Lernen für Klassenarbeiten zu beobachten ist.

Öffnung zur Umwelt

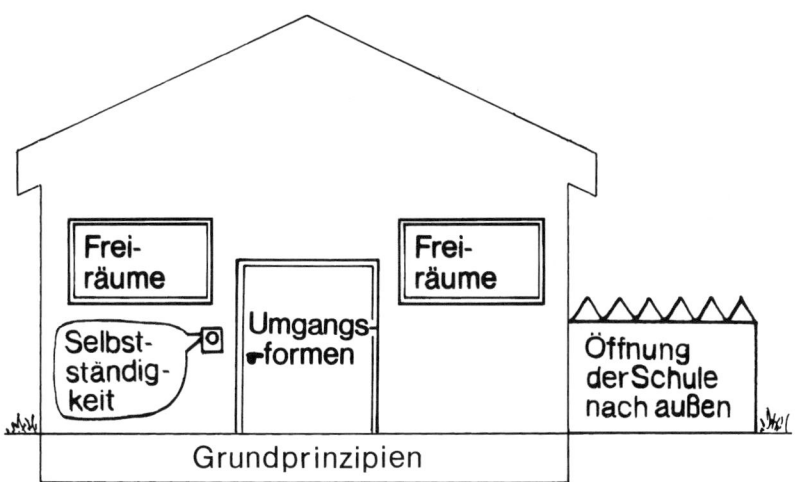

Jedes Haus „verdient" (zumindest nach schwäbischen Vorstellungen) einen Garten. Er stellt für mich diese Öffnung nach außen sinnbildlich dar.

Besser als die Umwelt auf Bildern, in Texten oder sonstigen Medien ins Klassenzimmer zu holen ist die direkte Begegnung mit der Umwelt außerhalb des Klassenzimmers, wo immer es möglich ist. Diese Aufwendungen sind nie als verlorene Zeit anzusehen, wenn den Schülerinnen und Schülern damit ein Praxisbezug und der Blick für die Sinnhaftigkeit ermöglicht wird. Primärerfahrungen werden in unserer Medienwelt immer seltener.

Erkundungsgänge und die Einbeziehung von Experten, die ihr „Material" als Lernobjekt präsentieren und es zur Verfügung stellen, können Primärerfahrungen ermöglichen.

Sprachkultur

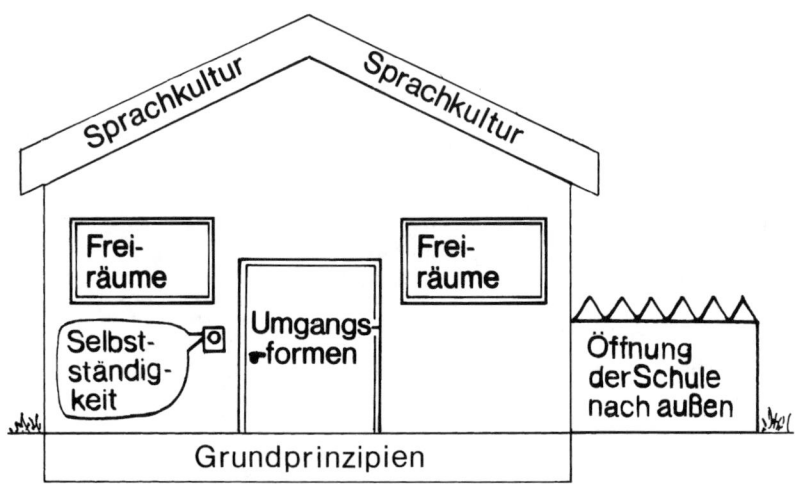

Das Dach der Sprachkultur stellt einen Schutz des sinnvollen und verinnerlichten Lernens und Lebens gegen Einflüsse von außen und von oben dar.

Unter Sprachkultur verstehe ich beides, die Ausbildung und Pflege einer
Gesprächskultur und die Förderung einer Schriftsprache, beides durch aktives
Tun. Es unterscheidet ja uns Menschen von allen anderen Lebewesen, dass wir
unsere Erfahrungen und Erkenntnisse nicht nur zeigen, sondern anderen auch
in Schrift gefasst mitteilen und in dieser Form auch aufbewahren können.
Lohnende Anlässe für Gespräche und das Aufschreiben sind konkrete Erfahrungen, sinnliche Erfahrungen und Mitteilungen über Gefühle.

Die entsprechende Kopplung von Erfahrung, Versprachlichung und Verschrif-
tung ist sicherlich auch ein Beitrag zum Denken im Sinne von Piaget: Denken
als verinnerlichtes Handeln. Von Handlungen zu berichten, sie zu beschreiben,
fördert den freien Ausdruck beim Sprechen und den freien Ausdruck in Texten.

Rolle der Lehrerin und des Lehrers

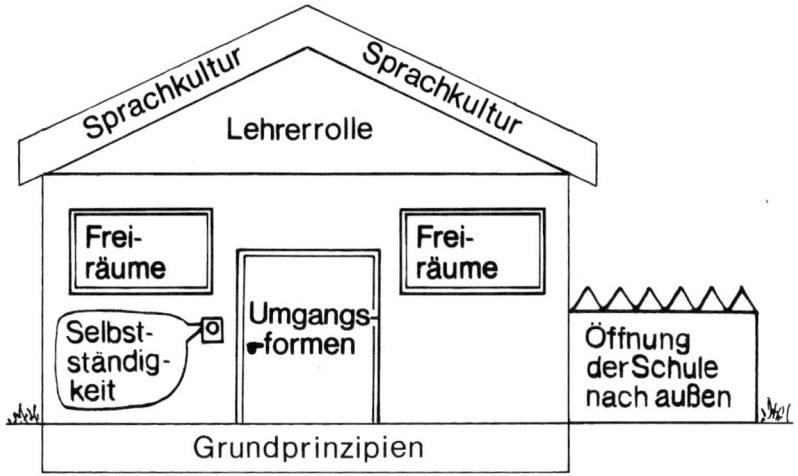

Auch wenn viele Tätigkeiten und Verantwortungen an die Schülerinnen und Schüler abgegeben werden, bleiben wir notwendig als der gute Geist im Haus. Unsere Aufgaben werden nur anders gewichtet, erhalten neue Schwerpunkte. Neben der inhaltlichen Arbeit, für die wir die Führungsverantwortung behalten, auch wenn wir an die Schülerinnen und Schüler die Handlungsverantwortung abgeben, erhält die Beziehungsarbeit den gleichen Rang. Geduld und Gelassenheit sind Grundvoraussetzungen, um Toleranz für langsame und lernschwache Schülerinnen und Schüler aufzubringen. Störungen und Konflikte gibt es immer, sie als Signale anzunehmen und mit den richtigen Bearbeitungsinstrumenten Klärungen herbeizuführen unterstreicht die Betonung der Beziehungsarbeit und gibt den Schülerinnen und Schülern die Möglichkeit, *an uns* etwas zu lernen.

Solche Ansätze sind zu erkennen, wenn Lehrerfragen, oder besser Lehrerimpulse, die Fragen der Schülerinnen und Schüler anregen und eine andere Ausrichtung haben als Fragen, die „nur" eine richtige Antwort ermöglichen. Problemlösungs- und anwendungsorientierte Impulse regen bei den Schülerinnen und Schülern die Arbeit und weiterführende Fragestellungen an. Über Fragen können wir uns unserer veränderten Rolle bewusst werden. Bisher, zumindest im Rahmen eines fragend entwickelnden Unterrichtsgesprächs, stellten häufig wir die Fragen. Komischerweise gingen unsere Fragen (deren Antwort wir ja bereits wussten) an die, die die Beantwortung unserer Fragen erst über den Unterricht selbst lernen sollten.

Die Erziehungsarbeit wird bei uns bleiben. Allerdings sehe ich sie anders, als sie landläufig gesehen wird. Ich setze gerne beim Kind, beim Jugendlichen an. Es gilt, dort zunächst zu beobachten und wahrzunehmen und dann zu *„unterstützen statt zu erziehen!"*. Es gibt viel Lohnenswertes zu unterstützen, wir müssen nur danach suchen.

Lernberatung

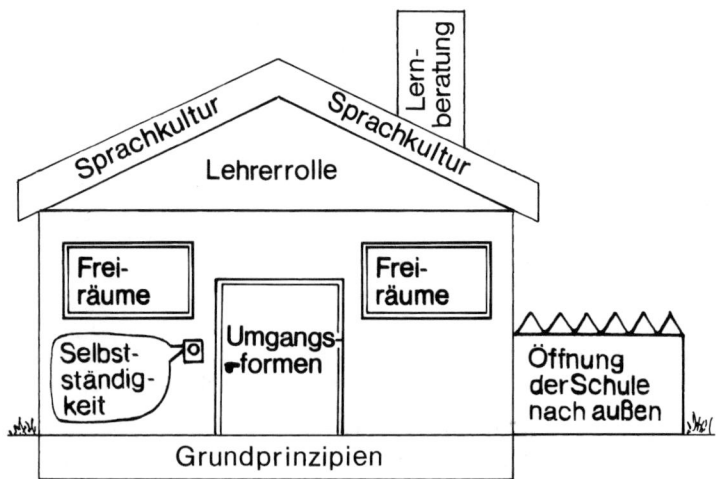

Ein Haus, das nicht beheizbar ist, wird zu manchen Jahreszeiten in unseren geographischen Breiten ungemütlich. Auch meinem Haus des Unterrichts geht es so. Der wärmende Kamin soll „Lernberatung" verdeutlichen.

Wenn Schülerinnen und Schüler mehr selbst lernen sollen, benötigen sie Hilfen zum besseren Lernen. Das meine ich mit Lernberatung. Diese Hilfen sind in offenen Unterricht integriert und werden für die Lehrerinnen und Lehrer durch die anderen Schwerpunktsetzungen auch zeitlich möglich. Umwege, Irrwege der Schülerinnen und Schüler werden genauso wie Fehler als Bestandteile des Lernprozesses akzeptiert, vielleicht sogar unterstützt. Beratung und Unterstützung durch uns beziehen sich dann auch auf das Umgehen mit Fehlern und die Beschäftigung mit leistungsschwächeren Schülerinnen und Schülern.

Diagnosebereitschaft und Diagnosekompetenz bei Leistungsversagen sind dann jedoch Voraussetzungen für eine richtige und am Lernenden orientierte Beratung.

Übersicht: Qualitätskriterien für offenen Unterricht

Grundprinzipien des Unterrichts

▪ Unterricht wird als gemeinsame Arbeit gesehen.
▪ Schüler gestalten den Unterricht mit.
▪ Unterrichtszeit wird als Arbeitszeit für (alle) Schülerinnen und Schüler genutzt (nicht durch Erklärungen an wenige verschwendet).
▪ Stoffbearbeitung geschieht im Unterricht und nicht über Hausaufgaben.
▪ Die Person erhält gleichrangige Beachtung.

Umgangsformen

▪ Klare Regeln werden von beiden Seiten eingehalten.
▪ Schülerinnen und Schüler werden in ihrer emotionalen Befindlichkeit angenommen.
▪ Konflikte werden bearbeitet, nicht unterdrückt.
▪ Gewichtungen erfolgen im Sinne sozialen Lernens.
▪ Loben!
▪ Ermutigungen!
▪ Humor zeigen!

Freiräume

▪ Schülerinnen und Schüler erhalten im Organisationsrahmen Freiräume zum
▪ vertiefenden Lernen,
▪ spielerischen Lernen,
▪ selbstständigen Lernen,
▪ entdeckenden Lernen.
▪ Die Materialien sind handlungsorientiert.
▪ Neben reproduzierende Arbeiten werden auch produktive Arbeiten gestellt.

Selbstständigkeit

▪ Aktive Steuerung von Lernprozessen durch die Schülerinnen und Schüler (auch bei der Auswahl).
▪ Schülerinnen und Schüler helfen sich untereinander (Helfersystem).
▪ Die Lernenden entscheiden sich für Folgearbeiten.

Öffnung zur Umwelt

- Direkte Begegnung mit der Umwelt
- Sekundärerfahrungen
- Erkundungsgänge
- Einbeziehung von Experten

Sprachkultur

- Kopplung von konkreter Erfahrung und Sprache
- Kopplung von sinnlicher Erfahrung und Sprache
- Förderung von Gesprächskultur (Aufstellen und Einhalten von Gesprächsregeln durch Lehrkraft und Lernenden)
- Förderung von Schriftkultur
- freier Ausdruck in Texten
- Sprachspiele
- Kreisgespräche (auch freie, ohne direkte Steuerung)

Lehrerrolle

- Beziehungsarbeit erhält neben inhaltlicher Arbeit gleichen Rang.
- Geduld und Gelassenheit sind gefragt.
- Toleranz für langsame und lernschwache Schülerinnen und Schüler ist selbstverständlich.
- Lehrerfragen sind problemlösungs- und anwendungsorientiert.
- Störungen und Konflikte werden mit „richtigen" Bearbeitungsinstrumenten geklärt.
- Die eigene Rolle wird reflektiert.
- „Unterstützen statt erziehen" heißt die Devise.

Lernberatung

- Beratungssituationen sind in den Unterricht integriert.
- Umwege, Irrwege und Fehler werden als Bestandteile des Lernprozesses akzeptiert.
- Alle Schülerinnen und Schüler werden beraten und unterstützt, auch die leistungsschwachen.
- Mit Fehlern wird aktiv umgegangen.
- Bei Leistungsversagen zeigt die Lehrkraft Diagnosebereitschaft (und -kompetenz).

20. Zusammenfassung und Ausblick

In Verwaltungen, in Betrieben der Wirtschaft, überall ist eindeutig zu beobachten, dass Verantwortung nach unten verlagert wird. Dem Einzelnen wird mehr Verantwortung für sein Tun übergeben und zugemutet, für mich ein sehr positiver Trend, der dem einzelnen Menschen mehr zutraut. Hierarchien sind immer bremsende „Institutionen", die Entscheidungen verlangsamen, oft sogar verhindern. Diesem Trend nach Verantwortungsverlagerung nach unten sollte sich die Schule nicht verschließen und wird es auch nicht können. Es geht natürlich nicht darum, dass die Schule nach gesellschaftlichen Trends und Moden schielen soll.

In unserer derzeitigen Gesellschaft schwinden alte Familienstrukturen, in denen es immer noch die Erfahrung der älteren Familienmitglieder gab, die sehr lange Verantwortung mitgetragen haben. Heute muss ein Jugendlicher, häufig schon ein Kind, in vielen Bereichen Verantwortung für sich übernehmen; sei es nur als guter „Mikrowellenkoch" bei der alleinigen Zubereitung des eigenen Mittagessens. Wer in der Schule mit Freiräumen beim Lernen umzugehen weiß, wer früh lernt, dass er für seine Tätigkeit und sein Lernen selbst verantwortlich ist, der wird außerhalb der Schule mit den dort verlangten Verantwortlichkeiten besser zurechtkommen.

Der „Freiraum Schule" ist ein Lernraum fürs Leben. Ich sehe auch noch die Sekundarstufe I als einen Freiraum, weil dort Dinge gelernt werden sollen, die im folgenden Berufsleben zentrale Bedeutung einnehmen. Hier können Schülerinnen und Schüler (hoffentlich) zunächst unbeschadet ihre Erfahrungen machen, ihre Grenzen ausloten, den menschenwürdigen Umgang mit anderen vertiefend lernen. In Zukunft wird lebenslanges Lernen unabdingbar. Dann ist aber um so wichtiger, dass Kinder und Jugendliche ihr eigenes optimales Lernen in der Schule auch erfahren und erproben können. Dann dürfen die Inhalte nicht die alleinige Priorität darstellen. Das Zusammenhalten einer Klasse, um weiterhin gleichschrittig in die Wissensgebiete einzudringen, widerspricht den legitimen Ansprüchen der einzelnen Schülerinnen und Schüler auf optimale Förderung.

Wir haben in unserer Ausbildung wenig über derartige Betrachtungen erfahren und gelernt. Doch dies kann und darf nicht zum Nachteil der heutigen Jugend sein, die eine Ausbildung benötigt, die sie auf die Anforderungen *ihrer* Zukunft optimal vorbereitet.

Die Arbeitsformen der weiterführenden Schulen werden immer wieder als Argument für „zielgerichtetes" Lernen in der Grundschule verwendet. Nun könnten wir es den Grundschulen gleichtun und uns an den nachfolgenden

Institutionen ausrichten: an den Anforderungen der Betriebe, die sehr viel mehr mit den schon erwähnten Schlüsselqualifikationen zu tun haben als mit memorierbarem Wissen. In den Betrieben wird heute überall sehr viel Eigeninitiative und Kreativität vom Einzelnen erwartet als noch vor wenigen Jahren. Oder denken wir an die Hochschulen und Universitäten, die Studierfähigkeit nicht nur im Wissensbereich voraussetzen. Doch sich daran zu orientieren ließe wieder die Personen außer Acht, die wir heute in der Schule haben, die Schülerinnen und Schüler, die den verbrieften Anspruch auf ein optimales Lernen in der Schule mitbringen.

Kinder, die in der Grundschule gelernt haben, ihre Ziele zu artikulieren, ihr Lernen zu strukturieren und sich selbst Ziele zu setzen, die selbstständig lernen können, werden diese Arbeitsweisen in jeder weiterführenden Schule in zunehmendem Maße einfordern, weil sie sie als Vorteile erfahren haben. Außer in einführenden Einheiten wird doch zum Beispiel an Gymnasien immer noch selten *das Lernen selbst* in den Vordergrund gestellt. Also hat derjenige, der schon selbst lernen kann, mit den eher darbietenden Unterrichtsformen weniger Schwierigkeiten als jener, der immer detaillierte und genaue Anweisungen erwartet.

Die *heutige* Grundschule kennen wir aus unseren eigenen Erfahrungen überhaupt nicht, ansonsten lediglich aus den Berichten unserer Kinder. Überall ist Bewegung und ich bin sicher, dass sich diese dadurch, dass die Kinder aus der Grundschule mit einem stabilen Selbstwertgefühl und einem Anspruch an kindgerechtes Lernen in weiterführende Schulen überwechseln, deutlich beschleunigt. Veränderungen gibt es selten von oben, sie breiten sich meist von unten aus. Die Beziehungen zwischen allen an der Schule Beteiligten werden davon in Zukunft betroffen sein: die Schülerinnen und Schüler, Lehrerinnen und Lehrer, die Schulen aller Schulformen, die Eltern und die Schulaufsicht.

Notwendigkeiten für Veränderungen und Ansätze gibt es genug. Sie in die positiv orientierte Richtung zu lenken, auf eine schülergerechte, menschengerechte Schule, sie auf dasselbe Ziel hin zu optimieren, das ist unser gemeinsamer Auftrag.

Hilft dabei auch das Lernen an Stationen?

Das muss die Leserin, der Leser für sich selbst entscheiden. Jedoch bitte nicht auf der Grundlage möglicherweise gedanklich entworfener Argumente, sondern auf der Grundlage eigenen Tuns. Es liegt wohl in unserer Natur als Lehrkräfte, dass wir weit vorausschauen und versuchen Folgen abzusehen. Häufig bleibt dann: „Es könnte ja dies und das geschehen", und dann kann es nicht gut gehen!

Wer eine Sache mit Skepsis beginnen möchte, sollte meines Erachtens die Skepsis behalten und die „Sache" bleiben lassen. Es kann mit einer pessimistischen Grundeinstellung nicht gut gehen. Das gilt auch für das Lernen an Stationen und andere offene Unterrichtsformen! Christoph Egerding-Krüger beschrieb es in einem Lernmethodenkurs zwar umständlich, dafür um so schöner:

„Wo kämen wir hin, wenn alle nur fragten, wo wir hinkämen, und keiner ginge nachsehen, wohin wir kämen, wenn wir gingen."

Ich habe für mich die Erfahrung gemacht, dass es sich lohnt, etwas zu probieren, bereits Vorhandenes zu hinterfragen oder zu bestätigen. Meine guten Erfahrungen möchte ich auf diesem Wege weitergeben.

Ihnen, liebe Leserin, lieber Leser, wünsche ich dasselbe: positive Erfahrungen mit „Ihren" Schülerinnen und Schülern und Bestätigung von „Ihren" Kindern und Jugendlichen für Ihre tägliche Arbeit. Wir haben uns für einen Beruf entschieden, der mit Kindern und Jugendlichen zu tun hat und damit auf die Zukunft ausgerichtet ist. Kinder und Jugendliche sind unsere Zukunft! Optimismus ist ihrer und unserer Zukunft wegen angesagt. Optimismus aber heißt: „Ich versuche es, es könnte ja auch gut gehen!" Und denken Sie daran: Neue Wege entstehen dadurch, dass sie gegangen werden! Wie sagte schon Erich Kästner: „Es gibt nichts Gutes, außer man tut es."

Zum Anhang

Im folgenden Anhang werden einige Beispiele für Differenzierungsangebote dargestellt, die insbesondere die verschiedenen Lerneingangskanäle berücksichtigen, unterschiedliche Zugangsweisen ermöglichen oder aber durch Forderungen verschiedener Schwierigkeitsgrade eine Differenzierung ermöglichen.

Danach wird an ausgewählten Beispielen von Lernzirkeln deutlich gemacht, welche Schwerpunktsetzungen diese Angebote verfolgen.

Die Darstellung von möglichen Zugangsweisen und Vorüberlegungen bei der Erstellung von Lernzirkeln wird an zwei Beispielen aus der Mathematik aufgezeigt. Einige mögliche Gliederungen von Lernzirkeln, fachbezogen und mit Berücksichtigung fächerübergreifender Aspekte, schließen sich an.

Anhang

Beispiele

Berücksichtigung der Eingangskanäle beim Üben und Festigen des Bruchbegriffs

Für den *optischen Typ* werden Zeichnungen angeboten, die die Schülerinnen und Schüler mit dem zu übenden Stoff verbinden und bei denen sie auch Farbstrukturen sinnvoll einsetzen:

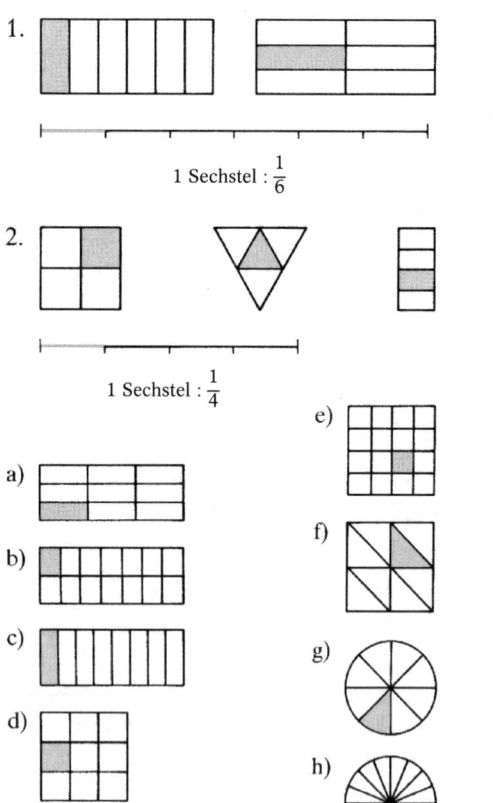

1 Sechstel : $\frac{1}{6}$

1 Sechstel : $\frac{1}{4}$

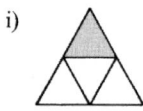

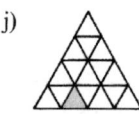

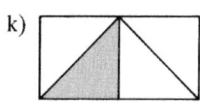

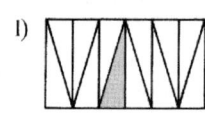

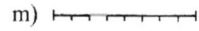

Stelle die Brüche in den Figuren dar, zum Beispiel:

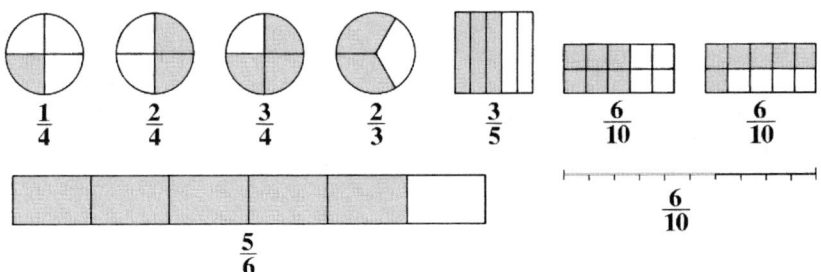

Die Punkte auf den Zahlenstrahlen in der Abbildung können durch Brüche bezeichnet werden. Gib zu jedem Punkt drei verschiedene Brüche an.

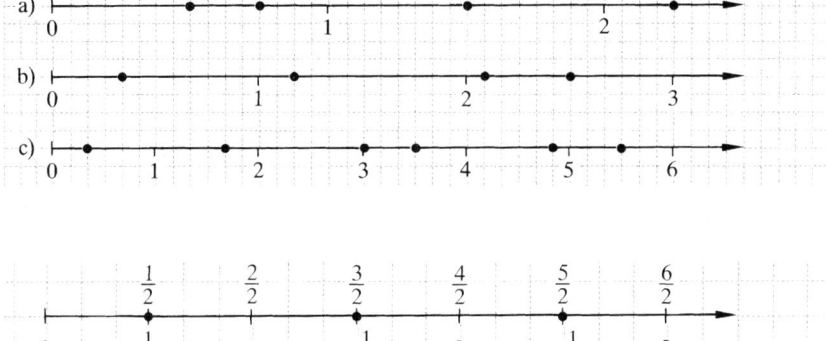

Jetzt unterteile die Abstände zwischen den natürlichen Zahlen in Sechstel.

Lösung:

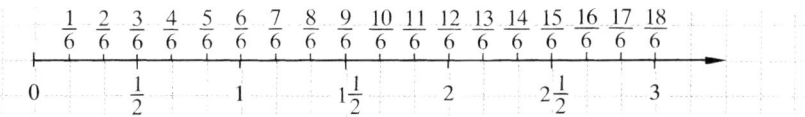

Die Darstellung am Zahlenstrahl kommt dem optischen Typ ebenfalls sehr entgegen.

Der akustische Eingangskanal kann alleine angesprochen, jedoch noch besser mit anderen Lernkanälen verknüpft werden: Auf eine Tonbandkassette, die über den Walkman abgehört wird, Zahlenreihen mit bewusst eingebauten Lücken oder Fehlern gesprochen: $\frac{2}{2}$ sind ein Ganzes, drei Halbe sind $\frac{4}{8}$ und ... Die Schülerinnen und Schüler hören sich die Zahlenreihen an und schreiben die fehlenden oder unpassenden Zahlen auf. Kontrollbogen helfen beim anschließenden Überprüfen. Kombinierte Übungen könnten etwa folgendermaßen lauten:

Partnerspiel im Gang

Übt bitte möglichst leise auf dem Gang!

1. Suche dir zuerst einen Partner.
2. Nehmt einen Ball mit.
3. Setzt euch auf dem Gang gegenüber und rollt den Ball (leise) gleichmäßig hin und her.
4. Du sagst beim Wegrollen des Balls eine beliebige Bruchzahl. Dein Partner rollt den Ball mit der verdoppelten Bruchzahl zurück.
5. Das Gleiche könnt ihr als Reihe spielen oder aber jeweils eine neue Bruchzahl verwenden.
6. Versucht es dann auch umgekehrt; aber Vorsicht!

Im Zusammenhang mit Bruchzahlen sind übrigens sehr viele Übungsformen einsetzbar. (Siehe hierzu auch das Lernen an Stationen-Themenheft zum Einmaleins für die zweite bis vierte Klasse, das unter der Bestell-Nr. 211318 beim Cornelsen Verlag erhältlich ist.)

Die folgende Übung verbindet Körperempfinden, den akustischen Kanal und die Symbolik beim Aufgabenstellen und -lösen im Partnerspiel:

1. Suche dir einen Partner.
2. Einigt euch auf eine beliebige Rechenverknüpfung (addieren, subtrahieren, multiplizieren oder dividieren) von Brüchen.
3. Fasse deinen Partner an der Hand oder am Arm und drücke mit deinem Daumen mehrmals nacheinander zuerst den Zähler der ersten Bruchzahl, nach einer kleinen Pause den Nenner und anschließend auf die gleiche Weise den zweiten Bruch.
4. Deine Partnerin oder dein Partner zählt mit und sagt dir anschließend die beiden Brüche, die ihr dann gemeinsam oder jeder für sich im Kopf oder schriftlich löst.

Die Zuordnung von bildnerischer Darstellung und Bruchschreibweise ist ebenfalls eine sehr gute Übung, um unterschiedliche Schwerpunkte zu berücksichtigen und damit breiter angelegtes Üben zu ermöglichen.

Unterschiedliche Darstellungsebenen am Beispiel von Sachaufgaben berücksichtigen

Umsetzung von Bild in Symbolik:

1. Betrachte das Bild genau und fertige dazu eine Beschreibung. Folgender Sachverhalt ist wichtig und sollte später in Form einer Textaufgabe aufgeschrieben werden. Bearbeitungshilfe:
   a) Beschreibe zunächst den Sachverhalt ausführlich wie eine kleine Geschichte. Integriere die entsprechenden Daten.
   b) Streiche aus dem Text Angaben, die für eine gewünschte Textaufgabe im üblichen Sinne unnötig sind.
   c) Formuliere nun deinen verbleibenden Text so um, dass er wie eine Aufgabe im Buch aussieht. (Zum Beispiel, dass ein Leser nicht mehr weiß, was zuerst zu tun ist.)
2. Löse die Textaufgabe und stelle anderen Schülerinnen und Schülern das Bild, den Text, die Textaufgabe und deine Lösung als Kontrollmöglichkeit zur Verfügung.

Umsetzung von Symbolik in Handlung:

1. Betrachte die Zahlaufgabe (oder in einfacherer Form die Textaufgabe).
2. Erstelle dazu eine Textaufgabe.
3. Gestalte zu der Aufgabe ein Rollenspiel, das du mit Mitschülern der Klasse vorstellst.

Unterschiedliche qualitative Anforderungen als Differenzierung am Beispiel „Menschliche Verdauungsorgane"

1. Das Bild im Buch Seite XY stellt die Verdauungsorgane des Menschen dar. Fertige selbst eine genaue oder vereinfachte Skizze, die alle Verdauungsorgane und ihre Anordnung nacheinander erkennen lässt. Beschrifte die Zeichnung, indem du die richtigen Begriffe zuordnest.
2. Auf dem Arbeitsblatt sind die Verdauungsorgane des Menschen dargestellt. Lies den beiliegenden Text mit der Beschreibung der Organe und beschrifte die Zeichnung entsprechend.
3. Lies den Text genau durch, der die Verdauungsorgane beschreibt. Unterstreiche wichtige Begriffe und fasse sie in einer logischen Abfolge als Auflistung zusammen.
4. Betrachte das Modell des menschlichen Oberkörpers, entnimm die Organe vorsichtig und ordne die Verdauungsorgane auf dem Tisch richtig. Überprüfe deine Anordnung durch Vergleich mit der Zeichnung im Buch.

Schwerpunktsetzungen am Beispiel „Geometrische Körper"

Die Grobgliederung lässt die Schwerpunkte der stoffbezogenen Inhaltsebene erkennen. Bei jedem inhaltlichen Schwerpunkt sind dann unterschiedliche Angebote zur Bearbeitung bereitgestellt, um möglichst jedem Schüler einen adäquaten Zugang zu ermöglichen. Die fett gedruckten Überschriften stellen jeweils einen Schwerpunkt dar, die Auflistung mit Kästchen die Inhalte beziehungsweise Aufgaben der einzelnen Stationen. Das Themenheft „Geometrische Körper" ist beim Cornelsen Verlag Scriptor erschienen (Best.-Nr. 211210).

Begriffe, Namen

- Begriffe entsprechenden Körperformen zuordnen
- Kanten, Seitenflächen, Gegenstände richtig zuordnen
- Zeichnungen in richtiger Begrifflichkeit beschreiben

Ecken- und Kantenlaufen

- Wege auf Körpern beschreiben
- Wege auf Zeichnungen von Körpern festlegen und (verbal) nachvollziehen
- Wortbeschreibungen in einfache Symbolsprache umsetzen und an Körpern nachvollziehen

Körpernetze

- Würfelnetze ausschneiden und erkennen
- aus Flächen verschiedene Körper herstellen
- unterschiedliche Körpernetze den Namen der entsprechenden Körper zuordnen
- Wer gehört zu wem? Körpernetze und Körperzeichnungen richtig zuordnen
- Körpernetze von Kartons herstellen und überprüfen
- Würfelnetze durch Einzeichnen der Augen vervollständigen
- Netze durch Zerschneiden von Verpackungen herstellen

Verschiedene Körperformen

- Zeichnungen von Körpern den entsprechenden Begriffen richtig zuordnen
- Seitenansichten und Draufsichten von Körpern erkennen
- unterschiedliche Körper und Körperformen ertasten
- an zusammengesetzten Körpern einzelne Grundkörperformen erkennen
- in Gebrauchsgegenständen Grundformen geometrischer Körper erkennen und skizzieren

Geometrische Körper herstellen

- Aus unterschiedlichen Materialien Flächen-, Kanten- und Vollmodelle herstellen

Mit Würfeln bauen

■ aus Einheitswürfeln die Einzelteile eines Soma-Würfels herstellen
■ Soma-Würfel zusammenbauen und gegebenenfalls skizzieren
■ Einzelteile in Zeichnungen erkennen
■ Anzahl von Einheitswürfeln aus der Darstellung unterschiedlicher Körper bestimmen
■ Körper aus Einheitswürfeln zusammen- oder nachbauen

Wozu unterschiedliche Körperformen?

■ den praktischen Nutzen einzelner Körperformen beschreiben
■ den praktischen Nutzen einzelner Körperformen im Zusammenhang mit Bildern erkennen und beschreiben

Knobel- beziehungsweise Bastelaufgaben

■ aus abgebildeten Strecken mögliche Kantenmodelle zusammenstellen
■ aus Ausschneide- und Faltplänen ein Haus herstellen

Schwerpunktsetzungen am Beispiel „Zahlbereichserweiterung"

Die Inhalte bilden die Rahmenstruktur, einzelne Angebote ermöglichen den Schülerinnen und Schülern unterschiedliche Zugänge und Bearbeitungsarten. Jedes Kästchen in der Aufzählung ist ein Arbeitsauftrag, den die Schülerinnen und Schüler in freier Auswahl bearbeiten. Die Gliederung kann sowohl bei der Erweiterung auf große Zahlen mit Potenzschreibweise als auch bei ganzen Zahlen und im Zusammenhang mit rationalen Zahlen Verwendung finden. Das heißt, dass eine derartige Aufarbeitung den Schülerinnen und Schülern jeweils die gleiche Grundstruktur anbietet. Sie erkennen dann bereits an der Struktur, dass es sich nicht um grundsätzlich neue Inhalte handelt, sondern lediglich um die Erweiterung bereits vorhandenen Wissens (vgl. auch die Grundschul-Themenhefte für die Klassen 3 und 4).

Zahlen legen und Zahlen bilden

■ Millimeterpapier
■ Zahlenhaus
■ Zahlenkärtchen
■ Würfel

Zahlen ordnen und vergleichen

■ nach der Größe ordnen
■ Größer-kleiner-Beziehungen herstellen

■ Differenzen bestimmen
■ dazwischenliegende Zahlen bestimmen
■ in unterschiedlichen Schritten zählen
■ Zahlfolgen herstellen (schreiben, legen, nennen ...)

Zahlen lesen, schreiben und zählen

■ als Potenz schreiben
■ Zahlenhaus
■ schreiben und ordnen
■ Bilder in Zahlschreibweise umsetzen
■ Zahlen durch Ziffernkombinationen in der Größe variieren

Nachbarzahlen, Vorgänger, Nachfolger

■ entsprechende Zahlen aufschreiben
■ Nachbar- und „Schwellenzahlen" bestimmen
■ in Zahlreihen Vorgänger und Nachfolger bestimmen

Unterschiedliche Darstellungen

■ auf der Zahlentafel bestimmen, eintragen, Wege beschreiben usw.
■ am Zahlenstrahl kennzeichnen, eintragen, ablesen usw.
■ Strukturen an Zahlentafel oder Zahlenstrahl erkennen

Ein Thema fächerverbindend betrachten am Beispiel „Atmung"

Am Beispiel der „Atmung beim Menschen" sollen unterschiedliche Betrachtungen einfließen und umgesetzt werden (das Themenheft erscheint 1998).

■ Im Leitfach Chemie wird der Sauerstoff- und CO_2-Gehalt usw. untersucht.
■ Im Leitfach Biologie werden die Atmungsorgane über Texte, Skizzen und Beschreibungen erfahren und die Erkenntnisse festgehalten. Es werden möglichst auch Versuche mit Präparaten durchgeführt, Informationen über das Rauchen und den Zusammenhang mit der Gesundheit aufgearbeitet und unterschiedliche Atmungsarten durch Versuche bewusst gemacht.
■ In Gemeinschaftskunde und Wirtschaftslehre werden die gesellschaftlichen und versicherungsrelevanten Gesichtspunkte des Rauchens betrachtet.
■ Im Fach Mathematik können Messwerte zur Atemluftmenge und der Anzahl von Atemzügen ermittelt, in Zusammenhänge gesetzt und grafisch darstellt werden. Berechnungen im Zusammenhang mit Volumenangaben und dem vorhandenen Datenmaterial können abschließend angestellt werden.

Atmungsorgane
Nase – Mund – Kehlkopf

1. Atme durch die Nase tief und schnell ein. Besprich deine Empfindung mit einem Partner.

2. Atme nun durch den Mund schnell und tief ein. Besprich auch diese Empfindung.

3. Suche Erklärungen:
   (Hat es bei dir beim Einatmen durch den Mund auch gekitzelt? Musstest du vielleicht sogar husten?)

   Beiliegende Zeichnungen und Texte helfen dir, deine Beobachtung zu erklären!

4. Hefteintrag:
   a) Fertige selbst einen Hefteintrag unter der Überschrift „Atmungsorgane (Nase – Mund – Kehlkopf)"
   b) Klebe die Kopie mit dem „Kopfquerschnitt" in dein Heft und beschrifte die Zeichnung.

   c) Beschreibe deine Erfahrung mit der Nasenatmung und der Mundatmung.

   d) Beschreibe, welche Aufgabe die Nase beim Atmen hat und warum es besser und gesünder ist, durch die Nase zu atmen.

   e) Versuche unter Zuhilfenahme des Buches die Funktion und Aufgabe des Kehlkopfes zu beschreiben – oder zu zeichnen.

Die beiliegenden Zeichnungen und Texte helfen dir bei deiner Arbeit.

Zahlen zur Atemluft

„Eigene Messwerte durch Zusammenstellen öffentlich machen"

Im Zusammenhang mit der Atmung haben wir in unserer Klasse viele Zahlen beziehungsweise Messwerte bestimmt. Darüber könnten wir uns gegenseitig und über unseren aktuellen Kasten auch andere Schülerinnen und Schüler informieren

Suche dir mindestens ein Gebiet aus und bearbeite es!

Vielleicht helfen dir meine Hinweise:

▪ Die anderen Schülerinnen und Schüler in der Klasse nach ihren Ergebnissen befragen (Strichliste machen)
▪ Blockdiagramme zu einer Thematik zeichnen und beschriften
▪ Durchschnittswerte berechnen
▪ Erklärungen suchen und dazu schreiben

Mögliche Gebiete könnten sein:

▪ Brustumfang vor und nach dem Einatmen (prozentuale Veränderung?)
▪ Fassungsvermögen der Lunge
▪ Anzahl der Atemzüge beim Sitzen
▪ Anzahl der Atemzüge beim Gehen
▪ Anzahl der Atemzüge beim Rennen
▪ Anzahl der Atemzüge beim Stehen
▪ Anzahl der Atemzüge für einen bestimmten Zeitraum (Tag, Woche, Monat, Jahr, Leben) berechnen
▪ prozentuale Veränderung bei den Atemzügen
▪ eigene Fragestellungen

Viel Spaß!!

Anregungen für die Planungsphase eines Lernzirkels

Diese Anregungen gelten selbstverständlich nicht nur für die Planung eines Lernzirkels, sondern für die Planung jeglichen Unterrichts!

Welche Ziele verfolge ich mit meiner Arbeit?

Sollen die Schülerinnen und Schüler
- an neue Inhalte herangeführt werden?
- Lernen und Üben lernen auf individuelle Weise?
- bereits bekannte Inhalte optimal üben?

Wie führe ich an neue Inhalte heran?

- Fragen zur Motivation und zum Sinn der Arbeit
- notwendige Überblicke berücksichtigen
- unterschiedliche „Quellen" zur Verfügung stellen
- unterschiedlichen „Endstand" akzeptieren
- dem Weg und dem Ziel des Lernprozesses die gleiche Bedeutung zugestehen, also nicht nur Ergebnisorientierung, sondern auch Prozessorientierung
- Lernhilfen durch Rückgriff auf andere Themen anbieten
- unterschiedliche Ergebnisdarstellungen ermöglichen und akzeptieren usw.

Wie ermögliche ich das Lernen/Üben auf individuelle Weise?

- die verschiedenen Eingangskanäle berücksichtigen
- unterschiedliche Lernformen ermöglichen
- unterschiedliche Sozialformen ermöglichen
- nicht über die Quantität der Aufgaben, sondern über deren Qualität differenzieren
- produktive Aufgabenstellungen anbieten, nicht nur reproduktive
- Ausdehnung auf andere Repräsentationsebenen (Bruner)
- Zwischenstufen berücksichtigen, nicht nur „Endform"
- Hinweise für Lernpausen anbieten
- „Sinn" der Arbeit muss immer transparent sein oder werden
- Weg, Arbeitsziel, Lernstufe, Prozess ... bewusst machen
- ...

Wie kann ich bekannte Inhalte optimal üben?

- Fertigkeitsübungen und Übungen zum Verständnis unterscheiden
- mechanische Übungen müssen immer auch operative Übungen sein
- mehr operative (produktive) Übungen anbieten, zum Beispiel:

 – erstelle zu dem vorgegebenen Ergebnis eine passende Aufgabe
 – füge die Lösungsteile richtig zusammen
 – ordne passende Lösungen/Aufgaben richtig zu usw.
- isolierte Übungen für Teilgebiete anbieten
- Übungen zum Verständnis nicht mit „mechanischen" Übungen koppeln
- Üben auf individuelle Weise ermöglichen (siehe oben genannten Schwerpunkt)

Konkrete Anregungen
für die Zusammenstellung eines Lernzirkels:
Fallbeispiel „Körperberechnung im 9. Schuljahr"

1. In Vorüberlegungen klären, um welche Art eines Zirkels es sich handeln
   soll und welche Inhalte einbezogen werden müssen
   - übliche Art? – unterschiedliche Aufgaben zu einzelnen Themen anbie-
     ten?
   - Berechnungen in den Vordergrund stellen? (Taschenrechner?)
   - Verständnis fördern und unterschiedliche Zugangsweisen einbeziehen?
   - viel Anwendungsorientierung und damit „Erstellung" von Aufgaben
     einbeziehen?
   - „Körperteile" und Bezug zu Berechnungen und umgekehrt?
   - Raumvorstellung und zusammengesetzte Körper in den Vordergrund
     stellen?
   - zusätzliche Berechnungen (zum Beispiel Pythagoras) einbeziehen?
   - Grundkenntnisse zu entsprechenden Größen festigen?
   - Mischung all dessen als Zusammenfassung am Ende einer Einheit oder
     als Wiederholung?

2. Gliederung des Lernzirkels festlegen
   Themenschwerpunkte und damit Überschriften können folgende als Aus-
   wahlangebot sein:
   - Anwendungsgebiete
   - unterschiedliche Grundkörperberechnungen
   - Raumvorstellung/Teile am Körper
   - Raumvorstellung/an zusammengesetzten Körpern Grundkörper er-
     kennen
   - Begriffe, Längen, Punkte und Körper entsprechenden Darstellungen
     zuordnen
   - Aufgaben erstellen
   - Berechnungsziele (Grundkörper) berücksichtigen/zuordnen
   - Berechnungsarten und -wege (einzeln und addieren, Vorberechnungen)
   - Formeln kennen und zuordnen

3. Umsetzungsmöglichkeiten innerhalb der geplanten Gliederung planen und gestalten

▨ Zu *Anwendungsgebiete:*
- suche welche
- ordne Aufgaben entsprechend zu
- ...

▨ Zu *unterschiedliche Grundkörperberechnungen:*
- Formeln und Grundkörperdarstellungen zuordnen
- zu Darstellungen Formeln notieren
- notwendige „Teile" in Zeichnungen eintragen
- an Körpern berechnungsnotwendige Maße bestimmen
- Maße bestimmen und in Formeln einsetzen
- Darstellung für Volumenbestimmung erstellen/zuordnen
- eigenständig Formeln aus Grundformel entwickeln ($V = A \times H$)

▨ Zu *Raumvorstellung/Teile am Körper:*
- notwendige „Teile"/Längen einzeichnen
- notwendige „Teile"/Längen bestimmen
- Grundflächen kennzeichnen und bestimmen
- zusammengesetzte Körper herstellen
- in Zeichnungen Teilkörper/Grundkörper farbig darstellen
- Beschreibungen für Körperzusammensetzungen erstellen
- Körper nach vorgegebenen Beschreibungen bauen
- Körper nach einer Zeichnung beschreiben/bauen
- Beziehungen von Begriffen herstellen

▨ Zu *Raumvorstellung/an zusammengesetzten Körpern Grundkörper erkennen:*
- zusammengesetzte Körper herstellen
- in Zeichnungen Teilkörper/Grundkörper farbig darstellen
- Beschreibungen für Körperzusammensetzungen erstellen
- Körper nach vorgegebenen Beschreibungen bauen
- Körper nach zeichnerischer Darstellung beschreiben/bauen

▨ Zu *Begriffe, Längen, Punkte und Körper entsprechenden Darstellungen zu-ordnen:*
- Körperdarstellungen und Begriffe zuordnen
- zusammengesetzte Körper durch „passende" Begriffe beschreiben (zum Beispiel Kugel-Säulen-Würfel-Baum)
- Beziehungen zwischen Begriffen herstellen

■ Zu *Aufgaben erstellen:*
- zu vorgegebenen Zeichnungen Textaufgaben erstellen
- Handlungen beschreiben oder durchführen, aus denen sich Aufgabenstellungen ergeben (zum Beispiel Schreibtisch „umbauen", Klassenzimmer befüllen ...)
- aus Zahlenwerten Textaufgaben erstellen
- zu vorgegebenen Ergebnissen Aufgaben entwickeln
- Aufgabenteile richtig zusammensetzen
- zu Lösungsdarstellungen passende Aufgaben erstellen/zuordnen

■ Zu *Berechnungsziele (Grundkörper) berücksichtigen/zuordnen:*
- Grundkörper darstellen
- Grundkörper in Worten beschreiben
- Beispiele zu den Grundkörpern suchen
- Aufgaben den Grundkörpern zuordnen
- aus Lösungsdarstellungen den „Aufgabentyp" ableiten
- aus Aufgabenstellungen „gegeben" und „gesucht" entnehmen
- eigenständig Aufgaben erstellen

■ Zu *Berechnungsarten und -wege (einzeln und addieren, Vorberechnungen):*
- notwendige Schritte verbal beschreiben
- unterschiedliche Vorgehensweisen bestimmen (zuerst ..., dann ...)
- Berechnungspläne erstellen
- Aufgaben in Teilaufgaben zerlegen

■ Zu *Formeln kennen und zuordnen:*
- Berechnungsformel und Verbalbeschreibung zuordnen
- Berechnungsformel und konkreten Gegenstand zuordnen
- Formeln umstellen
- Formeln und Darstellungen zuordnen
- zu Aufgabenstellungen notwendige Berechnungsformel festlegen

Zum Abschluss noch die Abbildung der „Entspannungsstation": Soma-Würfel.

Knobelwürfel
(er heißt auch Soma-Würfel)

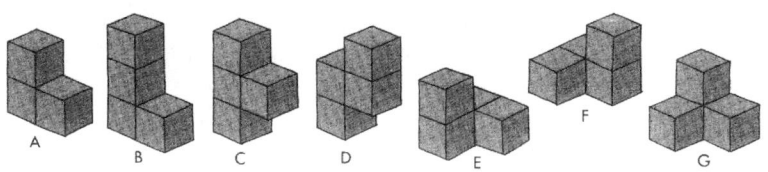

Aus diesen sieben Einzelteilen (A bis G) kann man auf ganz viele Arten größere Würfel zusammenbauen. Es ist eine knifflige Sache. Trotzdem!

Viel Spaß!

Zuerst musst du die sieben Körper richtig sauber zusammenkleben!

Wenn du die sieben Teile fertig hast, versuche ihn zu größeren Würfeln zusammenzulegen!

Du benötigst   – 27 kleine Würfel
                      – Bastelleim
                      – eine Unterlage

Falls du es nicht schaffst, ein paar Tipps:

1. Beginne mit Figur A.

2. Lege die einzelnen Würfel wie abgebildet hin.

3. Überlege genau, wo du kleben musst.

4. Mache auf jede Klebefläche mit Bleistift ein Kreuz.

5. Trage nur ganz wenig Leim auf.

6. Presse etwa 1 Minute zusammen, bevor du weiterarbeitest, immer!! Überprüfe aber die Genauigkeit!

Literaturverzeichnis

Ackermann, Edwin: Mit Kindern Schule machen. Zürich 1995[4]

Ballinger, Ernst: Lerngymnastik 1. Wien 1995[8]

Bollnow, Otto F.: Vom Geist des Übens – Eine Rückbesinnung auf elementare didaktische Erfahrungen. Stäfa 1987[2]

Bönsch, Manfred: Üben und Wiederholen im Unterricht (EGS Texte). München 1993[2]

Bräuer, Gottfried: „Störungen als Botschaften für den Lehrer". In: Schneider, Karl (Hg.): Das verdrängte Disziplinproblem. Langenau-Albeck, 1993[2], S. 75–98

Bruner, Jerome S.: Entwurf einer Unterrichtstheorie. Düsseldorf 1974

Cleveland, Bernard F.: Das Lernen lehren – Erfolgreiche NLP-Unterrichtstechniken. (übers. v. Klaus Schick). Freiburg 1992

Dennison, Paul und Gail: Brain-Gym. Freiburg 1995[7]

Dincklage, Eleonore von (Hg.)/Diller, Andreas: Unterwegs durch die Bibel – Lernstraßen in 17 Stationen für die Sekundarstufe – Eine offene Arbeitsform zu Themen rund um das Buch der Christenheit. Neuhausen-Stuttgart 1996

Faust-Siehl, G./Garlichs, A./Ramseger, J./Schwarz, H./Warm, U.: Die Zukunft beginnt in der Grundschule – Empfehlungen zur Neugestaltung der Primarstufe. Reinbek 1996

Faust-Siehl, Gabriele: „Lernen an Stationen". In: Grundschule 3 (1989) S. 22–25

Fölling-Albers, Maria (Hg.): Veränderte Grundschule. Frankfurt 1989

Freinet, Célestin: Pädagogische Texte – Mit Beispielen aus der praktischen Arbeit nach Freinet (hg. v. Heiner Boehncke und Christoph Hennig). Reinbek 1980

Gudjons, Herbert: Handlungsorientiert Lehren und Lernen. Bad Heilbrunn/Obb. 1986

Haug, Jörg: „Sachunterricht in der Grundschule – Methoden und Beispiele". In: Lehren und Lernen 6 (1977) S. 8 ff.

Lenk, Walter: „Fünftklässler sind (noch) keine Gymnasiasten". In: Lehren und Lernen 1 (1991) S. 11–22

Lehmann, Bernd (Hg.): Kinder-Schule: Lehrer-Schule – Konkrete Beispiele und Anregungen für die Gestaltung eines kindgerechten Unterrichts. Langenau-Albeck 1991[2]

Meister Vitale, Barbara: Lernen kann phantastisch sein – kinderleicht, kindgerecht, kreativ. Offenbach 1996[8]

Montessori, Maria: Kinder sind anders, Frankfurt, Berlin, Wien 1980

Odenbach, Karl: Die Übung im Unterricht (bearb. v. Wolfgang Hinrichs). Aachen 1981[7]

Piechorowski, Arno (Hg.): Vielfältiger Erstleseunterricht – Berichte aus der Schulpraxis über innere Differenzierung. Langenau-Albeck 1985[3]

Reichen, Jürgen (Hg.): Lesen durch Schreiben – Lehrerkommentar. Zürich 1991[5]

Rolff, Hans-Günter/Zimmermann, Peter: Kindheit im Wandel – Veränderungen im Kinderalltag. Weinheim, Basel 1992[2]

Schneider, Karl (Hg.): Das verdrängte Disziplinproblem – Hilfen zum Verstehen, Bewältigen, Vorbeugen. Langenau-Albeck 1993[2]

Speichert, Horst: Richtig Üben macht den Meister – Das Erfolgsprogramm gegen Lernfehler, Verlernen und Vergessen. Reinbek 1985

Ulrich, Heiner/Hamburger, Franz (Hg.): Kinder am Ende ihres Jahrhunderts – Pädagogische Perspektiven (Festschrift für Gerhard Velthaus). Langenau-Albeck 1990

Vester, Frederic: Denken – Lernen – Vergessen. München 1978

Wahl, Diethelm: – unveröffentlichtes Manuskript ohne Titel – (Pädagogische Hochschule) Weingarten 1989

Wallaschek, Uta: „Zirkeltraining". In: PMP Grundchule 38 Jg.,I (1988), S. II/1

Wallaschek, Uta: „Lernzirkel – eine Arbeitsform, die selbstständiges, individuelles Arbeiten ermöglicht". In: Lehmann, Bernd (Hg.): Kinder-Schule: Lehrer-Schule. Langenau-Albeck 1991[2], S. 85–106

Wallrabenstein, Wulf: Offene Schule, offener Unterricht – Ratgeber für Eltern und Lehrer. Reinbek 1991

Bezugsquellen

Materialien für offene Unterrichtsangebote

AOL-Verlag Frohmut Menze, Waldstraße 17 – 18,
77839 Lichtenau-Scherzheim
(Tel.: 0 72 27 - 9 58 80, Fax: - 95 88 95)
Auer-Verlag, Postfach 1152, 86601 Donauwörth
(Tel.: 09 06 - 73240, Fax: - 7 31 77)
Beenen Lehrmittel, Issumer Weg 19, 46519 Alpen
(Tel.: 0 28 02 - 55 70, Fax: - 13 72)
Cornelsen Verlag, Postfach 33 01 09, 14171 Berlin
(Tel.: 0 30 - 89 78 50, Fax: - 89 78 52 99)
Buchhandlung Elke Dieck, Postfach 1240, 52525 Heinsberg
(Tel.: 0 24 52 - 60 41, Fax: - 6 65 94)
Reinhard Hail Lehrmittel, Eifelstraße 20, 72766 Reutlingen
(Tel.: 0 71 21 - 49 25 12, Fax: - 4 74 36)
Otto Heinevetter Verlag, Lehrmittel GmbH, Papenstraße 41,
22089 Hamburg (Tel.: 0 40 - 25 90 10, Fax: - 2 51 21 28)
Ernst Klett Verlag, Postfach 10 60 16, 70049 Stuttgart
(Tel.: 07 11 - 6 67 20, Fax: - 62 80 53)
Neuer Finken Verlag, Postfach 1546, 61405 Oberursel
(Tel.: 0 61 71 - 6 38 80, Fax: - 63 88 22)
Pädagogik-Kooperative – Verein bundesdeutscher Freinetpädagogen e. V.,
Goebenstraße 8, 28209 Bremen (Tel.: 04 21 - 34 49 29, Fax: - 3 47 85 56)
Verlag Sigrid Persen (Bergedorfer Kopiervorlagen), Dorfstraße 14,
21640 Horneburg, (Tel.: 0 41 63 - 8 14 00, Fax: - 81 40 50)
Ursula Riedel (Lehrmittel), Unter den Linden 15, 72762 Reutlingen
(Tel.: 0 71 21 - 33 73 85, Fax: - 37 01 43)
Sauros-Verlag, Marienstraße 87, 50825 Köln
(Tel.: 02 21 - 5 50 46 11, Fax: - 5 50 67 75)
Schubi-Lehrmittel, Hochwaldstraße 18, 78224 Singen
(Tel.: 0 77 31 - 9 72 30, Fax: - 7 16 29)
Spectra-Lehrmittel, Beckenkamp 25, 46286 Dorsten
(Tel.: 0 23 69 - 40 73, Fax: - 41 03)
Verlag an der Ruhr, Postfach 1107, 45422 Mülheim
(Tel.: 02 08 - 49 50 40, Fax: - 4 95 04 95)
Wehrfritz-Verlag, Postfach 1107, 96376 Rodach
(Tel. 0 95 64 - 92 90, Fax: - 92 92 24)
Westermann Schulbuchverlag, Postfach 4938, 38039 Braunschweig
(Tel.: 05 31 - 70 80, Fax: - 70 81 27)